selbst ist der Mann

WOHNIDEEN
FÜR KREATIVE

selbst ist der Mann

WOHNIDEEN
FÜR KREATIVE

Praktische Anleitungen mit Erfolgsgarantie

Materialien • Techniken • Gestaltungsvorschläge

MOEWIG

Allen Herstellern und Agenturen,
die Bildmaterial für dieses Buch zur Verfügung
gestellt haben, ganz herzlichen Dank

Die Mehrzahl der in diesem Buch abgebildeten Fotos
und Zeichnungen stammt aus dem
monatlich erscheinenden Heimwerkermagazin
selbst ist der Mann, Köln

Sie erhalten das Magazin überall,
wo es Zeitschriften gibt –
oder Sie abonnieren
es unter der Telefonnummer
01805/313939

Hinweis: Die Anleitungen in diesem Buch sind sorgfältig recherchiert und geprüft worden. Dennoch ist jegliche Haftung für Personen-, Sach- und Vermögensschäden ausgeschlossen, soweit gesetzlich zulässig. Insbesondere handelt es sich bei den Ratschlägen und Empfehlungen dieses Buchs um unverbindliche Auskünfte gemäß § 676 BGB.

Umschlagmotive:
SW Productions/Getty Images, München (großes Foto u.)
selbst ist der Mann (kleine Fotos o.)

Printed in Germany
ISBN 3-8118-1805-8

VORWORT

Das Verschönern der eigenen vier Wände hat zurzeit einen so hohen Stellenwert wie nie zuvor. Die Umsätze der Bau- und Heimwerkermärkte stehen auf Rekordniveau, einschlägige Anregungen in den Medien finden enorme Beachtung. Besonders erfolgreich sind Fernsehsendungen, die das Heimwerken allgemein und das kreative Renovieren und Modernisieren im Besonderen zum Thema haben. So interessiert Millionen Zuschauer sich aber anschauen, wie mehr oder weniger professionelle Do-it-yourselfer auf der Mattscheibe ihre pfiffigen Wohnideen umsetzen, so enttäuscht sind sie leider immer wieder, wenn sie – inspiriert durch die Fernseh-Heimwerker – dann selbst Hand anlegen wollen. Was vor den Augen der Kamera ruck, zuck zum Erfolg führt, erweist sich für Nachahmer oft als viel zu schwierig.

Schuld an heimwerkerischen Misserfolgen sind allerdings in den seltensten Fällen mangelndes Geschick und Können. Es fehlt ganz einfach an den nötigen Schritt-für-Schritt-Anleitungen, die man sich in Ruhe anschauen kann, um anschließend erfolgreich selbst zur Tat zu schreiten. Wie man Wohnideen für Kreative nachvollziehbar macht, zeigen uns die Profis des Heimwerker-Magazins **selbst ist der Mann** in ihren Veröffentlichungen. Eine Auswahl ihrer schönsten Ideen für die verschiedensten Wohnbereiche sind in diesem Buch zusammengefasst. Sämtliche Arbeitsabläufe werden im Detail mit zahlreichen Fotos und Zeichnungen so anschaulich dokumentiert, dass sie sich problemlos – und in den meisten Fällen ohne Vorkenntnisse – nachvollziehen lassen.

Zögern Sie also nicht, Ihr Heim zu verschönern und damit Ihre Lebensqualität genauso wie den Wert Ihrer vier Wände zu steigern. Dieser Ratgeber wird Ihnen die Anregungen wie auch die erforderlichen Hilfestellungen liefern.

Viel Spaß bei der Arbeit und gutes Gelingen!

Inhalt

Wände

Böden

Türen

Praktische Möbel

Dekorationen

Dachausbau

Bäder

Küchen

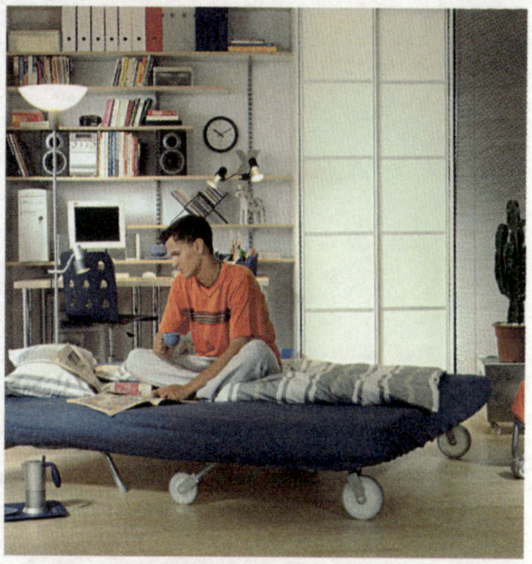

Junges Wohnen

Balkon-Ideen

Farbe liegt im Trend

Traditionelle Wandmaltechniken und moderne Farbsysteme ergänzen sich ganz hervorragend und verleihen dabei Wohnräumen preiswert eine individuelle Note

Wer sich mit kreativer Raumgestaltung beschäftigt, wird eine farbenfrohe Alternative zur langweiligen weißen Wand suchen. Geschickt eingesetzt können Farben triste Ecken in fröhliche Zonen verwandeln, kleine Räume größer erscheinen lassen oder lange unbehagliche Flure unterteilen. Farben erhöhen das Wohlgefühl in den eigenen vier Wänden, machen Wohnungen auf preiswerte Art individueller und gemütlicher. Farben können mit der Rolle, dem Pinsel, mit Lappen oder einem Schwamm aufgetragen werden. Um die verschiedenen Wandtechniken einzusetzen, die im Folgenden vorgestellt werden, braucht man nur etwas Geduld und Geschick mitzubringen. Die Ergebnisse sind bei Beherrschung der jeweiligen Technik verblüffend.

Kreative Wandmaltechniken zum Nachmachen:

Mit dem Flächenstreicher wird die Wischtechnik ausgeführt

Haushaltsfolie, in feuchte Farbe gedrückt, ergibt zarte Muster

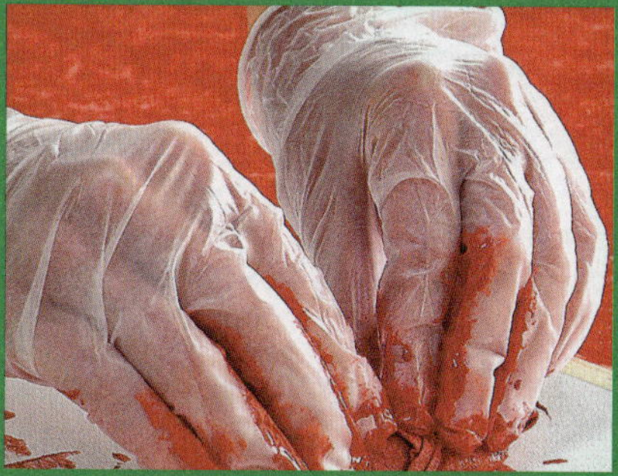

Durch Lappen oder Spezialrollen entstehen dynamische Formen

Wolkige Effekte sind mit der Schwammstupftechnik möglich

Trendvlies ist eine geeignete Grundlage für viele Techniken

Ungewöhnliche Wandgestaltung mit gestupfter Pigmentfarbe

Floraler Blickfang an der Wand in harmonischen Farben

Mit einem Haushaltsschwamm als Stempel entsteht ein Fries

Wände

Farben, Lasuren und Effektmalmittel, die der Handel bereithält, sind mit ein wenig Übung leicht zu verarbeiten. Wer Spaß an noch individuellerer Gestaltung hat, mischt sich seine Farben mit Pigmenten selbst. Doch bevor Sie loslegen, prüfen Sie den Untergrund, der bemalt werden soll. Auf einem abblätternden Putz ist die schönste Effektmalerei vergebene Mühe. Die Wand sollte trocken, sauber und staubfrei sein. Viele Effekte, wie die Wisch- oder Schwammstupftechnik, können jedoch auch ohne Probleme auf Raufaser ausgeführt werden. Möchten Sie eine Maltechnik auf glatter Wand ausführen und dabei einen Untergrund benutzen, der wieder entfernt werden kann, ist Vliesfaser-Tapete geeignet. Sie lässt sich bei einer späteren Renovierung trocken abziehen.

Der Handel bietet die unterschiedlichsten Werkzeuge für die Effektmalerei an, die allesamt mit ein wenig Übung nicht schwierig zu handhaben sind

Die Wischtechnik

Unsere Fotos beweisen es: Der Wischtechnik sind kaum Grenzen gesetzt. Traditionell wird sie mit dem Flächenstreicher ausgeführt, der entweder in weiten Schwüngen, in Form einer liegenden Acht oder eines Diagonalkreuzes über die Wand gezogen wird. Machen Sie zuerst ein paar Probeschwünge. Die einmal gewählte Wischtechnik sollte dann während des gesamten Farbauftrages beibehalten werden, um ein gleichmäßiges Gesamtbild zu erzeugen.

TIPP VOR DEM MALEN

Manche der vorgestellten Techniken erfordern mehrere Durchgänge und etwas Übung. Testen Sie den Effekt auf einem Karton, auf einer Probewand oder, wie hier gezeigt, auf einer zweifach mit weißer Dispersionsfarbe grundierten Spanplatte. Prüfen Sie auch, ob der jeweilige Untergrund für die gewählte Technik geeignet ist. Stark saugende Wände müssen Sie vorab mit Tiefengrund behandeln. Generell sollten die Wände trocken und staubfrei sein.

Mit dem Effektschwamm

1 *Die Wand wird zuerst ganzflächig in einem frischen Grün gerollt. Einen Teil der Lasur in eine Farbwanne geben und den Effektschwamm benetzen*

2 *Den Schwamm etwas ausdrücken, dann die Lasur mit leichtem Druck so lange kreuzförmig auf der Wand verstreichen, bis ein attraktives Muster entsteht*

3 *Korrekturen sofort ausführen: Mit einem trockenen Flachpinsel können zu stark strukturierte Stellen im noch feuchten Zustand „geschlichtet“ werden*

Mit dem Lasurauftrag erreicht man einen frischen, zarten Wandeindruck

Schnell und effektvoll

1 *Mit der Effekt-Farbe von Alpina sind schnell interessante Strukturen mit einem Flächenpinsel in Wischstruktur aufgebracht. Probieren Sie es aus*

2 *Mit dem breiten Wischer werden eventuell zu stark geratene Pinselstriche geglättet und die noch feuchte Farbe zu einer gleichmäßigen Struktur verschoben*

Die deckende Effekt-Farbe lässt die Wand in kräftigen Tönen leuchten

Verwendet wird normalerweise eine Lasur. Lasuren sind durchscheinende Farben. Mehrere Schichten, meist zwei bis drei, werden übereinander aufgetragen. Jede dieser Schichten ist so transparent, dass die unteren Farbschichten durchscheinen. Zwischen den einzelnen Anstrichen muss der Voranstrich vollkommen trocken sein. Sie können eine zur Lasur passende Grundfarbe wählen. Entsprechende Kombi-Pakete werden passend von mehreren Herstellern angeboten. Dadurch erreicht man auch mit weniger Farbschichten ein ansprechendes Ergebnis. Lasuren wirken jedoch auch direkt auf einem weißen Grundanstrich sehr attraktiv. Das Weiß lässt die zarten Lasuren leuchten.

Durch die Wischtechnik werden die Pigmente je nach Beschaffenheit der Wandoberfläche mehr oder weniger stark angelagert. Der endgültige Farbton entsteht erst nach mehrmaligem Farbauftrag als farbiger Gesamteindruck mit sanften Hell-Dunkel-Kontrasten. Wünschen Sie einen dynamischeren Gesamteindruck, bietet sich das Arbeiten mit Lammfellhandschuh oder Schwamm an, das eine großzügigere Textur erlaubt.

Die Werkzeuge sollten vor dem Anstrich mit Wasser angefeuchtet und danach gut ausgedrückt werden. Nachdem die Farbe mit dem Werkzeug aufgenommen wurde, muss die überschüssige Menge grundsätzlich auf einem Stück Pappe oder Zeitung abgestreift werden, um hässliche Nasen an der Wand zu vermeiden.

Auch wenn Sie ein schwungvolles Muster wünschen, sollten Sie erst einmal behutsam vorgehen, um später nicht überrascht vor einer „wilden“ Wand zu stehen. Gehen Sie lieber öfter einige Schritte zurück, um Ihr Werk zu betrachten und Unebenheiten auszugleichen. Da Lasur deutlich langsamer trocknet als Dispersionsfarbe, bleibt dafür genügend Zeit.

TIPP FARBPIGMENTE

A

B

C

Lasuren in ganz individuellen Farbtönen können Sie leicht selbst mit den verschiedensten Pigmenten anmischen. Benötigt werden: Buntpigmente, Reinacrylat-Bindemittel, Verdicker und Wasser.

Zunächst müssen die Pigmente in Wasser „eingesumpft“ werden. Hierzu einige Löffel Pigment in ein Glas geben und mit Wasser gut bedecken. Sollte das Pigment sich nicht gleichmäßig auflösen, wirkt ein Spritzer Brennspiritus wahre Wunder.

Einige Löffel Pigment-Wasser-Lösung anschließend in eine Farbwanne füllen und mit einer größeren Menge Bindemittel (vorher 1:4 mit Wasser angerührt) mischen. Mit einem Pinsel auf einem Stück Papier testen, ob der Farbton gefällt. Zum Schluss müssen Sie zwei bis drei Teelöffel Verdicker hinzugeben, damit die Lasur auf der Wand haftet. Die Lasuren sind nicht haltbar und sollten am Tag ihrer Herstellung verarbeitet werden. Damit sie ein gleichmäßiges Farbbild zeigen, die Mischungen öfter umrühren!

Schneller mit Effekt-Farbe

Wem zwar die Wischtechnik gefällt, der mehrmalige Farbauftrag jedoch zu viel Mühe ist, für den ist die Effekt-Farbe von Alpina vielleicht das Richtige. Hier handelt es sich nicht um Lasur, sondern um Dispersionsfarbe, die durch nur einmaligen Auftrag mit dem Pinsel eine Wischstruktur ergibt. Mit einem Wischer können helle Farbpigmente danach zu einer interessanten Struktur zusammengeschoben werden oder aber auch zu harte Pinselstriche geglättet werden.

Die Beschaffenheit von Farbe und Wand kann jedoch immer zu Überraschungen führen: Hier (Bilder rechts) wurden ockergelbe Farbpigmente, die vorher mit Wasser eingesumpft wurden, in Lasur-Binder eingerührt. Gewünscht war eine schwungvolle Wischtechnik auf einer Putzwand, die mit Tiefengrund und weißer Dispersionsfarbe vorbehandelt war. Trotzdem saugte der Putz die Lasur zu schnell auf, was eine lasierende Oberflächenbehandlung unmöglich machte. Die Lösung, statt Lasur eine dickere Farbe anzumischen und mit einer Rolle aufzutragen, führte zu einem sehr intensiv leuchtenden Ergebnis mit kräftiger und unregelmäßiger Streifenoptik.

Die Folientechnik

Diese Technik ist eine Abwandlung der so genannten Frottage, bei der ein Stück Zeitungspapier oder Stoff in die feuchte Farbe gedrückt wird. Das Muster entsteht, weil die Farbe teilweise aufgesaugt wird. Die hier verwendete Haushaltsfolie kann die Farbe natürlich nicht aufsaugen. Deshalb wird sie so lange an der Wand belassen, bis die Farbe anzutrocknen beginnt. Beim Abziehen

Streifenoptik durch Pigmente

1 *Mit Binder und am Tag vorher eingesumpften Pigmenten wurde Farbe angemischt. Der richtige Farbton wurde auf Papier ausprobiert*

2 *Wenn sich nicht alle Pigmente lösen, ergibt sich an der Wand ein unregelmäßiges Muster, was für eine Streifenoptik genutzt wurde*

3 *Die Farbe wurde mit einer kleinen Rolle aufgetragen, die in gleichmäßigen Zügen von oben nach unten geführt wurde. Das ergab attraktive Streifen*

4 *Mit einem trockenen, breiten Schlichtpinsel – ebenfalls senkrecht geführt – wurden die Streifen anschließend noch einmal bearbeitet und verstärkt*

Mit dem Pinsel arbeiten

1 *Der Wischeffekt kann mit dem Pinsel in einer liegenden Acht, in Schwüngen oder in Form eines Diagonalkreuzes erzielt werden*

Ein sonnengelber, leicht glänzender Streifeneffekt ergab sich aus der mit Pigmenten gemischten Farbe

Die gleiche Farbe, in Wischtechnik aufgetragen, ergibt eine kräftig-bewegte Struktur

bleibt ein Teil der Farbe an ihr haften. Teilweise löst sich die Folie zum richtigen Zeitpunkt von selbst von der Wand. Durch das Andrücken der Folie an der Wand entstehen unterschiedliche Muster, indem man die natürlichen Kniffe belässt oder sie durch Druck verändert. Bei dieser Technik bietet es sich an, zu zweit zu arbeiten, damit man zügig und ohne hässliche Farbübergänge vorankommt. Während der eine streicht, kann der andere Folienstücke abreißen und verarbeiten.

Die Wickeltechnik

Die Wickeltechnik bringt eine dynamische Struktur auf die Wand, die feiner wird, wenn mehrere Lagen übereinander gewickelt werden. Das Ursprungswerkzeug für diese alte Maltechnik ist ein fusselfreier Lappen, der

Folientechnik

1 *Die deckende Farbe wird in diesem Beispiel mit kräftigem Auftrag kreuz und quer mit dem Flächenstreicher auf ein Stück Wand aufgetragen*

2 *Die Arbeitsfläche sollte in etwa der Breite der Haushaltsfolie entsprechen, die nach dem Auftragen der Farbe vorsichtig auf die feuchte Farbe gelegt wird*

3 *Die Folie wird auf die Wand gelegt und angedrückt. Dadurch entsteht das Muster. Immer gleichmäßig drücken, denn bei zu starkem Druck gibt es Fingerabdrücke*

4 *Wenn die Farbe unter der Folie leicht angetrocknet ist, kann sie vorsichtig entfernt werden. Das entstandene Muster hat eine individuelle Struktur*

Durch die Folientechnik entsteht eine Wand mit individueller Handschrift

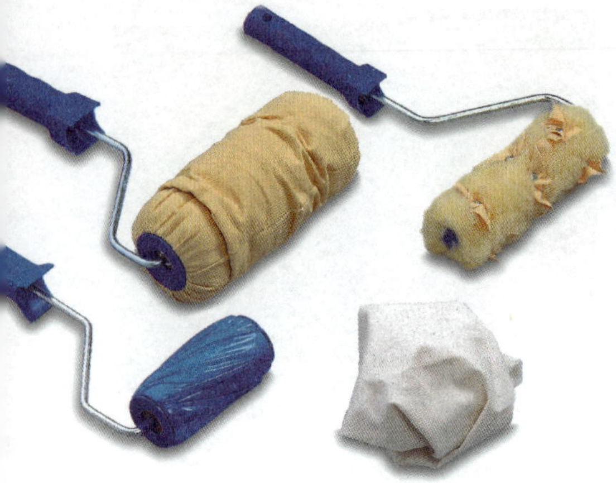

Für die Wickeltechnik gibt es außer dem traditionellen Lappen auch Rollen, mit denen die verschiedensten Muster erzielt werden können

zu einer Art Würstchen gewickelt wird. Der Handel bietet heute auch Spezialrollen an.

Ob das Muster, das sich später auf der Wand ergibt, feiner oder gröber wird, hängt von der Struktur des Stoffes und der Größe des Lappens ab. Das sollte vorab auf einem Stück Papier oder Karton ausprobiert werden. Die Farbe darf nicht zu dickflüssig sein, da sonst die Textur verschmiert. Der Lappen sollte vor dem Arbeiten grundsätzlich gut angefeuchtet werden.

Werden mehrere Wände in der Wickeltechnik bearbeitet, reicht ein Lappen nicht aus. Da sie immer wieder ausgewaschen werden müssen, sollte man einen Eimer Wasser bereitstellen. Beim Arbeiten sollte der Lappen möglichst gleichmäßig von oben nach unten gerollt werden, um eine regelmäßige Struktur zu erzielen. Wenn in der Negativtechnik gearbeitet wird (das heißt: die feuchte Farbe mit dem Lappen abgewickelt wird), empfiehlt es sich, zu zweit zu arbeiten. Der eine kann die Farbe auftragen, der andere wickelt ab. Es sollte jedoch nie eine zu große Fläche in einem Zug gestrichen werden, damit sie nicht zu schnell antrocknet.

Wer nach Alternativen zum Wickellappen sucht, findet in Baumärkten Werkzeuge, mit denen ähnliche Effekte zu erzielen sind. Von Rollen, die mit Leder oder auch mit Kunststofffolie umwickelt sind, bis hin zum Brett, auf das Lederstücke genagelt sind, gibt es die unterschiedlichsten Ausführungen. Die Rollen sind im Struktur-Ergebnis oft gröber als die Technik mit dem Lappen, dafür etwas einfacher zu handhaben, und die

Positive Wickeltechnik

1

Der verwendete Lappen sollte fusselfrei und nicht zu groß sein. Er wird zu einer Art „Wurst" zusammengerollt, in ein wenig Farbe getaucht ...

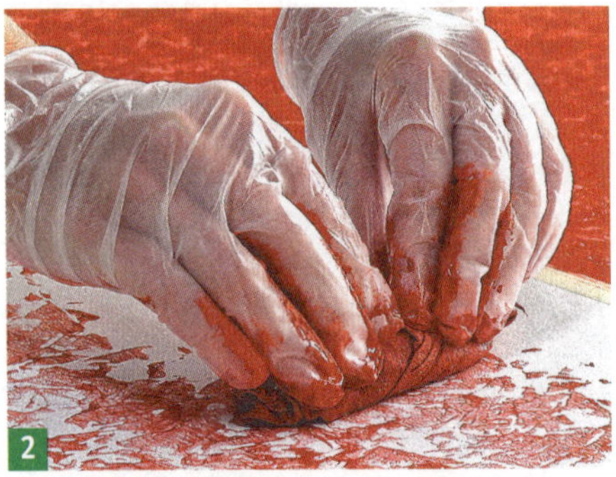

2

... und anschließend ausgedrückt. Dann wird er in gleichmäßigen Bahnen abgerollt. Nicht zu viel Farbe verwenden, das Muster verschmiert sonst

Negative Wickeltechnik

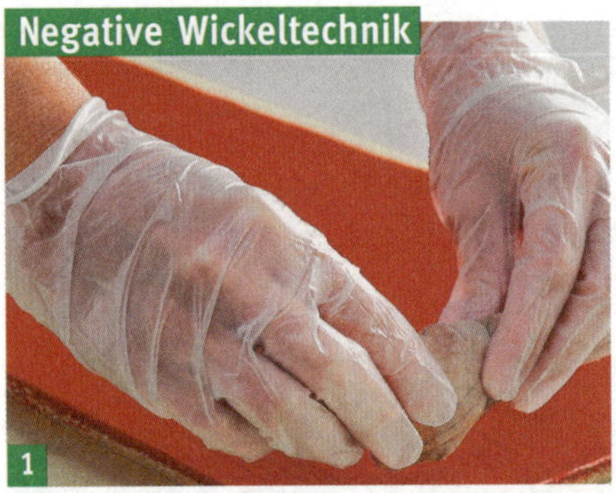

1

Bei der Negativ-Technik wird der Lappen nicht in Farbe getaucht, sondern nur mit Wasser angefeuchtet, ausgedrückt und zu einer interessanten Struktur gerollt

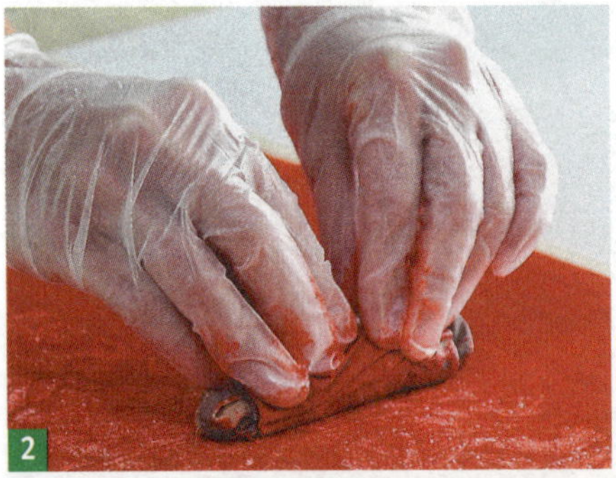

2

Von oben nach unten wird er gleichmäßig durch die noch nasse Farbe gerollt. Den Lappen müssen Sie bei dieser Technik regelmäßig auswaschen

Beim einmaligen Auftrag mit dem farbgetränkten Lappen entstehen dynamische Muster, die sich mit weiteren Schichten abschwächen

Je gröber das Material, desto rustikaler die Wände: Man erkennt gut die textile Struktur des verwendeten Stoffes

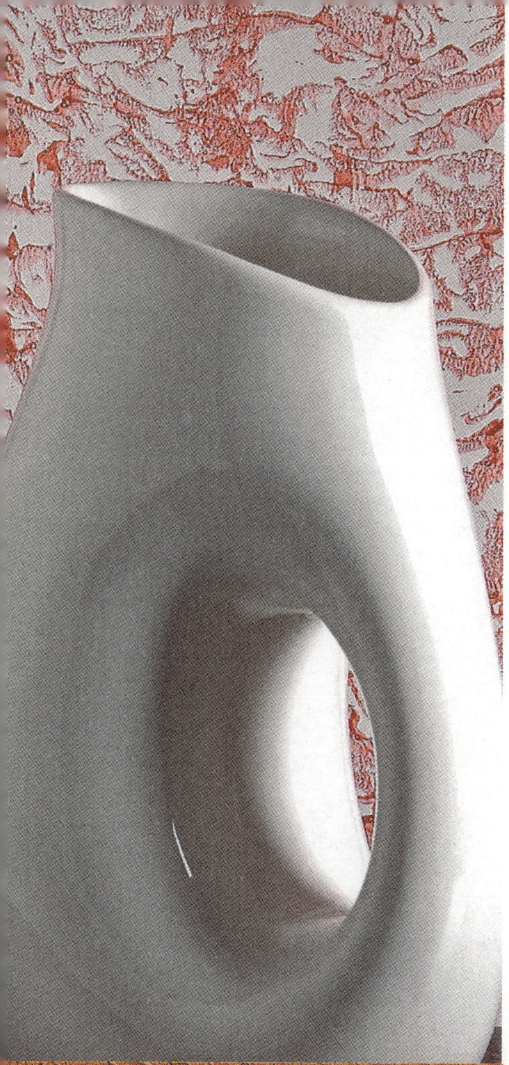

Wand ist schneller bearbeitet. Auch diese Werkzeuge sollten vor Gebrauch unbedingt angefeuchtet werden. Strukturrollen sollten grundsätzlich in verschiedene Richtungen bewegt werden, das Muster wird dadurch gleichmäßiger.

Die Stupftechnik

Die besten Naturschwämme für den Stupfeffekt gibt es im Baumarkt oder in der Drogerie. Man sollte sich einen Schwamm aussuchen, der einem in Größe und Struktur gefällt. Die Technik eignet sich sowohl für glatte als auch für strukturierte Untergründe wie Putz oder Raufaser. Gestupft wird mit deckender Farbe. Die Technik ist nicht schwierig, wird allerdings erst richtig gut, wenn mehrere Schichten übereinander gelegt werden. Dann ergibt sich der charakteristische Wolkeneffekt. Ein Problem können Ecken und Deckenanschlüsse sein. Zur Decke hin sollte man einen Rand abkleben, das erleichtert die Arbeit sehr. Gleiches kann man mit dem Anschluss zur zweiten Wand machen. Treten in den Ecken trotzdem Leerstellen auf, können sie vorsichtig mit einem Stupfpinsel nachbehandelt werden. Natürlich hat man mit dieser Technik auch die Möglichkeit, negativ zu arbeiten. Dazu wird Lasur auf ein Stück Wand mit einem Pinsel aufgetragen, die teilweise mit einem Schwamm wieder abgenommen wird. Hierbei muss der Schwamm häufiger ausgewaschen werden. Es sollte recht zügig gearbeitet werden, um harte Übergänge durch trocknende Farbe zu vermeiden. Am besten arbeitet man auch hier wieder mit einem Partner zusammen. Ein ähnliches Ergebnis wie mit dem Schwamm erzielt man mit der Stupfbürste.

Kunststoffrolle

1

Negativ-Technik mit der Kunststoffrolle: Auf einer orangefarben gerollten Wand wird eine Schicht terracottafarbener Lasur mit dem Pinsel aufgetragen

2

Mit der kunststoffüberzogenen Rolle wird die noch feuchte Farbe kreuz und quer abgerollt. Das Werkzeug müssen Sie zwischendurch regelmäßig säubern

Lederbrett

1

Positiv-Technik mit zarter Struktur: Hier wurde auf die gleiche orangefarbene Grundfarbe helle Lasur mit einem lederbezogenen Brett aufgetragen

Je mehr Farbe man abträgt, desto stärker kommt der Untergrund wieder zum Vorschein. Das Ergebnis gleicht hier einer Putzstruktur

Die helle Lasur führt zu zarten Strukturierungen der Wand, die mit einem weiteren Lasurauftrag noch gleichmäßiger wirken würden

TIPP PSYCHOLOGIE DER FARBEN

Jeder hat seinen eigenen, ganz persönlichen Farbgeschmack. Davon unabhängig gibt es aber auch das allgemein zu beobachtende Phänomen, dass nur bestimmte Kombinationen hinsichtlich Farbton, Helligkeit und Sättigung als wohltuend und ästhetisch empfunden werden. Wenn eine solche Kombination gelingt, spricht man von Farbharmonie.

Farben haben Einfluss auf Körper und Seele. Jede Farbe sendet gleichsam ihre Schwingungen aus. Und diese Schwingungen beeinflussen unsere Stimmungen und Gefühle, aber auch unser körperliches Wohlbefinden. Entsprechend dieser Erfahrungen sollte man die Farben für den Wohnbereich aussuchen. Für das Schlafzimmer wählen die meisten instinktiv kühle, beruhigende Farben, ein Esszimmer darf dagegen etwas anregend und bunter sein. Wie stark Farbe einen Raum verwandeln kann, sehen Sie an unserem unten gezeigten Beispiel deutlich. Das Zimmer war zuerst in einem kühlen, zarten Fliederton gestrichen, um der etwas dunklen Ecke lichten Raum zu geben. Tatsächlich aber wirkte diese Farbe leblos. Die Umgestaltung mit einem warmen ockergelben Ton, der in einer unregelmäßigen Struktur aufgebracht wurde, lässt das Zimmer weitaus lebendiger erscheinen.

Der in einem fliederfarbenen Ton gestrichene Raum wirkt zu kühl

Der Anstrich in kräftigem Ockergelb macht die Sitzecke optisch wärmer

Schwammstupftechnik

1 *Der Schwamm wird zunächst mit Wasser befeuchtet, ausgedrückt, in Farbe getaucht und wieder ausgedrückt. Dann wird mit dem Schwamm leicht gestupft*

2 *Beim zweiten Durchgang wird das Muster gleichmäßiger. Bei der Arbeit öfter den Schwamm drehen, um das entstehende Muster zu variieren*

Nach dem dritten Farbauftrag werden Stellen ausgebessert und Akzente gesetzt

Die Farben dieses Raumes wurden aus einem Sortiment von Trendfarben ausgewählt und ergeben ein harmonisches ruhiges Wohnzimmer

Trendfarben auf Vliestapete bieten viele Möglichkeiten

Industrie und Handel bescheren Renovierungswilligen jedes Jahr neue Produkte, die manchmal nur der Trend für einen Sommer sind, hin und wieder aber auch tatsächlich neue Gestaltungsmöglichkeiten erschließen und Verarbeitungstechniken vereinfachen. Trendvlies beispielsweise ist eine glatte Grundlage für Farbe, Tapete, Putz oder Wandlasur, ist PVC-frei und extrem reißfest. Die Tapete wird im Wandklebeverfahren verarbeitet, d. h. sie kommt trocken an die vorher mit Kleister eingestrichene Wand. So behält das Vlies seine Form und ist leichter zu verarbeiten als etwa Raufaser, die man einweichen muss.

Vliesfaser verarbeiten

1 Der Kleister für die Vliesfaser wird gleichmäßig bahnenbreit auf die Wand aufgetragen. Der Kleber sollte auf jeden Fall sparsam verwendet werden

2 Ganz wichtig: An den Nähten sollte möglichst kein Kleber austreten, da sich im Nahtbereich sonst ein unterschiedlicher Glanzgrad ergeben kann

3 Vliesfasertapete ist dimensionsstabil, verzieht sich also nicht, und lässt sich mit einer solchen Moosgummirolle blasenfrei auf die Wand drücken

4 Überlängen und -breiten werden mit Schneidblech und Cutter entfernt, die Klinge wird dabei flach zum Blech hin geführt. Das Messer muss scharf sein

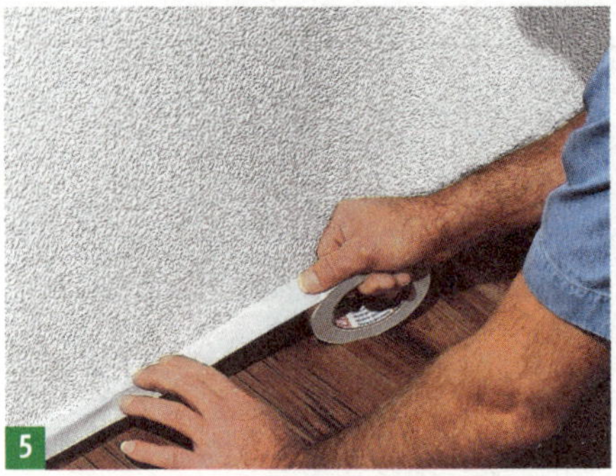

5 Um die Abdeckfolie, die den Fußboden vor Verschmutzungen schützen soll, zu fixieren, kleben Sie Malerkrepp auf die Fußleiste, sodass er vorn übersteht

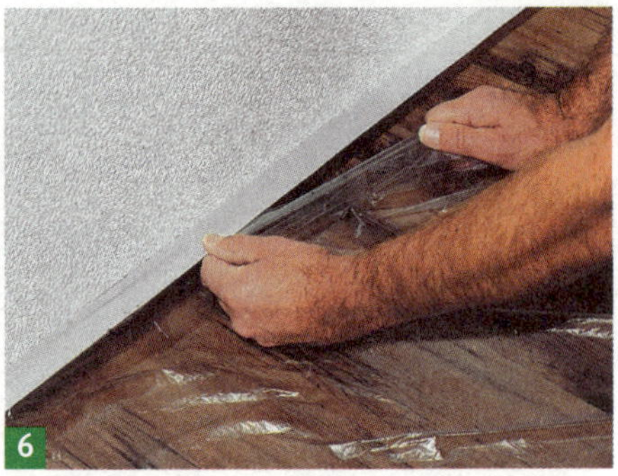

6 Breiten Sie die Fußboden-Abdeckfolie nun im Raum aus, und kleben Sie die Ränder der Folie rundum unter den Überstand des Malerkrepps

9 Beim Streichen wird mit der Decke begonnen. Eine Rolle am Verlängerungsstab leistet dabei gute Dienste. Sie benötigen bei normaler Qualität etwa einen Liter Farbe für sieben Quadratmeter Wand oder Decke

Viele Firmen bieten den Verbrauchern heute so genannte Trendfarben an – ideal für diejenigen, die sich, was Farbentscheidungen und -zusammenstellungen betrifft, etwas schwerer tun.

Farbkarten, Prospekte mit Raumabbildungen und Farbproben, die in den Baumärkten erhältlich sind, lassen den Weg zur eigenen farbigen Wand leichter werden. Man kann sich an den vorgestellten Beispielen orientieren. Wer es modern mag, findet heute ebenso einfach einen Farbton wie derjenige, der den traditionellen Klassiker sucht.

TIPP VLIESFASER TAPEZIEREN

Grundsätzlich müssen Wände mit marodem Putz vor dem Tapezieren gründlich saniert werden. Man stabilisiert bröckelnden und sandenden Putz durch das Auftragen von Tiefengrund und spachtelt Risse. Bei der Verwendung von Vliestapete sind kleinere Risse aber kein Problem, da sie extrem reißfest ist. Auch strukturierte Untergründe wie Glasfasertapeten, die sich schwer oder gar nicht entfernen lassen, verschwinden inklusive der hässlichen Struktur problemlos unter dem neuen Trendvlies.

7

Um die farbigen Wände exakt streichen zu können, wird die Decke zuvor mit Malerkrepp abgeklebt. Das Kreppband auf der Vliestapete sorgfältig andrücken

8

Auch die senkrechten Grenzen der Farbflächen werden mit Kreppband abgeklebt. Wichtig: Das Band nach dem Streichen schnell wieder abziehen

10

Zuerst werden die Ecken der abgeklebten Wände mit dem schmalen Heizkörperpinsel gestrichen. Die hier gewählte ziegelrote Farbe wird dann ...

11

... mit der Rolle auf der Kaminwand aufgetragen. Kombiniert wird die ziegelrote Farbe mit einem cremefarbenen Ton aus einer Trendfarben-Palette

In diesem modernen Raum harmoniert die Cremefarbe der Wände mit dem Rot der Vorhänge und dem Grün des Sofas

Dieser Raum wurde mit einem Modellier-Putz bearbeitet – ebenfalls auf Vliestapete, die sich beim Auszug samt Putzschicht trocken abziehen lässt

Putz auf Trendvlies

Wer die mediterrane Optik verputzter Wände mag, jedoch in einer Mietwohnung lebt, die beim Auszug ohne Putzauftrag übergeben werden muss, hat auf diesen Effekt bislang verzichten müssen. Mithilfe von Trendvlies als Untergrund und speziellem Modellierputz oder Putzeffektfarbe darüber gibt es jetzt jedoch ganz neue Möglichkeiten, Wände zu verputzen. Denn die Vliestapete lässt sich aufgrund eines speziellen Vlieskleisters trocken und rückstandslos samt der Putzschicht wieder abziehen. So verschwindet der Putz völlig rückstandsfrei. Für die farbliche Gestaltung des Putzes eignen sich Lasuren, die seine unregelmäßige Oberfläche betonen.

Der Spezialkleister für das Trendvlies wird genau nach Herstellerangabe angerührt und muss anschließend gleichmäßig und ausreichend auf die Wand aufgetragen werden. Der Kleberauftrag ist genau richtig dosiert,

wenn man die frisch angesetzte Tapetenbahn auf der Wand gerade eben noch ein wenig verschieben kann (siehe auch S. 18). Nun muss die Tapete gut antrocknen, ehe der Modellierputz aufgezogen werden kann. Der Putz muss vor einem Farbauftrag über Nacht trocknen. Auch die Putzeffektfarbe braucht diese Trocknungszeit.

Vliesfaser tapezieren

Statt mit der Rolle, wie auf Seite 18 gezeigt, kann der spezielle Vlieskleister auch mit einer Deckenbürste bahnenbreit auf die Wand aufgetragen werden

Kleben Sie die Bahnen sauber auf Stoß aneinander. Sollte dort doch einmal Kleister austreten, diesen sofort mit einem feuchten Schwamm entfernen

Schneiden Sie die passenden Bahnen für die Ecke besser individuell zu und kleben Sie auch dort auf Stoß. So ergibt sich ein saubereres Bild

TIPP VLIES ENTFERNEN

Nicht nur das Anbringen einer Vliestapete hat Vorteile, auch das Entfernen ist relativ einfach. Bei einer Renovierung oder beim Auszug lässt sich Trendvlies samt Putz und Farbe trocken und rückstandsfrei wieder von den Wänden abziehen.
Sollten beim ersten Versuch, die Vliestapete abzuziehen, Schwierigkeiten auftreten, muss das Vlies zuvor gewässert werden. Danach ist es dann im Ganzen abziehbar, und die Wand kann neu bearbeitet werden.

Modellierputz auf Vlies

Ist der Vlieskleister vollständig trocken, tragen Sie mit der Edelstahlkelle die so genannte Modellier-Struktur auf. Das Material dabei gleichmäßig verteilen

Als Alternative können Sie eine Wisch-Struktur mit der Rolle auftragen. Der dabei entstehende Effekt ist auf den orangefarbenen Wänden zu sehen

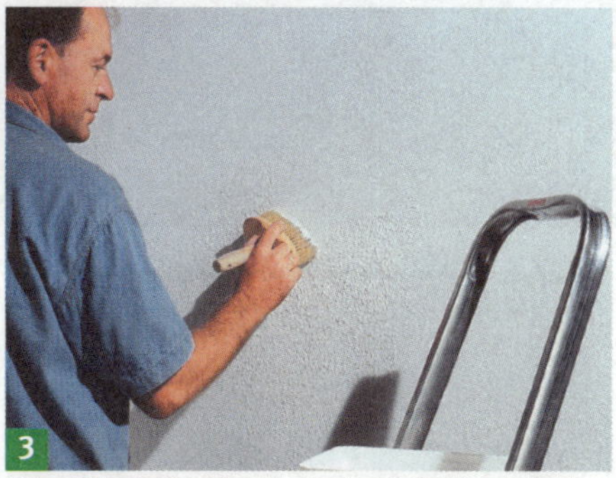

Die Wisch-Struktur wird nach dem Auftrag mit der Rolle mit einem Flächenstreicher verstrichen und ganz nach individuellem Geschmack strukturiert

Erst dann wird Farbe auf die vorbereitete Wand aufgetragen. In diesem Fall ist es eine Effekt-Lasur, die Sie ebenfalls mit dem Flächenstreicher auftragen

Die einfarbige Wand wirkte viel zu trist – belebende Farbe musste her

Individuelle Wand mit selbst angemischten Farben

Die Farbfelder auf der im kleinen Bild gezeigten einfarbig gelben Wand sind mit Lasur in Wischtechnik gestaltet. Die Lasur wurde aus Pigmenten und Bindemittel gemischt (Rezept siehe Seite 11). Lasuren kann man auch fertig angemischt kaufen, was weniger Arbeit macht, jedoch auch die verwendbare Farbpalette einschränkt.

Die fertige Lasur wird in drei Schichten locker aus dem Handgelenk diagonal kreuzförmig aufgetragen. Die entstehenden Unregelmäßigkeiten machen den Charme der Oberfläche aus. Trotzdem empfiehlt es sich, die Technik vorab auf einem Stück Wand oder Pappe auszuprobieren. Dann üben Sie den gleichmäßigen Schwung ein.

Für die Technik eignen sich große breite Pinsel. Je härter die Borsten, desto stärker wird die Struktur auf der Wand. Der gut angefeuchtete, ausgedrückte Flächenstreicher wird nur mit den Borstenspitzen in die Lasur getaucht. Anschließend wird die überschüssige Farbe ausgeschlagen, um ein Herauslaufen der Lasur während des Arbeitens an der Wand zu verhindern.

Wenn der erste Lasurauftrag beendet ist, kommt der nächste an die Reihe. Dazu muss der Anstrich trocken sein. Der Lasur wird nun etwas Weiß, Blau oder Schwarz beigemischt, je nachdem, ob die Farbflächen heller, kräftiger oder gedeckter wirken soll. Auch dieser Farbton sollte probeweise aufgetragen werden und trocknen.

Der zweite Farbauftrag wird ebenso mit einem breiten Pinsel oder einem Flächenstreicher gewischt wie der erste. Nach dem Auftrag werden Sie sehen, dass die Farbfläche insgesamt sofort weicher wirkt.

Für die dritte Lasurschicht wurde ein rötlicher Farbton gewählt, der nicht mehr ganzflächig aufgetragen, sondern nur noch für Akzente eingesetzt wird und deswegen an einigen Stellen punktweise verwendet wird. Die Verteilung dieser Punkte ist Geschmackssache. Im Zweifelsfall die Lasur eher sparsamer einsetzen.

Farbfelder in Wischtechnik

1 Auf die gelbe Wand werden vier Felder à 80 cm eingezeichnet. Zu diesem Zweck werden die Felder mit Bleistift und Zollstock auf der Wand markiert

2 Danach werden die Felder mit Malerkrepp sorgfältig rundum abgeklebt. Die Fußleisten können im gleichen Arbeitsgang mit verdeckt werden

3 Danach sollten Sie den Boden sorgfältig abdecken. Hier genügt eine Bahn Packpapier entlang der Fußleiste, aber auch Abdeckfolie leistet gute Dienste

4 Für das Anmischen der Lasur brauchen Sie Verdicker (A), Rein-Acrylat (B), Brennspiritus (C) und Farbpigmente (D). Alles ist im Fachhandel erhältlich

5 Die Pigmente werden vorab eingesumpft: Dazu 3 bis 5 Teelöffel ins Glas geben, anschließend Wasser darauf schütten, bis das Pigment gut bedeckt ist

6 Eingesumpfte Pigmente werden teelöffelweise in der Farbwanne gemischt: Das Blau dazu in die Wanne geben und mit Weiß als Zugabe ein wenig aufhellen

7 Ein Teil Bindemittel mit drei Teilen Wasser mischen (wer's lieber etwas glänzender mag, mischt statt dessen 1:2) und zu den Pigmenten hinzugeben

8 Mit dem Pinsel das Ganze anschließend gut umrühren. Die Farbe auf einem Blatt testen und trocknen lassen. Dann geben Sie 1 bis 3 Teelöffel Verdicker hinzu

9 Flächenstreicher leicht eintunken und die erste Farbschicht aufbringen

10 Der zweite Farbauftrag kann heller, kräftiger oder gedeckter gewählt werden (Kreis). Eine dritte Schicht schließlich bringt auf Wunsch pfiffige Akzente

11 Fertig! Nun können Sie das Malerkrepp abnehmen. Ist etwas Lasur darunter gelaufen, die Stellen mit einem kleinen Pinsel und Wandfarbe übertupfen

Zwischenwand mit plastischen floralen Motiven: Die Blumen bestehen aus MDF-Platten, die die fröhlichen Farben im Raum aufgreifen

Farblich passende Wanddekoration für Ihre Einrichtung

Wer sagt, dass man ausschließlich Bilder an die Wand hängen sollte? So eine eigens gefertigte Wanddekoration ist nicht schwierig herzustellen, ist originell und lässt sich in der Farbgebung perfekt auf die Einrichtung abstimmen. Hier wiederholen sich die Wandfarben (Gelb-Grün), das Orange des Regals und das kräftige Rot des Sofas in den Blumen an der Wand. Wer sich nicht für Blumenmotive begeistert, kann das Verfahren leicht mit anderen Vorlagen nachmachen. Kleine Vorlagen können mithilfe eines Kopierers problemlos auf die geeignete Größe gebracht werden.

Ein weiteres Argument dafür, selbst kreative Hand an die Wanddekoration zu legen, sind die mittlerweile sehr umfangreichen Farbpaletten der Hersteller, mit denen sich die Farben der eigenen Einrichtung treffsicher finden lassen.

Da die Blumenmotive über dem Sofa aus mitteldichter Faserplatte (MDF) gefertigt sind, wirkt ihre Oberfläche sehr plastisch.

MDF, ein aus Nadelholzmehl gepresster Holzwerkstoff, lässt sich mit Dispersionsfarbe unkompliziert anstreichen. Bei Lack dagegen müsste die stark saugende Oberfläche zuvor grundiert werden. Beim Streichen sollte man unbedingt darauf achten, dass auch die Ränder der Platten sorgfältig gestrichen werden.

Die Platten werden nach dem Streichen auf die Zwischenwand gedübelt. Die Schraubenlöcher sollten nach dem Vorbohren mithilfe eines so genannten Krauskopfes angesenkt werden. Die Köpfe der verwendeten Holzschrauben lassen sich dann versenken. Das heißt: Sie liegen tiefer als die Oberfläche der Platten. Die so entstandenen Vertiefungen können danach zugespachtelt und mit einem Tupfer der betreffenden Wandfarbe verdeckt werden. Dann ist die Befestigung sauber kaschiert.

Blumen an der Wand

1

Fertigen Sie zuerst Papierschablonen für das Blumenmotiv an. Die ausgeschnittenen Formen dann mit Bleistift auf dünne MDF-Platten übertragen

2

Die einzelnen Platten für die Blumen sollten Sie sich beim Händler gleich passend zuschneiden lassen, das spart Material und erleichtert den Transport

3

Die Motive schneiden Sie mit der Stichsäge und einem Kurvensägeblatt aus. Die Rundungen werden mit 80er-, dann mit 120er Schleifpapier geglättet

4

Da Lack eine sorgfältige Grundierung des stark saugenden MDF erfordern würde, tragen Sie besser Dispersionsfarbe direkt mit einer Rolle auf

5

Lassen Sie die erste Farbschicht gut trocknen, bevor Sie die nächste kleinere Schablone anlegen und deren Umrisse mit Bleistift nachzeichnen

6

Nun wird die nächste Farbe mit einem Pinsel aufgetragen. Für kleine Farbflächen kauft man preiswerte Farbproben statt ganzer Normalgebinde

7

Die schon bekannten Arbeitsschritte wiederholen sich bei der dritten Schablone. Hier wurden Farben verwendet, die im Raum vorhandene Töne aufgreifen

8

Die fertige Blume wird zum Schluss mit Acryl-Klarlack glänzend oder seidenmatt überzogen, um die Fläche zu schützen, und anschließend an die Wand gedübelt

Friese und Bordüren setzen farbige Akzente auf Wänden

Stempeldruck macht Spaß, ist schnell gemacht und ein interessanter Hingucker auf einfarbigen Wänden. Industriell gefertigte Stempel erhält man in verschiedenen Mustern im Baumarkt. Sie bestehen aus Schaumstoff und werden zur besseren Handhabung auf einen Griff gesteckt. Ebenso gut kann man sich jedoch einen Stempel aus einem Stück Styropor schnitzen; auch der einfache Kartoffeldruck ist durchaus tauglich.

Die Stempel, die für den hier gezeigten Fries aus „Mosaiksteinen" verwendet wurden, bestehen aus einem zerschnittenen festen Haushaltsschwamm. Für jede Farbe wird ein Würfel zugeschnitten. Da nur eine kleine Menge an Farbe verbraucht wird, reichen eigene Farbreste oder Proben aus, die mehrere Hersteller preiswert anbieten.

Farbfolge und Abstand der einzelnen Stempelabdrücke sollten Sie auf einem Stück Karton ausprobieren. Wenn Sie diesen Karton an die Wand heften, finden Sie

Mosaikfries

Aus einem Haushaltsschwamm werden mit dem Messer drei gleich große Würfel zugeschnitten. Feste Schwämme sind für den Druck am besten geeignet

Nun wird eine Richtschnur über die gesamte Länge des vorgesehenen Frieses gezogen und mit Zollstock und Wasserwaage genau ausgerichtet

Die drei unterschiedlichen Farben auf einen Pappteller oder Ähnliches geben, so geht das Stempeln anschließend schnell von der Hand

Einen Schaumstoffwürfel in die Farbe tauchen und zunächst einen Probeabdruck vornehmen, um auf diese Weise die optimale Farbmenge herauszufinden

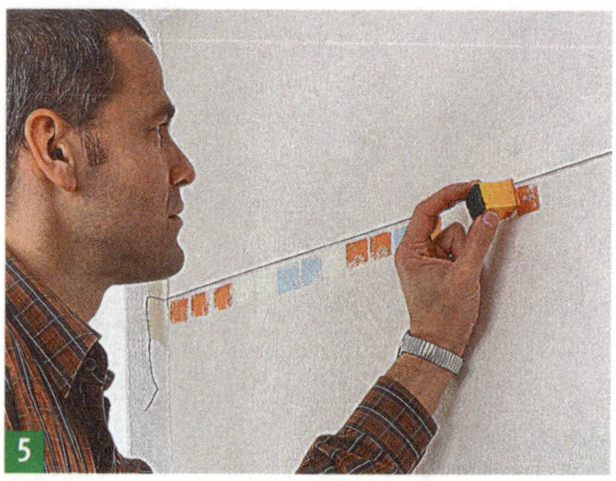

Die erste Reihe des Frieses wird abwechselnd in allen drei Farben gestempelt. Sie müssen dabei auf gleichen Abstand zwischen den Steinen achten

In der zweiten Reihe lassen Sie an beliebigen Stellen die Würfel herabfallen. Die gewünschten Abstände können vor dem Stempeln markiert werden

Der Clou dieses Mosaikfrieses liegt in den scheinbar von der Wand fallenden Steinchen und in der Farbkombination: Die Farben der Fliesen wurden darin aufgenommen

ALASKA

so auch die optimale Höhe für den Fries heraus. Bevor Sie losstempeln, sollten Sie den in die Farbe getauchten Schaumstoffwürfel auf einem Stück Zeitung jeweils ausdrücken, denn mit zu viel Farbe verschmieren die Umrisse des Druckmotivs.

Auf Rauputz oder Raufaser werden Stempelabdrücke ein anderes Ergebnis zeigen als auf einer glatt verputzten Wand, aber eines gilt immer: Der Charme dieser Technik liegt im Ungefähren. Perfekte Ränder sind nicht nötig, niemand muss ein Künstler oder Profi sein, um sich an attraktiven Stempelmustern zu versuchen.

Interessante Farbeffekte sind durch die Verwendung von glänzenden Metallic-, Hochglanz oder Perlmuttfarben auf mattem Grund möglich. Wir haben es bei unserem Sternenhimmel (siehe Fotos auf der rechten Seite) ausprobiert, den wir mit strahlender Goldmetallic-Farbe auf einen Untergrund aus matter blauer Farbe gestempelt haben. Der Effekt: Durch den Kontrast leuchten die Sterne weitaus stärker.

Schablonieren von der Rolle

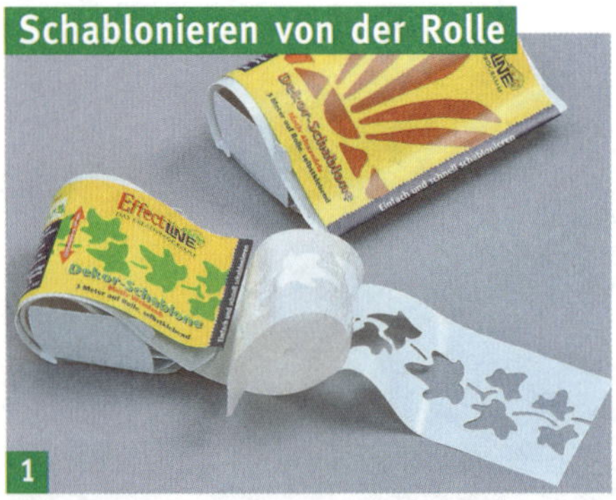

1 *Mit dieser Schablone von der Rolle (gibt's im Fachhandel und im Baumarkt) kann ein Raum auf flotte Art mit einer Bordüre verschönert werden*

2 *Praktisch: Die Schablone ist auf ihrer Rückseite selbstklebend, lässt sich nach dem Malen jedoch leicht abziehen. Sie kann aber nur einmal verwendet werden*

3 *Beim Arbeiten mit der Rolle sollte man unbedingt darauf achten, mit sehr wenig Farbe zu arbeiten. So vermeiden Sie, dass Farbe unter die Schablone läuft*

4 *Durch die schnelle Methode mit der Schablone von der Rolle erhält man ein kräftiges Muster mit exakten Rändern und feinen Farbabstufungen*

Schablonentechnik gestupft

1 *Auch die Variante mit dem Stupfpinsel verlangt ein Arbeiten mit fast trockenem Pinsel. Die Farbe sollte für diesen Einsatz cremig bis dickflüssig sein*

2 *Das Ergebnis der Stupftechnik ist eine etwas grober gezeichnete, wolkige Bordüre, die sich dezent an die vorhandene Raumgestaltung anpasst*

TIPP KALKFARBEN

Kalkanstriche sind eine alte und gesunde Alternative zu Dispersionsfarben. Sie bestehen aus Kalk (Bindemittel), Wasser und Pigmenten und sind für Allergiker geeignet. Kalk hat desinfizierende Eigenschaften und kann Schadstoffe aus der Luft binden. Es entsteht eine diffusionsoffene Oberfläche, die Probleme mit Schimmel verhindern kann.

Der Untergrund für einen Kalkanstrich sollte saugfähig und am besten alkalisch sein. Nur kalkverträgliche Pigmente sind für die Farbgebung geeignet. Damit lassen sich angenehme Pastelltöne erzielen, deren Oberfläche samtig-matt schimmert.

Da Kalkfarben im feuchten Zustand ätzend wirken,muss allerdings beim Auftrag mit Schutzbrille und Handschuhen gearbeitet werden.

TIPP RICHTIG SCHABLONIEREN

Ob Kartoffeldruck oder eine gekaufte Schablone aus dem Baumarkt – die dekorative Malerei trägt die individuelle Handschrift des Malers. Aber es ist auch etwas rationelles Denken gefragt. Soll ein Motiv wie eine Bordüre an die Wand gebracht werden, muss die Schablonengröße und die gleichmäßigen Abstände zwischen den einzelnen Mustern ausgerechnet und vorab auf die Wand gezeichnet werden.
Das ist besonders für Ecken wichtig, in denen die verschiedenen Bahnen aufeinander treffen. Günstig ist zudem die Verwendung von mindestens zwei Schablonen. Während das eine Motiv gestupft wird, kann das andere an der Wand trocknen. So kann man bequem und abwechselnd die Schablonenvorlagen zügig bearbeiten.

Eine andere Möglichkeit, Wände mit Mustern zu akzentuieren, ist die Schablonentechnik. Solche Wandverzierungen sind in Europa schon seit dem Mittelalter bekannt. In England existiert sogar noch eine mittels Schablonen hergestellte Tapete von Anfang des 16. Jahrhunderts.

Damals mussten Schablonen aufwändig selbst gefertigt werden, was man sich heute dank vielfältiger industriell gefertigter Produkte sparen kann. Wer allerdings eine ganz individuelle Bordüre entwickeln möchte, kommt am Gebrauch des Cuttermessers nicht vorbei. Dieser Aufwand bietet sich immer dann an, wenn man Motive vervielfältigen möchte, die sich beispielsweise auf Gardinen oder Dekokissen befinden.

Solche Muster können Sie problemlos auf die gewünschte Größe kopieren und dann auf stabile Pappe übertragen. Die Konturen anschließend mit dem Cuttermesser aus der Pappe heraustrennen. Durch Besprühen mit Klarlack wird die selbstgefertigte Schablone haltbar.

Wer bei der Verschönerung des Raums auf Schnelligkeit setzt, sollte sich an die Bordüren der Firma Effect Line halten. Diese Schablonen lassen sich mehrere Meter lang ausrollen und ersparen das Anlegen der jeweils nächsten Schablone. Es gibt dann keine unsauberen Übergänge.

Dafür ist eine herkömmliche Schablone robuster und kann mehrfach benutzt werden. Für den Farbauftrag leisten übrigens auch ein kleiner Schwamm oder Farbspray sehr gute Dienste.

Schablonentechnik mehrfarbig

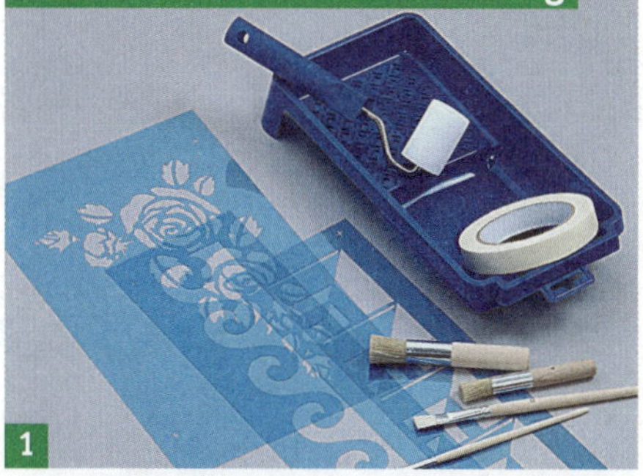

1 *Fertige Schablonen, Stupfpinsel oder Rollen werden im Baumarkt oder Künstlerbedarf angeboten. Wichtig: Sie brauchen eine Farbwanne und Klebeband*

2 *Nachdem der Platz an der Wand ausgewählt wurde, wird die Schablone sorgfältig ausgerichtet und mit Klebestreifen in der gewünschten Position fixiert*

3 *Die Passmarken werden auf dem Untergrund mit einem Bleistift vorsichtig eingezeichnet. Sie erleichtern das Anlegen der nächsten Schablone*

4 *Die Rose soll Farbe zeigen: Um einen lebendigen Effekt zu erzielen, wurden für dieses Muster je drei verschiedene Rottöne und Grüntöne verwendet*

5 *Indem man die verschiedenen Farben mit dem Pinsel leicht ineinander stupft, erhält man interessante Übergänge und attraktive Schatteneffekte*

6 *Solch ein üppiges Muster ist eine wunderbare Akzentuierung eines Wandbereichs. Die übrige Wandgestaltung darf sparsamer ausfallen*

Sternenhimmel

1 *Stempel aus dem Baumarkt gibt es in vielen verschiedenen Motiven. Die goldfarbenen Sterne wurden unregelmäßig auf der blauen Fläche verteilt*

2

Tapeten schaffen Atmosphäre

Eine neue Tapete kann einen Raum vollkommen verwandeln. Wenn Sie sich für Vliesfaser entscheiden, ist die Verarbeitung ein Kinderspiel

Strukturtapeten in warmen Farbtönen liegen im Trend

In der Nahaufnahme zeigt sich, wie durch fantasievolle Prägemuster und eine Ton-in-Ton-Farbgebung interessante Effekte entstehen. Warme Farbtöne sorgen in den Wohnräumen für ein stimmungsvolles Licht

Grau muss nicht langweilig sein – hier eine Relieftapete in Kombination mit Weiß

Für das Kinderzimmer eignen sich verspielte Tapeten mit bunten Motiven

Wer sein Heim neu tapezieren will, hat oft die Qual der Wahl, denn das Angebot ist riesig. Ein beliebter Klassiker unter den Tapeten ist nach wie vor die Raufaser, weil sie viele Vorteile aufweist. Sie ist nicht nur relativ preiswert, sondern auch sehr robust und kann kleine Unebenheiten der Wand kaschieren. Außerdem lässt sich Raufasertapete mehrfach überstreichen. Wie die meisten Tapeten wird auch die Raufaser in Bahnen geschnitten und dann mit Kleister bestrichen. Nachdem der Kleister die Tapete eingeweicht hat, kann sie an die Wand geklebt werden. Beachten Sie, dass die Wassermenge, die dem Kleber beigemischt werden muss, von der Beschaffenheit der Tapete abhängt. Richten Sie sich also genau nach den Herstellerhinweisen.

Je nachdem, wo die Tapete eingesetzt werden soll, spielt auch die Strapazierfähigkeit eine große Rolle. Ist eine Tapete waschbeständig, heißt das, dass sich frische Kleisterspuren mit einem feuchten Tuch problemlos entfernen lassen. Eine waschbeständige Tapete lässt auch eine spätere Behandlung mit einem feuchten Schwamm zu. Ist mit einer stärkeren Verschmutzung zu rechnen, sollten Sie auf hochwaschbeständige oder scheuerbeständige Tapeten zurückgreifen. Hier können Sie auch Reinigungsmittel einsetzen.

Vliesfasertapeten lassen sich besonders leicht verarbeiten

Wer Wert auf eine leichte Verarbeitung legt, entscheidet sich allerdings besser für eine Vliesfasertapete. Bei ihrer Verarbeitung müssen Sie die Tapetenbahnen nicht mit Kleber bestreichen, sondern können sie trocken in das Klebebett an der Wand verlegen. Vliesfaser ist darüber hinaus dimensionsstabil. Selbst wenn der Kleber die Tapetenbahnen stark durchfeuchtet, zieht sie sich beim Trocknen nicht zusammen.

TIPP DIE VORBEHANDLUNG

Vliesfaser- oder Raufaser-Tapeten können so manche Unebenheit des Untergrundes kaschieren. Für Gewebetapeten brauchen Sie jedoch einen absolut ebenen Untergrund. Mit Reparaturspachtel füllen Sie kleine Risse und glätten Unebenheiten. Sehr breite Risse müssen dagegen mit Acryl verschlossen werden. Kratzen Sie die Rissstellen sorgfältig aus und tragen Sie Tiefengrund auf. Dann folgt das Acryl. Den Abschluss bildet ein Armierungsgewebe, das mit 10 cm Überlappung an die Wand geklebt wird. Alternativ können Sie die gesamte Wand auch mit einem glatten Vlies bedecken.

Ein Relief auf halber Wandhöhe bildet hier den Abschluss der sandfarbenen Tapete

Helle Grüntöne schaffen im Wohnbereich eine frische Frühlingsstimmung

Gelbe Tapete mit orangefarbenen Bordüren macht die mediterrane Stimmung perfekt

Die Weiß-Blau-Kombination schafft eine gemütliche Landhausatmosphäre

Ein leuchtendes Orange wirkt belebend. Bordüren setzen effektvolle Akzente

Ein halbhohes Vertäfelungsrelief sorgt für stilvolle Eleganz im Wohnzimmer

Daher können Sie die Bahnen präzise auf Stoß verkleben und haben auch nach dem Antrocknen des Klebers ein sauberes Bild.

Die Vliestapete hat einen weiteren bestechenden Vorteil, der sich aber erst bei einer erneuten Renovierung zeigt. Will man sie von der Wand lösen, braucht man sie nicht mit Wasser und Löser vorbehandeln. Sie lässt sich einfach und schnell trocken von der Wand ziehen und hinterlässt dabei keinerlei Rückstände. Sie erhalten Vliestapete bedruckt oder als reines Strukturvlies, das wie die bekannte Raufaser aber noch einen anschließenden Anstrich benötigt.

Als dritte Möglichkeit bietet sich auch eine Tapete aus Glasgewebe an. Das Gewebe besteht aus geschmolzenem und zu Fasern gezogenem Gestein. Eine faserbindende Appretur sorgt für den nötigen Zusammenhalt und eine glatte Oberfläche. Wie Vliesfaser wird auch Glasgewebe trocken ins Klebebett eingelegt. Noch komfortabler arbeiten Sie mit speziellen Glasgeweben, die bereits mit einem Kleister vorbehandelt wurden. Diese Tapete muss allerdings nach dem Verkleben mit einer Dispersionsfarbe gestrichen werden, die eine gute Haftung gewährleistet.

Komplettsysteme garantieren ein optimales Ergebnis

Beachten Sie, dass Tapetenhersteller oft aufeinander abgestimmte Komplett-Systeme anbieten. Um ein optimales Ergebnis zu erzielen, empfiehlt es sich, Tapete, Kleister und eventuell auch Farbe vom gleichen Hersteller zu kaufen.

TIPP FARBE IM KLEISTER

Gehen Sie beim Kleisterauftrag auf Nummer Sicher. Sie erhalten Im Fachhandel auch farbigen Tapetenkleister, der ein gleichmäßiges Bestreichen der Tapete ungemein erleichtert. Ist der Kleister angetrocknet, wird er transparent. Es ist also nicht zu befürchten, dass die Farbe durch die Tapete hindurchschimmert.

Vliestapete ankleben

Markieren Sie im ersten Schritt die Stelle, an der Sie die Anfangsbahn ankleben wollen. Beim exakten Ziehen der Senkrechte hilft ein angehaltenes Lot

Bei der Verarbeitung von Vliesfaser wird der Kleber nicht auf die Tapetenbahn, sondern auf die Wand aufgetragen. Verwenden Sie hierzu eine Rolle

Schneiden Sie die Tapetenbahn mit einigen Zentimetern Zugabe zurecht. Kleben Sie die Bahn von oben nach unten an. Lassen Sie sie oben etwas überstehen

Drücken Sie die Tapetenbahn zunächst mit der Hand fest an. Damit die Tapete gut haftet, streichen Sie anschließend mit einer Moosgummirolle nach

Achten Sie darauf, dass die Bahnen genau auf Stoß verklebt werden. Haben Sie die Position kontrolliert, können Sie den Überstand an der Decke abtrennen

Steht die Tapete am Ende einer Wand seitlich über, können Sie die Bahn auch hier vorsichtig abtrennen. Verwenden Sie dazu am besten einen Cutter

Für einen sauberen Schnitt im Winkel sorgt ein angelegter Spachtel. Dieser wurde bereits beim Abtrennen des Überstands an der Decke verwendet

TIPP DER RICHTIGE KLEBER

Kleber ist nicht gleich Kleber. Die große Vielfalt bei den Tapetenmaterialien macht auch ein breiteres Angebot an Tapetenkleistern notwendig. Sie erhalten im Fachhandel Spezialkleber für Raufaser und für Vliestapeten. Für Glasgewebetapeten wird meist Dispersionskleber verwendet. Beachten Sie also stets genau die Herstellerhinweise.

Welche Tapete soll es sein?

Strukturprofil-Tapete
Aufgeschäumter Kunststoff gibt dieser Tapete ihre strukturierte Oberfläche. Sie eignet sich gut für Küche und Bad, da sie strapazierfähig und wasserdampfdurchlässig ist. Strukturfaser-Tapete ist darüber hinaus auch schwer entflammbar.

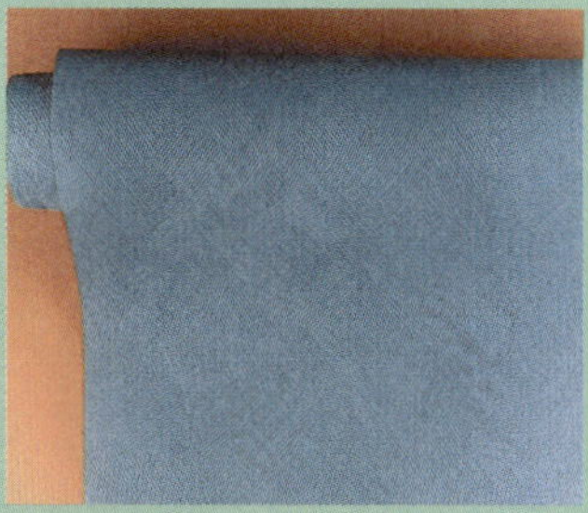

Vliestapete
Die leicht zu verarbeitende Vliestapete besteht aus bedruckten Zellstoff- oder Polyesterfasern. Vliesfaser ist dimensions- und schnittbeständig, schwer entflammbar und lässt sich bei Renovierungsarbeiten ohne viel Aufwand trocken entfernen.

Naturwerkstoff-Tapete
Aufkaschierte Naturmaterialien wie Gras oder Kork bilden die Oberfläche dieser Tapeten. Naturwerkstoff-Tapeten sind meist nicht sehr strapazierfähig und nur schwer oder überhaupt nicht zu reinigen, bestechen aber durch ihre außergewöhnliche Optik.

Raufaser
Man unterscheidet zwischen der Simplex- (eine Papierschicht) und der Duplex-Raufaser (zwei Papierschichten). Eingearbeitete Holzfasern sorgen für die typische Optik. Hochwertige Raufaser ist waschbeständig, robust und trocken abziehbar.

Glasgewebe
Mineralische Rohstoffe bilden die Basis bei der Herstellung von Glasgewebetapeten. Wie Vliesfaser wird Glasgewebe trocken ins Kleberbett eingelegt. Ein Anstrich mit Dispersionsfarbe bildet den Abschluss. Am besten Systemkomponenten verwenden.

Duplex-Prägetapete
Diese Tapete zeichnet sich durch besondere Stabilität aus. Bei der Herstellung verklebt man zwei Papierbahnen und prägt das Muster ein, solange die Bahnen noch feucht sind. Auf der Rückseite erscheint das Negativbild der Prägung.

Quarzprofil-Tapete
Auf eine Trägerschicht wird ein Quarzgranulat aufgetragen, wodurch eine körnige Oberfläche entsteht. Quarzprofil-Tapete zeichnet sich dadurch aus, dass sie schwer entflammbar ist, allerdings ist die Oberfläche nicht sehr reinigungsfreundlich.

Metallfolien-Tapete
Die Oberfläche besteht meist aus Aluminium. Das Metall wird auf einen Papierträger aufgebracht. Farbüberzüge können eine effektvolle Optik erzeugen. Wegen der elektrischen Leitfähigkeit muss bei der Verarbeitung der Strom abgestellt werden.

Wandbildtapete
Die besser unter dem Namen Fototapete bekannte Wandbildtapete zeichnet sich durch großformatige Fotomotive aus, die auf die Trägerschicht gedruckt werden. Wandbildtapeten zeichnen sich meist dadurch aus, dass sie sich gut reinigen lassen.

Strukturvlies
Eine besondere Form der Vliestapete ist das Strukturvlies. Auch hier besteht das Trägermaterial aus Zellstoff oder Polyester. Die Verarbeitung ist, wie bei der normalen Vliesfaser, leicht, da es keine Weichzeiten gibt. Ein Anstrich bildet den Abschluss.

Papiertapete
Die Auswahl an Papiertapeten scheint unbegrenzt zu sein. Sie können zwischen unzähligen Farben und Dekoren wählen. Teils bestehen sie aus einer, teils aus zwei Papierschichten. Die Preise und die Qualität sind recht unterschiedlich.

Glattvinyl-Tapete
Die Basis bildet ein Trägerpapier. Darauf wird die Vinylschicht aufgetragen. Für das Dekor sorgt der abschließende Druck. Glattvinyl-Tapete ist äußerst strapazierfähig und daher bestens für den Einsatz in Küche und Badezimmer geeignet.

Wände im Marmor-Look

Wer Marmor liebt, wird sich für diese neue Wandbeschichtungstechnik begeistern. Mit einer speziellen Effektspachtelmasse entsteht die täuschend echte Marmoroptik

Die farbige Marmoroptik lässt sich mithilfe der Effektspachtelmasse ganz leicht selbst herstellen

Marmor steht für Eleganz und Luxus. Leider ist er auch entsprechend teuer. Auch vom Profi aufgemalte Marmorimitationen haben ihren Preis und stellen nicht für jeden Marmorliebhaber eine erschwingliche Alternative dar. Seit einiger Zeit bietet der Handel ein System an, mit dem der Heimwerker sich den Marmor-Look in Eigenleistung ins Haus holen kann. Der Hersteller des Systems bietet eine sehr breite Farbpalette an Abtönfarben an, sodass für jeden Geschmack etwas dabei ist.

Die Auftragstechnik ist zwar nicht besonders aufwändig, allerdings brauchen die Wände eine sorgfältige Vorbehandlung.

Marmoreffekte mit System

Sie erhalten die Abtönfarbe des Marmorier-Programms in vielen verschiedenen Farben. Was Sie sonst noch brauchen (Spachtel, Kelle, Spachtelmasse, Schleifpapier und Hölzer) erhalten Sie zusammen in einem Komplett-Paket. Auch eine CD-ROM gehört dazu

1

Mischen Sie Abtönfarbe und Spachtelmasse in dem vom Hersteller angegebenen Verhältnis. Ist die Mischung verrührt, geben Sie einen Batzen auf die Kelle

2

Eine glatte Wand ist Voraussetzung für ein gutes Ergebnis. Weist die Wand Unebenheiten oder Risse auf, muss sie entsprechend vorbereitet werden

3

Tragen Sie die Grundspachtelmasse vollflächig auf. Die Masse muss gut geglättet sein, bevor die offene Zeit des Spachtels (30 Minuten) verstrichen ist

4

Dann schleifen Sie die Spachtelmasse mit Schleifpapier plan. Haben Sie vorher die Grate schon sorgfältig entfernt, geht diese Arbeit leicht von der Hand

5

Jetzt kommt die Effektspachtelmasse zum Einsatz. Arbeiten Sie am besten mit dem Japanspachtel. Auf diese Weise gelingt ein hauchdünner Auftrag

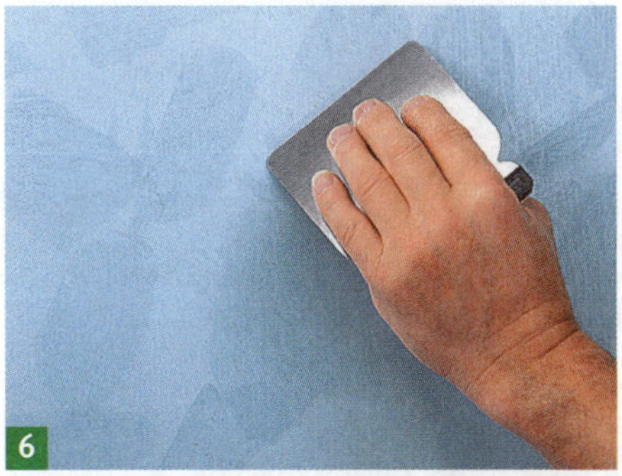

6

Die Spachtelmasse muss ungleichmäßig aufgetragen werden, sodass ein fleckiges Bild entsteht. Den flach angelegten Spachtel stets senkrecht abziehen

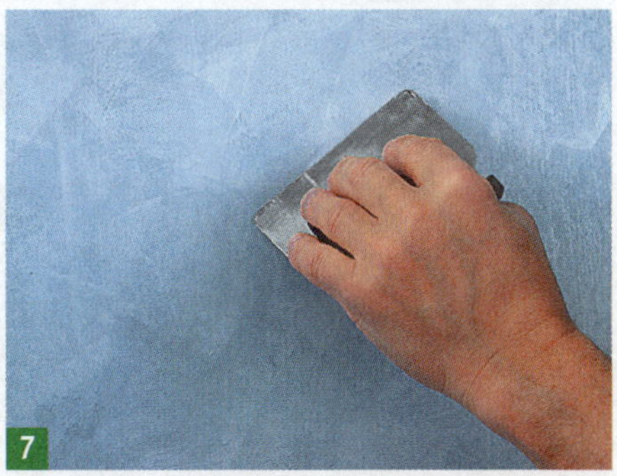

7

Warten Sie, bis die Oberfläche trocken ist. Dann erfolgt ein zweiter vollflächiger Auftrag. Wieder ziehen Sie die Masse extrem dünn mit dem Japanspachtel auf

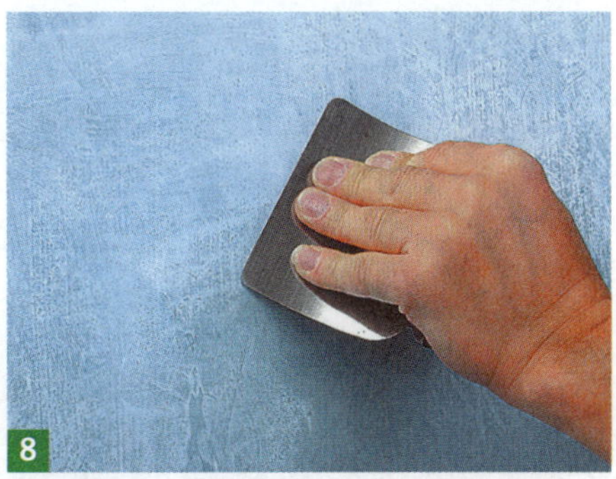

8

Der Marmoreffekt entsteht durch das Bügeln der Wand. Die Masse wird mit dem Spachtel fest angedrückt. Die Verdichtung erzeugt die dekorative Struktur

Tapete muss restlos entfernt werden. Weist der Putz Schadstellen auf, müssen Sie diese ausbessern. Anschließend wird die Wand geschliffen, entstaubt und grundiert. Erst dann kommen die Komponenten des Systems zum Einsatz.

In mehreren Auftragsschichten zum Marmor-Effekt

Ist die Wand vorbereitet, kann die Grundspachtelmasse aufgetragen werden. Nach einer achtstündigen Trocknungszeit wird die Wand abgeschliffen. Sie können dazu eine Maschine verwenden oder von Hand schleifen. Wenn Sie die Wand anschließend entstauben, tragen Sie bei dieser Arbeit am besten eine Maske.

Nun kommt die Effektspachtelmasse zum Einsatz. Sie wird in zwei Schichten aufgetragen, zuerst nur stellenweise, dann vollflächig. Verwenden Sie hierzu einen Japanspachtel, so gelingt der hauchdünne Auftrag am besten. Auch für das abschließende Festpressen der Spachtelmasse, das so genannte Bügeln, benutzen Sie den Japanspachtel. Die Masse wird auf diese Weise verdichtet, und die leicht glänzende Marmor-Optik entsteht.

Die marmorierte Oberfläche ist sehr strapazierfähig und lässt sich ohne weiteres auch einmal abwaschen. Die Technik eignet sich daher für Wände im ganzen Haus, auch für die Küche und das Bad (ausgenommen des Duschbereichs). Bei einer späteren Renovierung lassen sich die Wände problemlos anschleifen und wieder neu streichen oder tapezieren.

TIPP FEDERZEICHNUNG

Mit einer in Farbe getauchten Feder lässt sich die Wand mit raffinierten Mustern versehen. Sie sollten die Technik aber vorher üben. Tragen Sie die Farbe mit der Feder wie auf dem obigen Bild gezeigt auf die Grundspachtelmasse auf. Ist die Farbe getrocknet, folgt der Auftrag der Effektspachtelmasse.

Halbhohe Wandverkleidung

Küchen im Landhausstil liegen im Trend. Besonders stilecht wirken sie mit einer halbhohen Wandverkleidung aus Paneelen, die mit wenig Aufwand montiert ist

Eine halbhohe Wandverkleidung aus Paneelen macht die Landhausstimmung in Ihrer Küche perfekt. Der Handel bietet Paneele aus MDF an, die sich hierfür bestens eignen. Meist erhalten Sie die Paneele in einer Länge von 2,60 m. Einmal in der Mitte durchtrennt haben sie genau die richtige Länge. Zum Zerteilen eignet sich eine Kapp- und Gehrungssäge, Sie können aber auch eine Hand-Feinsäge verwenden.

Die Verlegung des Paneelsystems kostet erstaunlich wenig Zeit. Sind das untere und obere Abschlussprofil mit der Wand verdübelt, braucht man die Paneele nur noch nacheinander dazwischenschieben. Die Blendprofile sollte man mithilfe einer Gehrungslade zusägen. Auf diese Weise arbeiten Sie besonders präzise.

Die Elemente sind mit einer weißen Grundierfolie beschichtet, die man als Oberfläche so belassen kann. Wer Farbe an die Wand bringen will, kann die Paneele mit Acrylfarbe streichen. Tragen Sie die Farbe in diesem Fall am besten zweimal auf und rauhen Sie die Oberfläche zwischen den beiden Durchgängen mit Schleifpapier an.

Den oberen und unteren Abschluss der Paneelverkleidung bilden horizontale Trageprofile. Diese werden im Abstand von 20 bis 30 cm vorgebohrt

Das untere Profil andübeln. Zwei als Abstandhalter eingesetzte Paneele helfen, die Position des oberen Profils zu bestimmen. Wasserwaage anlegen

Die Blendprofile werden mit Holzleim befestigt. Den Leim in die Nuten der Profile geben und die Profile aufsetzen. Fugen können mit Acryl verfüllt werden

Soll die Wand farbig werden, müssen Sie die Paneele vorher mit Acryllack streichen. Am besten zwei Streichdurchgänge mit Zwischenschliff durchführen

Sind die Profile sicher befestigt, geht es schnell voran. Die Paneele lassen sich nun leicht eins nach dem anderen in das Profilgerüst einschieben

Im nächsten Schritt müssen Sie die Blendprofile mit der Feinsäge zuschneiden. Zur Anfertigung rechtwinkliger Schnitte eine Gehrungslade verwenden

Edle Wand aus Acrylglassteinen

Wände aus Glassteinen müssen gemauert werden. Die hier gezeigten Acrylglassteine dagegen lassen sich einfach aufeinanderstecken

Der Aufbau einer Glassteinwand war bisher ein Unterfangen, das nur sehr erfahrene Heimwerker bewältigen konnten. Zu den klassischen Steinen aus Glas, die man mit Mörtel und Armiereisen mühsam aufeinandersetzen musste, hat der Handel nun eine Alternative im Angebot: Superleichte Acrylglassteine, die sich einfach aufeinanderstecken lassen. Das neue System bietet Ihnen zahlreiche Vorteile. Es ist nicht nur einfacher zu montieren, sondern kann – falls gewünscht – auch ohne große Probleme wieder abgebaut werden. Außerdem fällt bei der Arbeit mit dem Acrylglassystem kein Schmutz an.

Ein praktisches Stecksystem sorgt für perfekten Halt

Die im gezeigten Einbaubeispiel verwendeten Acrylsteine sind 20 x 20 cm groß und wiegen gerade einmal 700 Gramm. Außer den Steinen brauchen Sie für den Aufbau der Wand noch vier Nutprofile, die den Rahmen bilden, Verbinder sowie Dichtungslitze. An Werkzeugen benötigen Sie lediglich eine Handsäge, eine Bohrmaschine und einen Akkuschrauber. Eine Wasserwaage kann unter Umständen noch hilfreich sein.

Sie erhalten die Acrylsteine nicht nur in der farblosen Variante, sondern in zahlreichen anderen Transparenttönen. Was die Kombination betrifft, sind der Fantasie keine Grenzen gesetzt. Bedenken Sie jedoch, dass die farbigen Steine mehr Licht schlucken als die farblosen. Wer den Lichteinfall nicht behindern will, aber dennoch auf Farbe nicht verzichten möchte, sollte kombinieren. Im gezeigten Beispiel wurde der Hauptteil der Wand aus farblosen Steinen errichtet. Eine senkrechte Reihe blauer Acrylsteine bildet hier einen interessanten farbigen Akzent.

Sie können aus den Acrylsteinen sogar eine Duschkabine bauen. Allerdings müssen Sie die Dichtungslitze in diesem Fall durch Silikon ersetzen, damit keine Feuchtigkeit in die Wand eindringen kann. Auch in den Anschlussbereichen gut abdichten.

Aufbauschritte

Beginnen Sie mit der Befestigung der Nutprofile an Boden und Wand. An die Enden der Profile und in den Winkel werden so genannte Verbinder gesetzt

Versehen Sie die Profile mit Dichtungslitzen, bevor Sie den ersten Stein einsetzen. Als seitlichen Anschluss zum nächsten Stein eine Längsdichtung ansetzen

Nach dem Abschluss jeder Glassteinreihe müssen Sie an beiden Seiten Querdichtungen einlegen. Die breite Seite der Dichtungen zeigt stets nach außen

Sie erhalten die 700 g leichten Steine in verschiedenen Farben

Der Aufbau im Überblick

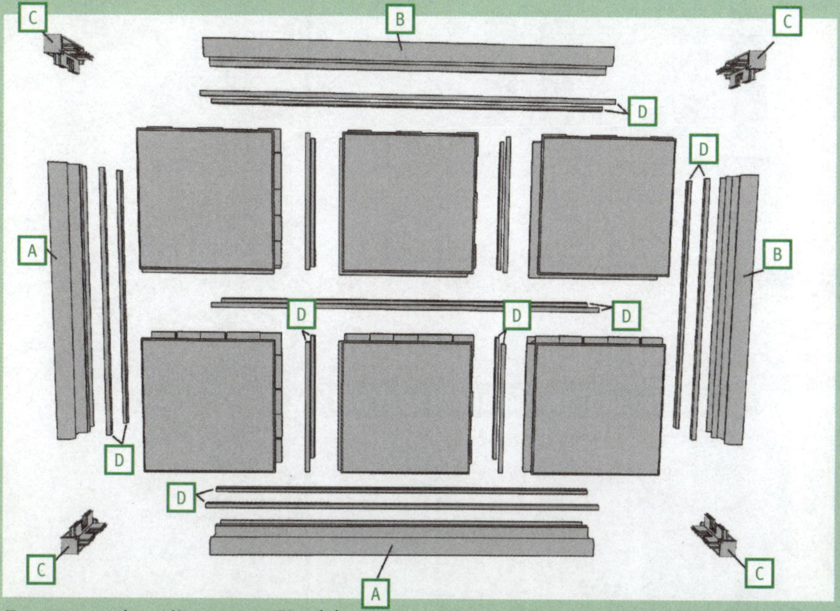

Zuerst werden die Nutprofile (A) an Wand und Boden geschraubt. Die Profile lassen sich mit Verbindern (C) zusammensetzen. Dann versieht man die Nutprofile mit einer Längs- bzw. Querdichtung (D). Der erste Stein (E) lässt sich nun problemlos einsetzen. Er erhält an der noch freiliegenden Längsseite an Vorder- und Rückseite eine auf Steinhöhe abgelängte Dichtung. Schon kann der nächste Stein folgen. Ist die erste Reihe abgeschlossen, müssen die Querdichtungen eingelegt werden. Achten Sie beim Einsetzen der Dichtungen stets darauf, dass die Breitseite außen liegt. Arbeiten Sie sich so Reihe für Reihe nach oben. Im letzten Schritt montieren Sie die noch fehlenden Profile (B), die mit Dichtungen versehen werden. Einfach aufstecken und mit Verbindern zusammenfügen.

Zwischen die Steine jeder Reihe setzen Sie auf Steinhöhe abgelängte Längsdichtungen. Auch hier darauf achten, dass die Breitseite außen liegt

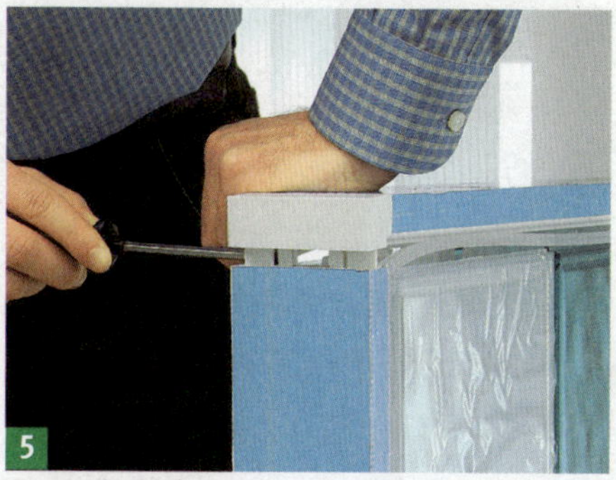

Das mit Dichtungen versehene Längsprofil kann nun seitlich aufgesteckt werden. Es folgt das obere Querprofil. Profile mit Verbindern zusammensetzen

Aus eins mach zwei

Trennwand-Systeme in Leichtbauweise machen das Unterteilen großer Räume zum Kinderspiel. Die Wände lassen sich auch problemlos über Eck bauen

Der Raum vor dem Umbau

Das aufgestellte Metallständerwerk

Ein Ständerwerk aus Metallprofilen

Unten sehen Sie die Metallprofile, aus denen das Grundgerüst der Trennwand erstellt wird. Links ein so genanntes UW-Profil, das als Boden bzw. Deckenschiene dient, rechts daneben ein CW-Profil, das senkrecht in die UW-Profile gesetzt wird.

Räume, die sehr viel länger als breit sind, wirken oft sehr ungemütlich. Eine Hilfsmaßnahme gegen die Schlauchform eines Raumes kann die Unterteilung in zwei Räume sein. Die modernen Trennwandsysteme ermöglichen die Abtrennung eines Raumes, ohne das ein Handwerker bemüht werden muss. Die Errichtung und Beplankung der Metallständerwerke ist ohne Probleme auch in Eigenleistung möglich. Wie das hier gezeigte Beispiel zeigt, muss die Trennwand nicht in einer Flucht verlaufen, sondern kann auch einen rechten Winkel bilden. Die Errichtung einer Trennwand beginnt stets mit dem Aufbau der Ständerwerk-Konstruktion. Man verwendet hierfür in der Regel Metallprofile, der Vollständigkeit halber muss jedoch erwähnt werden,

Die Etage nach dem Bau der Trennwand. Die Gipsplattenbeplankung lässt sich problemlos tapezieren oder streichen

dass sich ein solches Ständerwerk auch aus Holzbalken errichten lässt. Ein Holzständerwerk ist um einiges preiswerter, die Metallprofile sind aber dafür wesentlich komfortabler in der Handhabung.

Das Metallständerwerk bildet das Gerüst der Trennwand

Berechnen Sie, wie viele Metallprofile Sie für Ihre konkrete Einbausituation benötigen. Für den Boden- und den Deckenabschluss brauchen Sie UW-Profile, senkrecht werden dagegen CW-Profile gesetzt. Längen Sie die Profile mit einer Blechschere auf die gewünschte Länge ab und dübeln Sie sie fest. In unserem Beispiel wurden die Profile nur an den Wänden und an der Decke verschraubt, am Boden setzte man stattdessen Silikonkleber ein, weil unter dem Fliesenbelag eine Fußbodenheizung verlief.

Der Untergrund muss auf jeden Fall glatt, eben und fest sein. Teppiche oder elastische Kunststoffböden müssen Sie vor dem Aufbau der Trennwand entfernen. Auch schwimmend verlegtes Parkett oder Laminat ist als Untergrund für das Ständerwerk

TIPP HOLZ ODER METALL?

Einlagig beplanktes Holzständerwerk
Eine preiswerte Alternative zum Ständerwerk aus Metallprofilen ist ein Holzständerwerk aus 60-x-60-mm-Holzbalken. Geld und Zeit lässt sich auch sparen, wenn man die Trennwand nur einlagig beplankt. Eine Doppelbeplankung sorgt allerdings für einen besseren Schallschutz.

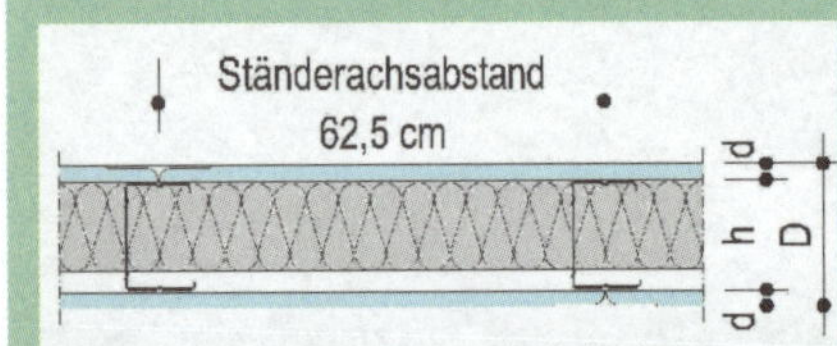

Einlagig beplanktes Metallständerwerk
Metallprofile sind zwar teurer als Holzbalken, sie bieten aber auch wesentlich mehr Komfort. Beispielsweise sind sie unempfindlich gegen Feuchtigkeit oder Temperaturschwankungen, schwinden nicht und dehnen sich nicht aus. Sie werden in Breiten von 50 bis 100 mm angeboten.

Metallständerwerk aufbauen

1 *Vermessen Sie den Raum und zeichnen Sie auf dem Boden auf, wie die Trennwand verlaufen soll. Dann legen Sie die UW-Profile probeweise auf die Erde*

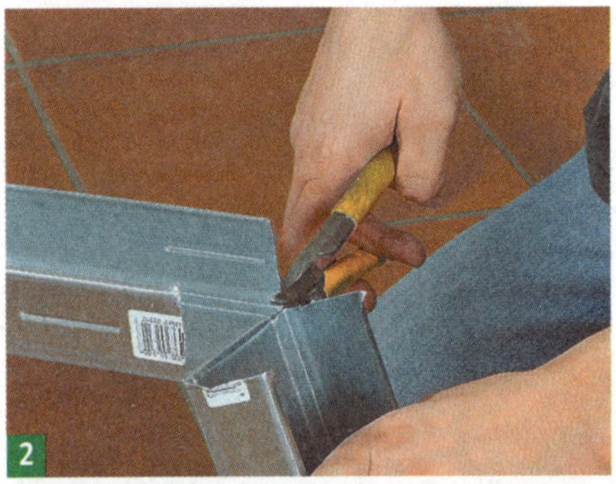

2 *Messen Sie aus, wie lang die UW-Profile für Boden und Decke sein müssen. Mit einer Blechschere lassen sie sich auf die gewünschte Länge kürzen*

3 *Zeichnen Sie nun den Verlauf der Trennwand an der bestehenden Wand an. Verwenden Sie dazu eine extralange Wasserwaage oder eine Richtlatte*

4 *In der Regel werden die UW-Profile an den Boden gedübelt. Im gezeigten Fall musste man wegen einer Fußbodenheizung auf Silikon zurückgreifen*

5 *Auch die Position und Breite der geplanten Türöffnung muss genau vermessen werden. Die Profilschiene muss in diesem Bereich ausgespart werden*

6 *Überall, wo die Profile mit Boden, Wand oder Decke verschraubt werden, sollte man sie mit einem Dämmstreifen versehen, was dem Schallschutz dient*

7 *Sind die UW-Profile am Boden fixiert, können Sie das CW-Profil an der zuvor markierten Stelle an die Wand dübeln. Setzen Sie mindestens drei Bohrlöcher*

8 *In die vorgebohrten Löcher werden Schlagdübel gesetzt. Führen Sie dann die Schrauben ein und drehen Sie sie mit dem Akku-Schrauber in die Wand*

9

Ist der Rahmen aus Boden-, Wand- und Deckenprofilen montiert, können Sie die CW-Profile einsetzen, die das eigentliche Ständerwerk der Trennwand bilden

10

Beim Anbringen der Anschlussprofile bohren Sie die Löcher durch das Metall hindurch in Decke, Wand oder Boden. Dann werden die Dübel eingesetzt

12

Der Abstand der CW-Profile richtet sich nach dem Format der Gipsplatten. 125-cm-Platten verlangen bei Querbeplankung einen Abstand von 62,5 cm

11

Die abgelängten CW-Profile führen Sie schräg zwischen Decken- Und Bodenprofil und richten sie dann senkrecht auf. Position mit der Wasserwaage prüfen

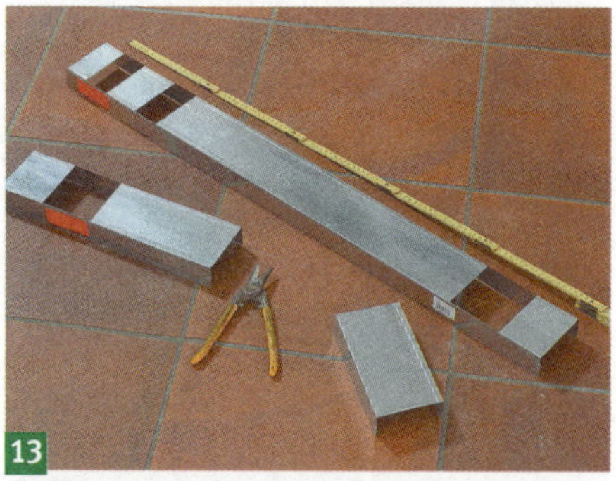

13

Für den oberen Abschluss des Türrahmens braucht man ein so genanntes Türsturzprofil. Beim Ablängen kommt wieder die Blechschere zum Einsatz

14

Legen Sie die beiden Profile, die die seitlichen Abschlüsse des Türrahmens bilden, auf den Boden und schieben Sie den Türsturz von der Oberseite darüber

TIPP WANDANSCHLUSS

Bestehende Bodenleisten oder Bordüren müssen unbedingt entfernt werden, damit das CW-Profil glatt an der Wand anschließen kann

nicht gut geeignet. Entfernen Sie es dort, wo die Wand aufgebaut werden soll.

Bei der Errichtung einer Trennwand muss auch auf den Schallschutz geachtet werden. Versehen Sie daher alle Profile, die mit Decke, Wänden oder Boden verschraubt werden, mit einem Dämmstreifen, der einfach aufgeklebt wird.

Bei der Positionierung der CW-Profile orientieren Sie sich an dem Format der Gipsplatten, mit denen die Konstruktion anschließend beplankt werden soll. Die Plattenlänge – durch 2 bzw. durch 3 geteilt – ergibt den Abstand der Profile. Arbeitet man beispielsweise mit 125 cm langen Platten, die man quer anbringt, setzt man die CW-Profile in einem Abstand von 62,5 cm. Eine Platte bedeckt dann später genau zwei Profilzwischenräume. Sind die Platten 150 cm lang, empfiehlt sich ein Profilabstand von 50 cm, sodass eine Platte drei Zwischenräume bedeckt. Bei Verarbeitung von 260 cm langen Platte werden die Profile im 52-cm-Abstand montiert. Eine Platte überdeckt dann fünf Zwischenräume.

Die Konstruktion der Türöffnung

Beachten Sie, dass Sie für den Bau einer Türöffnung spezielle Metallprofile brauchen. Den oberen Abschluss bildet ein Türsturzprofil, für die Seiten eignen sich normale CW-Profile oder – wenn das Türblatt mehr als 30 kg wiegt – UA-Profile. Mithilfe von Steckwinkeln befestigen Sie die seitlichen Profile mit der Decken- und der Bodenschiene. Wegen der Fußbodenheizung wurde hier am Boden wieder geklebt.

TIPP ECKENAUSBILDUNG

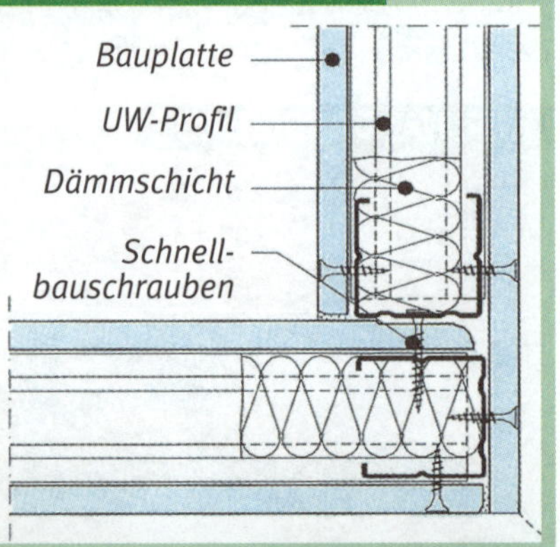

Soll eine Trennwand rechtwinklig an eine andere anschließen, wird das Anschlussprofil der zweiten Wand an die Beplankung der ersten geschraubt

15

Die Türrahmenprofile erhalten jeweils oben und unten einen Steckwinkel. Dann setzt man sie mitsamt dem Türsturz in Boden- und Deckenprofil ein

16

Das Türsturzprofil muss nun noch in der richtigen Höhe mit Klebeband fixiert werden. Die Wasserwaage sorgt dafür, dass es genau waagerecht liegt

17

Die Steckwinkel werden jetzt mit Decke und Wand verdübelt. Im hier gezeigten Fall dübelte man wegen der Fußbodenheizung nur an der Decke

18 *Das Metallständerwerk ist fertiggestellt. Es bildet die Basis für die Trennwände. Im nächsten Schritt wird die Wand beplankt und mit Dämmstoff verfüllt*

Beplankung

1 *Richten Sie nun die erste Gipsplatte aus. Unten muss eine Fuge verbleiben. Legen Sie deshalb einen Abstandhalter unter*

2 *Haben Sie die Gipsplatte in Position gebracht, können Sie sie am Metallständerwerk festschrauben. Bohren Sie durch Platte und Ständer hindurch*

3 *Müssen Sie Platten passend zuschneiden, zeichnen Sie die Schnittlinie zuerst mit einem Bleistift vor. Die Wasserwaage hilft, den Schnitt exakt zu setzen*

4 *Legen Sie die Platte dann auf den Boden und schneiden Sie mit einem Cuttermesser entlang der vorgezeichneten Linie. Eine Richtlatte anlegen*

5 *Haben Sie die Platte mit dem Cuttermesser angeritzt, können Sie sie vom Boden aufnehmen. Sie lässt sich jetzt unter mäßigem Druck brechen*

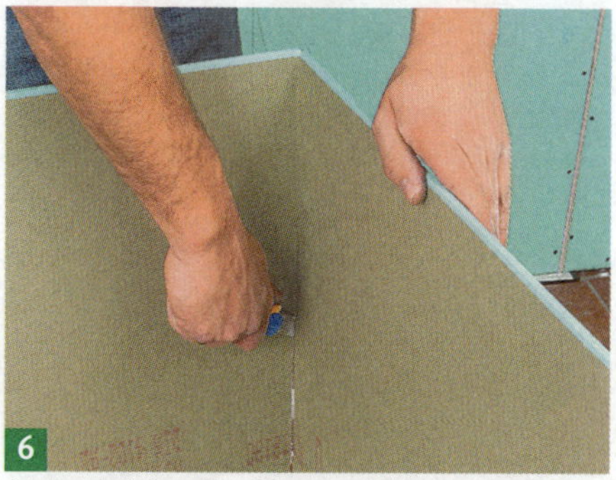

6 *Meist bricht die Platte nicht beim ersten Versuch vollständig durch. In diesem Fall schneiden Sie mit dem Cuttermesser an der Rückseite noch einmal nach*

Mit Gipsplatten wird das Metallgerüst zur Trennwand

Ist das Ständerwerk montiert, geht es an die Beplankung. Sie können zwischen Gipskarton- und Gipsfaserplatten wählen. Der Gipskarton sollte eine Mindeststärke von 12,5 mm aufweisen, bei Gipsfaser reicht dagegen eine Stärke von 10 mm. Unter Umständen empfihlt sich auch eine doppelschichtige Beplankung. Sie hat den Vorteil, dass sie einen besseren Schallschutz bietet und dazu einen stabileren Untergrund für Fliesenbeläge bildet – falls man diese später anbringen möchte.

Die Befestigung der Platten am Metallständerwerk erfolgt mit Schnellbauschrauben. Haben Sie eine Wandseite vollständig beplankt, verlegen Sie, falls nötig, Elektroleitungen. Die Fächer der Wand können nun mit Dämmmaterial verfüllt werden. Beachten Sie, dass nicht alle Dämmstoffe mit Elektroleitungen in Berührung kommen dürfen. Wenn Sie Mineralfasermatten verwenden, besteht keinerlei Gefahr, weil sie unempfindlich gegen Hitze bis 1.000 °C sind. Beim Einsatz anderer Dämmstoffe muss der direkte Kontakt zu den Elektroleitungen allerdings unbedingt vermieden werden.

TIPP METALLPROFILE FÜR TÜREN

Soll Ihre Trennwand eine Tür erhalten, brauchen Sie dafür spezielle Metallprofile. Für den oberen Abschluss des Türrahmens benötigen Sie ein Türsturzprofil (Mitte). Als seitliche Begrenzung eignen sich normale CW-Profile, allerdings nur, wenn das Türblatt nicht zu schwer ist. Übersteigt es ein Gewicht von 30 kg, müssen Sie UA-Profile (links) einbauen, die bis zu 75 kg tragen können. Sowohl CW- als auch UA-Profile werden oben und unten mit Steckwinkeln (rechts) festgeschraubt.

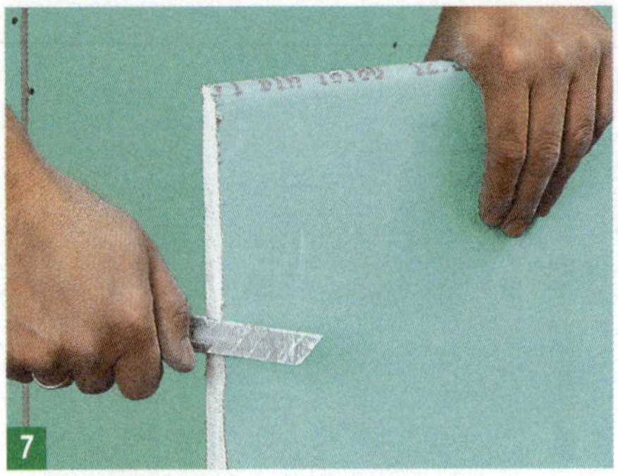

7 *In der Regel sind die Bruchkanten nicht ganz glatt, sondern leicht ausgefranst. Bearbeiten Sie die Platten an den Bruchseiten deshalb mit einer Feile*

8 *Die zweite Reihe der Beplankung wird hier mit einer auf die Hälfte zugeschnittenen Platte begonnen. Auf diese Weise vermeidet man Kreuzfugen*

9 *Versenken Sie die Schrauben stets ein wenig, damit Sie später beim Verspachteln keine Probleme haben. Zur Kontrolle immer wieder die Richtlatte anlegen*

Dämmung einsetzen

Damit ein ausreichender Schallschutz gewährleistet ist, füllen Sie die Trennwand mit Dämmmaterial, z. B. mit Mineralwolle, die Sie passend zuschneiden

Schneiden Sie die Dämmstoffelemente breiter zu, damit man sie zwischen die Profile klemmen kann. Elektroleitungen können Sie auch jetzt verlegen

Kabel lassen sich ganz einfach durch die Löcher der Profile ziehen. Mit einer Lochsäge schneiden Sie Öffnungen für Steckdosen in die Gipsplatten

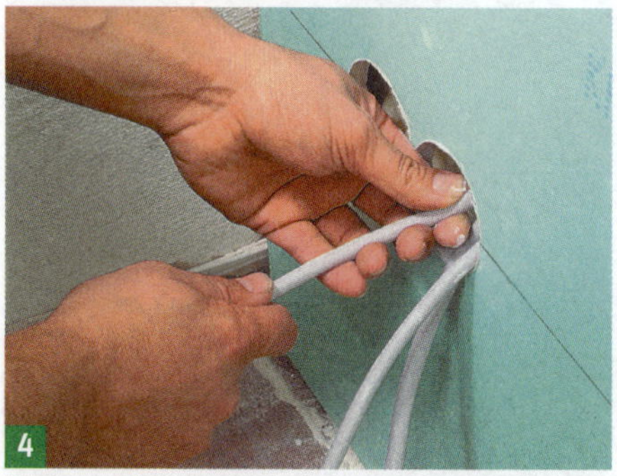

Ziehen Sie die Kabel im nächsten Schritt durch die gebohrten Öffnungen und längen Sie sie ab. Mit einer Abisolierzange können Sie die Ummantelung lösen

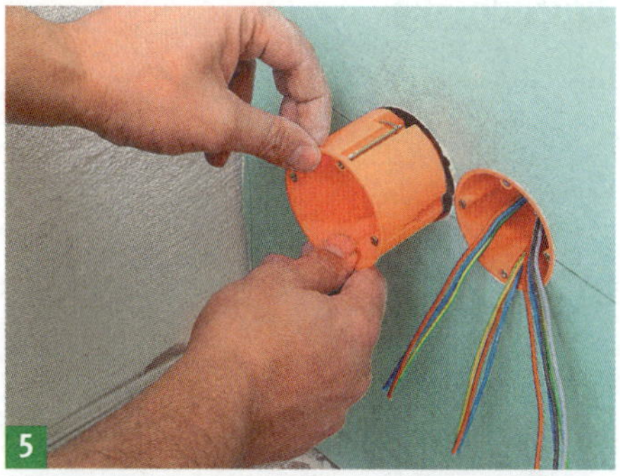

Nun werden die Hohlraumdosen aufgesetzt. Führen Sie die einzelnen Adern von hinten hindurch und stecken Sie die Dosen dann in die Löcher hinein

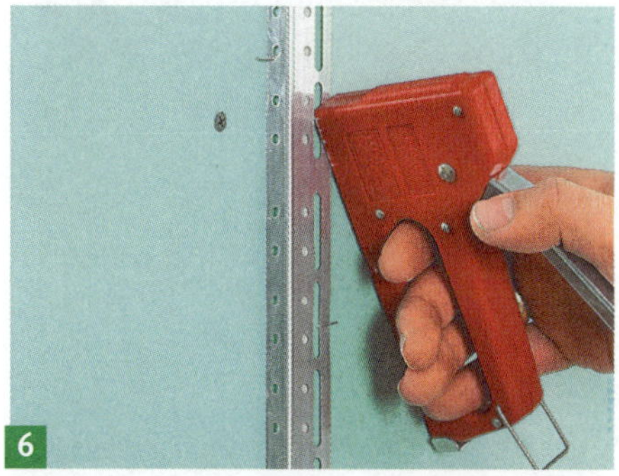

Führt die Trennwandkonstruktion wie im gezeigten Beispiel um eine Ecke, so versehen Sie diese mit einer Eckputzleiste. Sie muss nur angetackert werden

Sind zwischen Gipsbeplankung und Decke noch Fugen zu sehen, können Sie diese mit Acryl oder einem für Gips und Mörtel geeignetem Silikon schließen

Sie erhalten im Handel spezielle Spachtelmassen, mit denen Sie die Fugen der Gipswand füllen können. Achtung: Für Feuchträume gibt es spezielle Produkte

Mit einer Kelle ziehen Sie die Spachtelmasse glatt auf. Nach etwa 50 Minuten Trocknungszeit stoßen Sie Überstände ab und spachteln bei Bedarf nach

Verspachteln, grundieren und verputzen

Wenn Sie das Ständerwerk von beiden Seiten beplankt haben, kann die Oberflächenbehandlung erfolgen. Zuerst ebnen Sie alle Fugen und Schraublöcher mit Spachtelmasse. Die Fuge zwischen Wand und Decke lässt sich am besten mit Acryl oder einem geeigneten Silikon füllen. Im nächsten Schritt wird die Wand grundiert. Ganz gleich, ob Sie die Wand verputzen oder mit einer Tapete versehen wollen – auf die Grundierung dürfen Sie keinesfalls verzichten. Die saugfähigen Gipsplatten würden die Feuchtigkeit aus Putz oder Kleister sofort in sich aufnehmen, was sich negativ auf die Haftung auswirkt. Mithilfe der Grundierung erhalten Sie einen tragfähigen Untergrund. Beachten Sie beim Kauf jedoch, dass es

TIPP DEKOR-OBERPUTZE

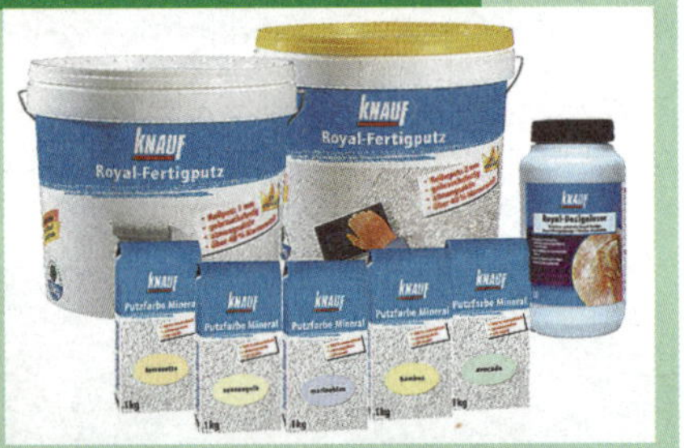

Jede Wand, die einen Putzauftag erhält, muss vorher sorgfältig grundiert werden. Die Grundierung bewirkt, dass der Putz gleichmäßig austrocknet und verhindert Verfärbungen durch den Untergrund. Wer sich das Verputzen besonders leicht machen will, verwendet einen Fertigputz, der vor der Verarbeitung nur einmal gut durchmischt werden muss. Achten Sie darauf, dass der Putz eine lange offene Zeit besitzt, die Sie zum Strukturieren der Wand nutzen können. Sie erhalten Putze in verschiedenen Kornstärken. Je nachdem, welche Sie wählen, erhalten Sie eine feinere oder grobere Struktur. Für Treppenhäuser oder andere stark beanspruchte Bereiche eignen sich spezielle Putze, die als schädigungsunempfindlich ausgezeichnet sind. Wer möchte, kann zum Schluss noch Putzfarbe auftragen.

Eine Alternative zum feinen 1-mm-Putz ist Reibeputz, der eine Kornstärke von 2 oder 2,6 mm besitzt

Putzauftrag

1 *Als Nächstes wird die Wandfläche grundiert. Welches Produkt Sie hierfür wählen müssen, hängt davon ab, ob Sie tapezieren, fliesen oder verputzen wollen*

2 *Besonders komfortabel arbeiten Sie mit Fertigputz. Man muss ihn vor dem Auftrag nur einmal kräftig mit dem Rühraufsatz der Bohrmaschine durchmischen*

3 *Im gezeigten Fall entschied man sich für einen Rollputz, der eine Kornstärke von 1 mm besitzt. Er wird mit schräggestellter Glättkelle auf die Wand aufgebracht*

4 *Innerhalb der offenen Zeit lässt sich der Putz mit allen erdenklichen Strukturen versehen. Als Werkzeuge eignen sich Kelle, Pinsel, Strukturrolle, Spachtel usw.*

Türmontage

1 *Die fertig gestellte Trennwand in Leichtbauweise ist im verputzten Zustand nun 125 mm stark. Für die Tür wurde ein Rahmen von 760 mm Breite konstruiert*

2 *Der Einbau der Tür beginnt mit der Anbringung der Zarge. Legen Sie alle Einzelteile zunächst auf einer Decke aus, um sich einen Überblick zu verschaffen*

3 *Die drei Zargenteile werden mithilfe von Flachdübeln aneinander gestzt. Versehen Sie die Dübel mit reichlich Leim. Dann werden Sie in die Schlitze gesetzt*

4 *Zusätzliche Stabilität erhält die Zargenkonstruktion durch Stahlklammern. Sind die Einzelteile miteinander verleimt, schlägt man die Klammern in die Nuten*

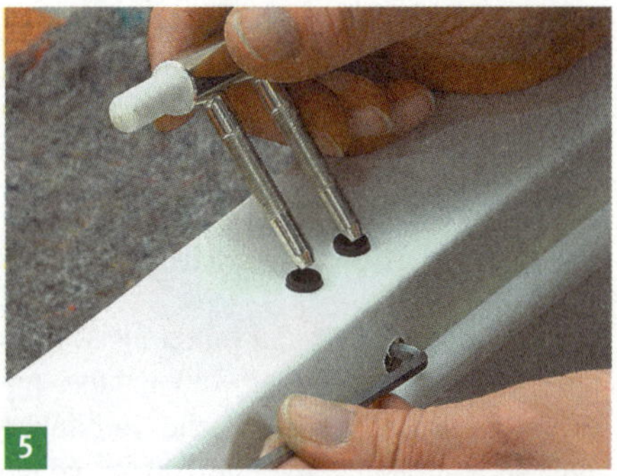

5 *Jetzt werden die Türscharniere in Position gebracht. Führen Sie die Scharniere in die vorgefertigten Löcher. Zum Fixieren verwenden Sie einen Inbus-Schlüssel*

6 *Die Zarge kann nun in den Türausschnitt gestellt werden. Mit der Wasserwaage ausrichten und Zwingen anlegen*

verschiedene Grundierungen für die unterschiedlichen Wandbeläge gibt. Wenn Sie die Wand verputzen wollen, wählen Sie also eine Putzgrundierung aus.

So gelingt die Türmontage

Der Bau einer Trennwand bringt meist auch die Notwendigkeit einer Türmontage mit sich. Wichtig ist, dass Sie die Türöffnung vor dem Kauf von Zarge und Türblatt genau vermessen (s. auch Tippkasten unten). Beim Einbau der Zarge ist sorgfältige Maßarbeit gefragt. Zollstock und Wasserwaage sind im ständigen Einsatz. Kleinste Ungenauigkeiten können dazu führen, dass die Tür sich später nur schwer öffnen und schließen lässt. Sie sollten das Türblatt aus diesem Grund auch unbedingt einmal probeweise einhängen, bevor Sie die Zarge mithilfe von Montageschaum endgültig fixieren.

Bei der Wahl des Türgriffs können Sie auf ein breitgefächertes Angebot zurückgreifen. Da das Thema Sicherheit bei Innentüren kaum eine Rolle spielt, können Sie bei der Wahl den Schwerpunkt auf Funktionalität sowie auf die Optik des Drückers legen.

TIPP TÜREINKAUF

Eine gute Planung ist das A und O für einen erfolgreichen Türkauf und -einbau. Überlegen Sie sich gut, in welchen Raum hinein sich die Tür öffnen und ob sie nach links oder nach rechts aufschlagen soll. Sie erhalten die Türen in DIN-rechts- und in DIN-links-Ausführung. Die Bezeichnung sagt Ihnen, an welcher Seite sich die Bänder befinden. Die Türöffnung muss genau vermessen werden. Notieren Sie sich Breite und Höhe, aber auch die Stärke der Wand. Der Händler kann Ihnen mithilfe dieser Maße Türen für Ihre Einbausituation empfehlen. Hat er keine oder zu wenige Modelle in Ihren Maßen vorrätig, suchen Sie am besten direkt einen Hersteller auf. Die in unserem Einbaubeispiel gezeigte Türöffnung ist 760 mm breit. Für Türöffnungen dieser Breite hält der Händler eine große Auswahl bereit. Gekauft wurde eine Tür mit einem Blattaußenmaß von 735 mm Breite. Das Zargenfalzmaß beträgt 716 mm. Fast für jede Öffnung findet sich eine passende Tür. Nur sehr ungewöhnliche Öffnungsmaße, wie man sie zum Teil im Altbau vorfindet, verlangen Spezialanfertigungen vom Schreiner.

7 *Mithilfe von kleinen Holzkeilen unterfüttern Sie die Zargenkonstruktion zur Wand hin. Setzen Sie mindestens zwei Türspreizen – eine oben, eine unten*

8 *Überprüfen Sie erneut mit Wasserwaage und Zollstock die Position der Zarge. Die Türspreizen sorgen für Stabilität, wenn der Schaum eingespritzt wird*

9 *Die Tür sollte nun einmal probeweise eingehängt werden. Lässt sie sich ohne Probleme öffnen und schließen, können Sie mit der Zargenmontage fortfahren*

10 *Lesen Sie die Herstellerhinweise auf der Verpackung des Montageschaums genau durch. Eventuell müssen Sie den Untergrund vor dem Auftrag anfeuchten*

11 *Der Montageschaum wird nur punktuell in den Zwischenraum gespritzt. Etwa 20 Prozent des Bereichs zwischen Wand und Zarge sollte am Ende verfüllt sein*

12 *Warten Sie die vom Hersteller empfohlene Zeit bis zur weitern Bearbeitung des Schaums ab, und trennen Sie Überstände dann mit einem Cuttermesser ab*

13 *Ebenso wie die Zarge besteht auch die Zierbekleidung des Türrahmens aus drei Teilen. Die Verbindung der Elemente erfolgt wieder mit Flachdübeln und Leim*

14 *Die Zierbekleidung kann nun einfach auf die montierte Zarge aufgesteckt werden. Eventuell müssen Sie etwas fester drücken, um sie in Position zu bringen*

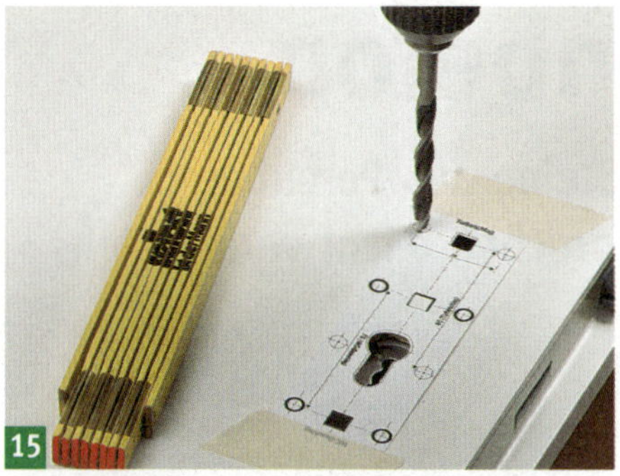

15 *Legen Sie die zum Lieferumfang des Türgriffs gehörige Schablone auf, und bohren Sie an den vorgegebenen Stellen Löcher in das Türblatt*

16 *Nehmen Sie den Schließkasten nun wieder aus der Tür heraus, und bohren Sie erneut. Die Bohrungen durchdringen jetzt das Türblatt komplett*

17 *Sind die Bohrlöcher gesetzt, kann der Schließkasten wieder eingesetzt werden. Befestigen Sie nun den Türdrücker, danach die Federplatte und die Rosette*

18 *Die Tür kann jetzt eingehängt werden. Kontrollieren Sie, ob sie richtig schließt. Falls nicht, korrigieren Sie die Position der Scharniere mit dem Inbus-Schlüssel*

19 *Ein letzter prüfender Blick in alle Ecken – und die Türmontage ist abgeschlossen. Die ursprünglich offene Etage ist nun in zwei Räume unterteilt*

TIPP TÜRGRIFF

Die Wahl des Türgriffs ist entscheidend für das Gesamterscheinungsbild einer Tür. Die Griffe sind in unzähligen Ausführungen erhältlich. Am wichtigsten für die Optik ist der Drücker (A). Über das Schloss wird beidseitig eine Rosette (B) befestigt. Eine Schablone (C) hilft beim richtigen Positionieren der Bohrlöcher. Passende Schrauben für die Befestigung (D) gehören ebenfalls zum Lieferumfang eines Türgriffs. Das Herzstück des Türgriffs ist der so genannte Schließkasten, der in der obigen Abbildung gut versteckt ist, weil er bereits in das Türblatt eingesetzt wurde.

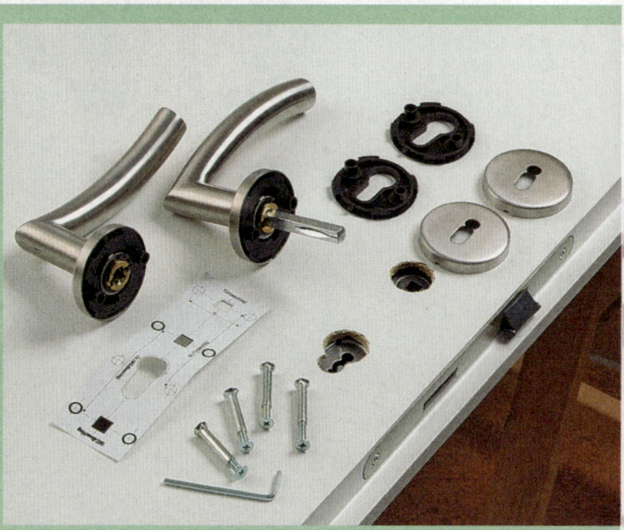

Trennwand aus Porenbeton

Eine gute Alternative zum Ständerwerk-System sind Steine aus Porenbeton. Sie haben ein geringes Gewicht und lassen sich ausgesprochen leicht verarbeiten

Aus einem großen Raum sollen zwei Kinderzimmer werden. Die neue Innenwand wird aus Porenbetonsteinen errichtet. Porenbeton ist eine kostengünstige Alternative zu der auf den vorherigen Seiten gezeigten Leichtbauweise aus Ständerwerk und Gipsplatten

Beim Bau von Trennwänden greifen heute viele Heimwerker auf die Leichtbauweise zurück, bei denen ein Ständerwerk mit Gipsplatten beplankt wird. Doch eine Gipsplattenwand ist nicht immer die beste Wahl. Sollen an der neuen Wand beispielsweise schwere Gegenstände wie Bücherregale angebracht werden, empfiehlt es sich, die Innenwand zu mauern.

Als Baustoff empfiehlt sich Porenbeton. Die Steine sind im Vergleich zu anderen massiven Baustoffen sehr leicht. In Dachgeschossen sollten Sie sich jedoch vergewis-

Arbeitsschritte

Porenbetonsteine lassen sich sehr leicht auf die gewünschte Größe zuschneiden. Verwenden Sie dazu am besten einen Fuchsschwanz mit geeignetem Sägeblatt

Der Untergrund muss in dem Bereich, in dem die Mauer gebaut wird, absolut glatt und sauber sein. Mit einer Drahtbürste lässt sich der Estrich gut reinigen

Kleben Sie die Ränder des Mauerbereichs mit Kreppband ab. Es empfiehlt sich, eine Grundierung aufzutragen, damit der Mörtel besser am Boden haftet

Im nächsten Schritt wird der Dickbettmörtel in einem Kübel angerührt. Man benötigt ihn als Grundlage für die erste Schicht aus Porenbetonsteinen

Tragen Sie den Mörtel auf, solange die Grundierung noch feucht ist. Bringen Sie ihn Batzen für Batzen mit der Kelle auf, sodass eine dicke Schicht entsteht

Bei der weiteren Arbeit verwenden Sie Dünnbettmörtel bzw. Porenbetonkleber. Man trägt ihn auf den Kopf des ersten Steins auf und nässt die Unterseite

sern, dass die Decke der unteren Etage ausreichend tragfähig ist. Kellerdecken sind dagegen grundsätzlich stabil genug, um eine massiv gebaute Innenwand zu tragen.

Porenbetonwände bieten einen guten Schallschutz

Eine Trennwand aus Porenbeton ist ebenso schnell errichtet wie eine Leichtbauwand. Durch den Einsatz von Mörtel und den Zuschnitt der Steine fällt zwar einiges an Schmutz an. Ein Vorteil der Porenbetonbauweise besteht jedoch darin, dass man die Wand nicht zusätzlich dämmen muss. Porenbeton zeichnet sich durch gute Schallschutzeigenschaften aus.

Wird Porenbeton für die Errichtung eines Außenmauerwerks verwendet, müssen die Steine eine Stärke von 30 cm aufweisen. Innerhalb des Hauses reichen schmalere Formate von 11,5 cm (2 DF) oder 17,5 cm (3 DF). Passstücke können Sie ganz einfach mit dem Fuchsschwanz zuschneiden. Für die Verarbeitung der Porenbetonsteine brauchen Sie zweierlei Mörtel. Zuerst rühren Sie Dickbettmörtel an, der die Basis für die erste Steinschicht bildet. Die Mörtelmasse wird nur noch mit Wasser angerührt und ist sofort verarbeitungsfertig. Die Menge an Mörtel, die Sie benötigen, hängt zum einen von der Quadratmeterzahl der Grundfläche und zum anderen vom Steinformat ab. Wenn Sie mit 2-DF-Steinen arbeiten, brauchen Sie etwa 32 kg pro Quadratmeter, bei 3-DF-Steinen erhöht sich die Menge auf 45 kg pro Quadratmeter.

Für die Verbindung der einzelnen Steinschichten verwenden Sie Dünnbettmörtel. Für Porenbeton bietet der Handel spezielle

7

Setzen Sie den vorbereiteten Stein nun in das Mörtelbett, und zwar so, dass der mit Kleber bestrichene Kopf an die Wand anschließt. Gut andrücken

8

Mithilfe der Wasserwaage kann der Stein jetzt genau ausgerichtet werden. Das Mörtelbett ist dick genug, um noch leichte Korrekturen vorzunehmen

9

Es ist wichtig, dass Sie eine stabile Verbindung zwischen der alten und der neuen Wand herstellen. Sezten Sie daher in jeder zweiten Reihe Maueranker

10

Der erste Stein der zweiten Reihe wird auf der Oberseite mit Kleber bestrichen. Den seitlichen Maueranker nun umbiegen und in den Kleber drücken

11

Sie erhalten im Handel spezielle Porenbetonelemente, die Sie für den Türsturz verwenden können. Auch der Türsturz wird mit Dünnbettmörtel vermauert

12

Für die Füllung der Anschlussfuge zur Decke können Sie den Dickbettmörtel verwenden, in den Sie bereits die erste Steinschicht eingesetzt haben

13

In die neu errichtete Innenwand können Sie nun Schlitze setzen und darin Elektroleitungen verlegen. Die Leitungen verschwinden später unter der Putzschicht

14

Die Türöffnung wird mit Brettern versehen, die als Putzleisten dienen. Der Überstand beträgt beidseitig 8 mm, was der Stärke der Putzschicht entspricht

15

Die Wand muss nun gut gereinigt werden. Verwenden Sie hierzu am besten einen groben Besen, der lose Mörtelreste entfernt und Staub ablöst

TIPP PORENBETON

Der Baustoff Porenbeton vereinigt in sich mehrere praktische Eigenschaften: Die Steine sind relativ leicht und lassen sich gut verarbeiten. Sie können mit einer Säge problemlos auf die gewünschte Größe zugeschnitten werden. In Sachen Schallschutz steht Porenbeton dem Leichtbau-System in nichts nach. Auch können an einer Wand aus Porenbetonsteinen schwere Gegenstände befestigt werden. Neben den normalen Steinen bietet der Handel auch Spezialausführungen, etwa für Fenster- und Türstürze an.

Porenbetonkleber an, die sich für diesen Baustoff besonders gut eignen. Der Verbrauch beträgt hier bei 2-DF-Steinen 2,5 kg pro Quadratmeter, bei breiteren Steinen entsprechend mehr. Der Dünnbettmörtel wird nur in einer Dicke von 1–3 mm auf die jeweils zuletzt gemauerte Schicht aufgetragen. Bevor man die neue Steinreihe aufsetzt, kämmt man den Mörtel mit einem Zahnspachtel durch.

Es ist wichtig, dass die erste Steinreihe mithilfe der Wasserwaage ganz genau ausgerichtet wird. Wird in der Anfangsphase sorgfältig gearbeitet, gelingt auch der weitere gerade Aufbau der Wand meist problemlos. Porenbetonsteine besitzen sehr geringe Maßtoleranzen. Legen Sie die Wasserwaage dennoch immer wieder zur Kontrolle an.

Die Porenbetonwand kann mit einer Putzschicht versehen werden. Wenn Sie einen Gipsputz für stark saugende Untergründe verwenden, brauchen Sie die Fläche vorher nicht zu grundieren. Nach dem Auftrag wird der Putz glatt gezogen und mit Schwammbrett und Stahlglätter bearbeitet.

16 *Rühren Sie anschließend den Gipsputz für stark saugende Untergründe an. Wenn Sie einen solchen Putz verwenden, brauchen Sie nicht zu grundieren*

19 *Ist die gesamte Wand mit Haftputz bedeckt, kommt die Kartätsche zum Einsatz. Mit ihr glätten Sie die Wandfläche und gleichen Unebenheiten aus*

20 *Warten Sie, bis der Putz etwas angezogen hat. Dann können Sie ihn leicht nachnässen und direkt anschließend mit einem Schwammbrett abreiben*

17 *Beginnen Sie beim Verputzen mit der Verspachtelung größerer Vertiefungen. Sind alle Lücken verfüllt, können Sie mit dem vollflächigen Auftrag beginnen*

18 *Tragen Sie den Haftputz mit einem Stahlglätter auf. Die Bewegung verläuft stets von unten nach oben. Versuchen Sie, ohne Absetzen zu arbeiten*

21 *Ein gelungenes Endergebnis – die unansehnlichen Porenbetonsteine sind hinter der dekorativen Putzschicht verschwunden. Die Putzleisten wurden entfernt*

22 *Letzte Nachbearbeitung: Wenn Sie den Putz mit dem Schwammbrett abgerieben haben, ziehen Sie ihn mit einem Stahlglätter noch einmal vollflächig plan ab*

Verschiedene Beläge kombinieren

Wir zeigen Ihnen, wie Sie die wichtigsten Belagarten richtig verarbeiten und geschickt miteinander kombinieren

Offenes Wohnen und Material-Mix bei den Bodenbelägen

So wird Wohnen zum Erlebnis: Verschiedene Beläge für verschiedene Funktionsbereiche gliedern und teilen die Flächen. Unser Beispiel macht Mut zu kreativem Material-Mix

Wo der Boden stark strapaziert wird, bietet sich ein Belag aus Fliesen an

Edles Fertigparkett als natürliches Material schafft eine gemütliche Atmosphäre

Besonders großzügig angelegte Wohnbereiche wie im Bild unten wirken oft langweilig, wenn die gesamte Bodenfläche mit einem einzigen Material belegt wird. Kombinationen von Holz, Laminat, Fliesen und Kunststoff können hier attraktive Akzente setzen und die verschiedenen Bereiche geschickt voneinander trennen. Spezielle Übergangsprofile sorgen dafür, dass sich ein sauberes Verlegebild ohne störende Stolperkanten ergibt. Doch bevor es ans Kombinieren geht, müssen Sie zuerst einmal lernen, die unterschiedlichen Materialien entsprechend den Wohnbereichen auszuwählen und fachgerecht zu verarbeiten. Doch keine Angst: Moderne Bodenbeläge aus dem Baumarkt sind ausgesprochen heimwerkerfreundlich.

Laminat ist besonders verlegefreundlich. Hier wurde es mit Fliesen kombiniert

PVC-Beläge gibt es in ausgefallenen Dessins für jeden Geschmack

Fertigparkett für die gemütliche Kaminecke

Noch vor rund 20 Jahren war Parkettboden nur etwas für gutbetuchte Zeitgenossen. Die Verlegung war aufwändig, das Material teuer. Fertigparkett für die schwimmende Verlegung hat die edlen Holzböden dann für jeden erschwinglich gemacht. Auch an das Selbstverlegen konnte sich ein

Problemlöser für alle Fälle: Die Laminathersteller bieten heute neben verschiedenen Profilschienen auch Rosetten zum Abdecken von Rohrausschnitten an

Sicherheit mit Attraktivität verbinden: Halogenspots in den Treppenstufen zeigen Ihnen, wo's langgeht, und bieten eine dezente Beleuchtung

geschickter Heimwerker durchaus heranwagen. Den entscheidenden Durchbruch haben jetzt aber die so genannten Klick-Systeme gebracht. Die Parkettelemente müssen heute vor dem Zusammenfügen nicht mehr mühsam mit Leim versehen werden.

Die Klickverriegelung braucht keinen Leim. Nut und Feder sind im Verbindungsbereich so geformt, dass die Teile so ineinander greifen, dass sie eine dauerhafte und absolut feste Verbindung eingehen. Sie haben von Anfang an einen Bodenbelag ohne störende Fugen.

Das Verlegen funktioniert im Prinzip genau wie bei den alten Systemen, die noch verleimt wurden. Man fügt die Elemente der ersten Reihe an ihren Stirnseiten zusammen. Die folgenden Reihen werden dann auch an den Längskanten verbunden. Dabei gibt es Systeme, die überlappend verlegt werden und durch Schläge von oben miteinander verbunden werden. Andere werden in der Waagerechten zusammengesteckt und durch Schläge an den gegenüberliegenden Kopf- bzw. Längsseiten zusammengefügt. Ein zwischengelegtes Schlagholz (gibt's im Baumarkt) sorgt in jedem Fall dafür, dass man das Parkett nicht mit dem Hammer beschädigt.

Damit man materialsparend arbeitet, wird die so genannte Endlosverlegung gewählt. Das beim Zuschneiden des letzten Elements einer Längsreihe entstehende Abfallstück wird als erstes Element der nächsten Reihe verwendet. Nur Reststücke von weniger als 30 cm Länge landen auf dem Müll.

Wie alle Holzprodukte für den Innenausbau sollte auch Fertigparkett vor der Verarbeitung mindestens einen Tag in dem ent-

Verlegeschritte

1 *Unter jedes Fertigparkett gehört eine Trittschalldämmung. Hier wird ein Material von der Rolle verwendet, das gleichzeitig eine Dampfsperre enthält*

2 *Die Bahnen werden ausgerollt, auf Länge geschnitten und bündig gegeneinander gestoßen. Man fixiert die Stöße anschließend mit Kreppband*

3 *Distanzklötzchen aus Kunststoff sorgen für die nötigen Dehnungsfugen. Die Parkettelemente werden an Kopf- und Längsseite durch Klick verbunden*

4 *Bei der Endlosverlegung der Elemente müssen immer wieder Zuschnitte gemacht werden. Ideal für diese Arbeit ist eine Kapp- und Gehrungssäge*

5 *Wenn man sich beim Verlegen von Fertigparkett einer Treppenkante nähert, muss an der Stufe zuerst ein spezielles Kantenprofil angedübelt werden*

6 *Nun wird der Abstand zwischen dem letzten ganzen Element und dem Kantenprofil genau ausgemessen und das Passstück entsprechend zugeschnitten*

sprechenden Raum gelagert werden, damit sich das Holz an das Raumklima gewöhnt. Dabei die Pakete niemals schräg an die Wand stellen, sondern flach auf dem Boden liegend lagern.

Als Vorbereitung für die eigentliche Verlegung bekommt der ebene und saubere Untergrund eine Trittschalldämmung aus Wellpappe, Rollkork oder Schaumstoff. Ist zu befürchten, dass Restfeuchte aus dem Estrich ins Holz wandert, wird zusätzlich eine Folie untergelegt oder eine Dämmung mit integrierter Dampfsperre gewählt.

TIPP HALOGENSPOTS EINBAUEN

Halogeneinbaustrahler für die Decke lassen sich – sofern sie trittfest sind – auch in die Stirnseiten von Treppenkontruktionen integrieren. Für die Einbautiefe der Strahler muss ein entsprechender Hohlraum vorgesehen werden.

Der Trafo wird am besten neben der Treppe im Wandbereich untergebracht, beipielsweise in einer ausreichend tiefen Elektro-Dose. Mit einer Lochsäge (A) werden die Aussparungen hergestellt. Dann die Strahler einsetzen (B).

Das schmale Passstück fügen Sie per Klick fest mit dem vorherigen Element zusammen. Vorn muss seine Kante dicht am angedübelten Grundprofil sitzen

Nun wird die zum System gehörende Deckschiene aufgeschraubt. Die Treppenkante präsentiert sich mit einem sauberen und trittsicheren Übergang

Weitere Problembereiche beim Parkettverlegen stellen Heizungsrohre dar. Hier müssen Sie zunächst die Positionen der erforderlichen Ausschnitte markieren

Zum Herstellen der Ausschnitte setzt man am besten eine Stichsäge ein. Ein schmales Kurvensägeblatt macht die Maschine besonders flexibel

Jetzt kann das Element mit den vorbereiteten Ausschnitten angefügt werden. Rund um die Rohre muss eine Fuge von mindestens 2–3 mm bleiben

Der besondere Tipp: Wenn Sie, wie oben gezeigt, Halogenspots in die Treppenstufen integrieren wollen, können Sie die Kabel im Kantenprofil führen

Sind die Verlegearbeiten in der Fläche abgeschlossen, entfernt man ringsum die Distanzklötzchen und dübelt Leistenclips für die Randleisten an

Die zum System passenden Sockelleisten lassen sich anschließend leicht aufstecken. Stöße müssen immer mittig auf einem der angedübelten Clips liegen

Anders als das Fertigparkett der Kaminecke wurde das hier gezeigte Laminat im Übergangsbereich diagonal verlegt und mit Fliesen kombiniert

Die gegenläufige Diagonalverlegung wirkt dynamisch. Der in der Mitte eingelassene Fliesenspiegel lässt die Fläche größer erscheinen und streckt den Raum

Laminat mit einem integrierten Fliesenspiegel

Was bereits beim Fertigparkett angesprochen wurde, gilt für Laminat ganz genauso: Die Elemente lassen sich heute völlig problemlos verlegen, da sie fast ausschließlich mit Klickverbindung angeboten werden. Material mit imitierter Holzoberfläche ist von Echtholz kaum noch zu unterscheiden. Dabei hat Laminat den Vorteil, dass

es in verschiedenen Strapazierfähigkeitsklassen angeboten wird. Für Schlafzimmer beispielsweise reicht ein preiswerteres Material, für Flure, Küchen oder Kinderzimmer wählen Sie ein Laminat, das auch hohe Belastungen klaglos wegsteckt. Entsprechende Symbole auf den Verpackungen zeigen an, wo welche Ware eingesetzt werden kann.

Laminat besteht wie Fertigparkett aus einem Trägermaterial auf Holzbasis. Meist wird HDF-Platte verwendet. Das Kürzel steht für hochdichte Faser. Fein gemahlene Holzfasern werden mit einem Bindemittel zu sehr dichten Platten zusammengepresst, die sich anschließend so gut wie nicht verziehen können.

Eine Imprägnierung der Platten sorgt dafür, dass sie auch vor Feuchtigkeit geschützt sind. Auf der Sichtseite wird ein hoch belastbares Fotopapier mit dem jeweiligen Dekor aufgezogen und durch eine Schicht aus Melaminharz dauerhaft versiegelt. Damit das Laminat sich nicht wirft, kommt auf die Unterseite der HDF-Platte noch eine dünne Schicht aus Holzwerkstoff als so genannter Gegenzug. Manche Laminatelemente haben zusätzlich noch eine Trittschalldämmung auf ihrer Unterseite. Dann kann man sich die Verlegung einer solchen Dämmung von der Rolle sparen.

So gut das Laminat durch seine Imprägnierung und Oberflächenbeschichtung auch gegen Feuchtigkeit geschützt ist, so bleiben die Fugen nach dem Verlegen doch immer ein Schwachpunkt. Für Fertigparkett gilt diese Warnung natürlich mindestens ebenso sehr. Auch wenn die Fugen bei Klicksystemen für das Auge absolut dicht geschlossen

Erst Fliesen – dann Laminat

1 *Der geplante Fliesenspiegel wird zuerst trocken ausgelegt, um die Raumwirkung zu testen. Dann zeichnet man die Position der Außenecken auf dem Boden an*

2 *Mithilfe eines langen Alurichtscheits wird die Außenkante des rechteckigen Fliesenspiegels dann mit einem dicken Bleistiftstrich auf dem Estrich markiert*

3 *Um einen sauberen Abschluss und gleichzeitig einen glatten Übergang der Beläge hinzubekommen, wird ein spezielles Aluprofil auf den Estrich gedübelt*

4 *Die ersten Fliesen wieder trocken auslegen. Dann beginnen Sie aber zunächst mit dem Laminat. Als Unterlage wird wieder eine Dämmschicht ausgerollt*

5 *Genau symmetrisch zu der mittleren Fliesenfuge wird die Nahtstelle der beiden Laminatflächen angelegt. Die Elemente müssen Sie dort miteinander verkleben*

6 *Die Laminatelemente, die in die Fläche rechts und links des Fliesenspiegels ragen, erhalten Markierungen für die nötigen dreieckigen Ausschnitte*

7 *Mit der Stichsäge schneiden Sie die Abfallstücke heraus und fügen die zugeschnittenen Elemente dann mit ihren Klickverbindungen an die ersten an*

8 *Stück für Stück schließen Sie nun die Fläche rund um den Fliesenspiegel mit schräg zugeschnittenen Elementen. Zuletzt die Fläche mit Folie abdecken*

sind, kann bei Feuchtigkeitsbelastung dennoch Wasser eindringen und das Material aufquellen lassen. Deshalb sollten Sie Böden aus Fertigparkett oder Laminat immer nur mit einem leicht angefeuchteten Lappen reinigen. Spezielle Zusätze zum Putzwasser versiegeln zusätzlich die empfindlichen Fugen.

Die Verlegetechnik ist bei Fertigparkett und Laminat praktisch identisch. Rundum muss ebenfalls eine etwa 15 mm breite Dehnungsfuge vorgesehen werden. Sie wird später durch die Sockelleiste verdeckt.

Beim hier gezeigten Verlegebeispiel wurde das Laminat diagonal verarbeitet und zusätzlich durch einen integrierten Fliesenspiegel aufgelockert. Bei Diagonalverlegung fällt deutlich mehr Verschnitt an als bei Verlegung parallel zu den Wänden. Auch das Anzeichnen der Zuschnitte ist aufwändiger. Man braucht also erheblich länger. Dafür hat das Verlegebild auch seinen besonderen Reiz. In unserem Fall wurde von der Raummitte aus sogar gegenläufig diagonal verlegt. Dies hat zur Folge, dass die Elemente dort, wo die beiden Flächen zusammenstoßen, keine Nut und Feder haben. Man muss sie stumpf aneinandersetzen und durch wasserfesten Leim miteinander verbinden. Wer eine Oberfräse besitzt, kann natürlich auch eine Nut mittig in die schrägen Kanten fräsen und die Elemente durch eine dort eingeleimte Feder zusätzlich verbinden.

Der hier gezeigte Fliesenspiegel in der Laminatfläche wird Sie kaum vor Probleme stellen. Man muss die Fläche der zunächst trocken ausgelegten Platten nur sehr exakt anzeichnen und durch das Aluprofil sauber eingrenzen. Dann lassen sich die Fliesen nach Fertigstellung des Laminatbelags mit gleichen Fugenabständen in das verbleibende Rechteck kleben. Man arbeitet dabei mit der so genannten Dünnbettverlegung. Der Kleber wird auf den Boden gegeben und gleichmäßig mit einer Zahnkelle aufgekämmt. Die Fliesen dann auflegen und leicht ins Kleberbett drücken.

9

Nun geht es ans Verlegen der Fliesen. Am besten nehmen Sie hochwertigen Flexkleber und rühren die Trockenmischung nach Vorgabe mit Wasser an

10

Abschnittweise wird der Kleber dann auf die saubere Estrichfläche gegeben und mit der Zahnkelle auf eine gleichmäßige Schichtstärke durchgekämmt

11

Da der Rahmen des Aluprofils die Kante des Fliesenbelags exakt vorgibt, ist das Verlegen nicht schwierig. Fliesenkreuze sorgen für exakt gleiche Abstände

12

Sobald der Kleber abgebunden hat, können Sie den Belag verfugen. Den Mörtel einarbeiten und leicht antrocknen lassen. Dann die Fläche gut säubern

13

Ist der Fugenmörtel über Nacht durchgetrocknet, kann die Folie vom Laminatbelag entfernt werden. Nun schneiden Sie die Abdeckprofile auf Gehrung zu

14

Im letzten Arbeitsschritt fixieren Sie die Abdeckleisten der Aluprofile mit den dazugehörigen Schrauben. Der Bodenbelag kann dann begangen werden

TIPP PROFIL-VIELFALT

A

B

C

Fliesenabschlussprofile (A) werden eingesetzt, wenn sich Teppichböden oder Laminat anschließen. Hat der Estrich in großen Räumen in der Fläche Dehnungsfugen, müssen dort Dehnfugenprofile (B) verwendet werden. Selbst Höhenunterschiede zwischen verschieden dicken Bodenbelägen lassen sich durch passende Profile (C) kaschieren. Sie gleichen unterschiedliches Niveau perfekt aus, ohne dass gefährliche Stolperkanten entstehen.

Auch wenn Abschluss- und Übergangsprofile häufig sehr teuer sind, sollten Sie nicht darauf verzichten. Das Verlegebild wirkt einfach viel sauberer. Im Baumarkt und im Fliesenfachhandel bekommen Sie die Profile in allen gängigen Farben passend zu Ihren Belägen.

PVC-Böden sind praktisch und preiswert

Auch wenn besonders hochwertige PVC-Böden von Markenherstellern so teuer wie ein preiswerterer Parkettbelag kommen können, ist das Kunststoffmaterial im Durchschnitt doch viel preiswerter.

Achten Sie aber auch hier auf gute Qualität. Die Nutzschicht des Belags sollte mindestens 0,15 mm betragen. Noch besser sind 0,5 mm. Spezielle Oberflächenbeschichtungen machen den Boden widerstandsfähiger. Orientieren Sie sich beim Kauf an den aufgedruckten Nutzungsklassen. Für die meisten Bereiche im Haus eignet sich die mittlere Klasse 22.

Die angesprochene PVC-Nutzschicht sitzt bei den für den Wohnbereich angebotenen Belägen auf einem Trägermaterial aus Schaumstoff. Nur für den gewerblichen Bereich verwendet man reine PVC-Beläge, die aber nur vom Profi-Bodenleger verarbeitet werden können. Material mit Schaumstoffträger lässt sich dagegen gut ausrollen, anpassen und zuschneiden.

Die einfachste Art, einen PVC-Boden zu verlegen, ist das Fixieren mit Doppelklebeband. Reiben Sie das Klebeband mit der unteren Klebefläche auf den gesamten Randbereich und unter etwaigen Stoßnähten fest auf den trockenen und staubfreien Estrich. Überall dort, wo der Boden stärker belastet wird, empfiehlt sich aber die vollflächige Fixierung oder Verklebung. Fixierung ist ein Kleber, der den Belag sicher mit dem Untergrund verbindet, sich bei anstehenden Renovierungen aber auch sehr leicht wieder löst. Selbst richtiger Kleber ist heute in der Regel ein so genannter Wie-

Moderne Farben und Dessins – das Angebot an PVC-Böden bietet jedem etwas

Messen und zuschneiden

1

Mit dem Zollstock wird die Grundfläche des zu verlegenden Raumes ermittelt. Immer die maximale Länge inklusive Tür- und Heizkörpernischen notieren

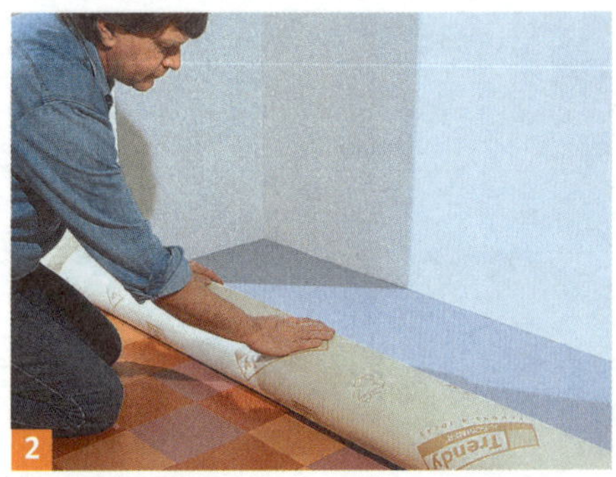

2

Der PVC-Belag wird rundum etwa 5 cm größer zugeschnitten als das maximale Raummaß. Rollen Sie das Material nun so aus, dass die Ränder hochstehen

3

Zuerst schneidet man das Material mit dem Cuttermesser von oben nach unten so ein, dass es sich bis zur Außenkante der Türzarge herunter drücken lässt

deraufnahmekleber, der es erlaubt, den Belag ohne größere Schwierigkeiten wieder vom Untergrund abzuziehen.

Fixierung oder Kleber werden gebrauchsfertig als Dispersionen angeboten, die man auf dem Boden verteilt und dann mit einem feinen Zahnspachtel durchkämmt, sodass sich ein gleichmäßiger Auftrag ergibt. Beginnen Sie am besten an der der Tür abgewandten Raumseite und rollen den zuvor passgenau zugeschnittenen Belag etwa 1 m weit auf. Die freiliegende Fläche dann mit Kleber beschichten, den Belag zurückrollen und ihn gleichmäßig andrücken. Nun rollen Sie ihn von der Tür her auf und geben auf die dann frei liegende Fläche Kleber, um den Belag auch dort zu fixieren.

Der Estrich muss in allen Fällen absolut glatt sein. Für eine gleichmäßige Haftung des Klebers sorgt eine Behandlung mit lösemittelfreiem Tiefengrund.

TIPP KENNZEICHNUNGEN

Achten Sie beim Kauf von PVC-Belägen auf die Nutzungsklassen: Die Bezeichnungen 21, 22 und 23 stehen für ansteigende Qualitätsstufen. Beim Trittschallmaß bedeuten kleinere dB-Werte, dass man leiser läuft. Bei der Rutschhemmung sollte der Belag aus Sicherheitsgründen die Klasse R9 nach DIN 51130 aufweisen. Wollen Sie den Belag auf einem Estrich mit Fußbodenheizung verlegen, muss er das rechts gezeigte Symbol aufweisen.

Nutzungsklassen · *Trittschallschutz* · *Rutschhemmung* · *Fußbodenheizung*

4

Jetzt folgt der exakte Zuschnitt. Der Belag wird erst in die Türöffnung eingepasst, dann entlang der Wand in den Winkel gedrückt und durchtrennt

6

Wenn der PVC-Belag nun genau an die Umrisse des Bodens angepasst wurde, kann er verklebt oder fixiert werden, damit er nicht mehr verrutscht

7

Nachdem Kleber bzw. Fixierung mit einem feinen Zahnspachtel aufgetragen wurden, rollt man den Belag vorsichtig ins Kleberbett und drückt ihn an

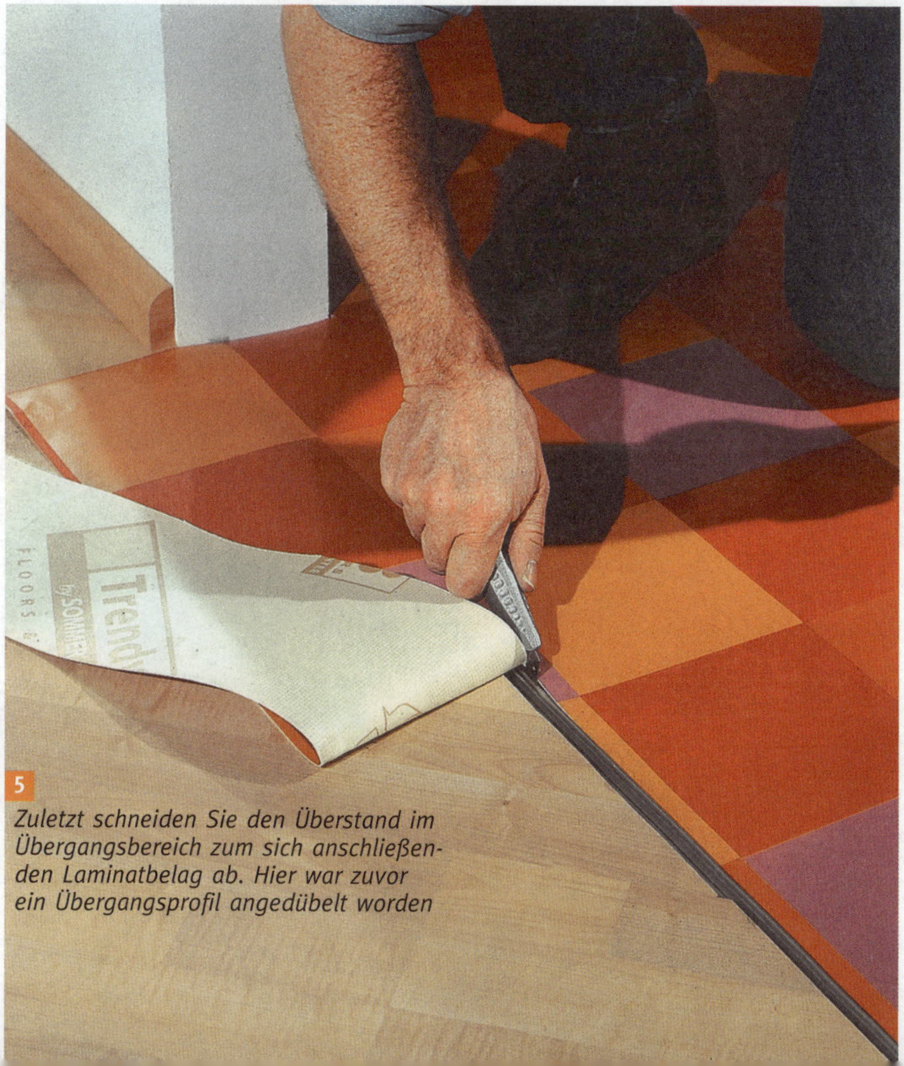

5

Zuletzt schneiden Sie den Überstand im Übergangsbereich zum sich anschließenden Laminatbelag ab. Hier war zuvor ein Übergangsprofil angedübelt worden

8

Am besten eignet sich eine Anpressrolle aus Gummi. Man rollt von der Raummitte nach außen zu den Rändern hin, um etwaige Beulen im Belag zu glätten

9

Im Übergangsbereich wird zum Schluss die Abdeckleiste auf das Grundprofil geschraubt. Damit lassen sich auch Höhenunterschiede ausgleichen

Fliesen verlegen – so entstehen strapazierfähige Böden

Für die Böden in Küchen und Hausfluren werden am liebsten Fliesen eingesetzt. Schmutz, Fett, Essensreste – was auch immer anfällt – der Fliesenboden lässt sich problemlos reinigen. Doch auch bei Fliesen gibt es Qualitätsunterschiede. So genannte Steingutfliesen bestehen aus einem relativ weichen Material, das lediglich durch seine Glasur geschützt ist. Solche Platten werden vornehmlich als Wandbeläge eingesetzt.

Für den Bodenbereich ist Steinzeug besser geeignet. Dabei handelt es sich um Platten, deren Ausgangsmaterial gepresst und dann bei besonders hohen Temperaturen gebrannt wird. Die so entstehenden Fliesen nehmen praktisch kein Wasser auf, sind also frostsicher, und zeichnen sich durch enorme Härte aus. Sie brauchen keine Glasur als Schutz der Oberfläche.

Früher hat man Fliesen ausschließlich in einem etwa 15 mm dicken Mörtelbett verlegt. Bei dieser Methode können Unregelmäßigkeiten des Untergrunds problemlos ausgeglichen werden. Um eine glatte Oberfläche zu erzielen, braucht man allerdings viel Geschick und Erfahrung. Daher ist diese Technik für Heimwerker absolut ungeeignet. Doch selbst die Profis arbeiten heute schon lange nicht mehr so. Man verlegt Fliesen so gut wie ausschließlich in der so genannten Dünnbett-Technik. Die erste Voraussetzung dafür ist ein glatter Untergrund. Den hat man an Wänden durch den üblichen Innen-

Haben Sie doch mal ein wenig Mut zur Farbe! Auch bei den Verlegemustern darf ruhig experimentiert werden

putz und an Böden durch sauber geglättete Estriche. Auf diese ebene Fläche wird jetzt der Kleber gegeben. Man verteilt ihn zunächst grob mit einer Glättkelle und kämmt ihn dann mit einer gezahnten Kelle durch. Das Ergebnis sind viele kleine Kleber-„Würste“, die in gleicher Dicke und gleichen Abständen nebeneinander liegen. Legt man eine Fliese in dieses Kleberbett, drücken sich die Würste zusammen und die Fliese sitzt fest, ohne dass an den Rändern überschüssiger Kleber hervorquillt. Mit dieser Technik kann jeder Fliesen legen. Probieren Sie es einfach aus.

Beim hier gezeigten Verlegebeispiel ist das eigentliche Kleben der Bodenfliesen denn auch der leichteste Teil des gesamten Projektes. Die Schwierigkeit liegt vielmehr im ausgefallenen Verlegemuster. Diagonal verlegte Bodenfliesen erfordern mehr Arbeit beim Ausmessen, Anzeichnen und Zuschneiden der Platten. Kommt dann noch ein Intarsienfeld in der Mitte des Raumes hinzu, muss eine weitere Hürde genommen werden. Doch lassen Sie sich dadurch nicht abschrecken. Wie unsere Arbeitsfotos beweisen, ist die Aufgabe durchaus zu bewältigen.

Man spannt zuerst eine Schnur diagonal durch den Raum und überträgt ihren Verlauf mit einem dicken Bleistiftstrich auf den Boden. Entlang dieser Markierung wird dann eine erste Fliesenreihe zunächst trocken ausgelegt. Falls Sie nicht schon vorher in einer maßstabsgerechten Zeichnung festgelegt haben, wo das Intarsienfeld platziert werden soll, können Sie dies nun festlegen. Die Seiten des Quadrats stoßen im 45-Grad-Winkel auf die Diagonale.

Zum Zuschneiden der Fliesen brauchen Sie eine Fliesenschneidemaschine mit

Verlegetechnik

1

Die Fliesen in der Küche sollen diagonal verlegt werden. Man spannt dazu eine Schnur entlang der Raumdiagonalen und zeichnet die Flucht auf den Boden

2

Nun werden die Eckfliesen zugeschnitten und eine erste Reihe schräg durch den Raum entlang der Markierung trocken im richtigen Fugenabstand ausgelegt

3

Nun wird die Position des äußeren Rahmens der Intarsie im Zentrum des Raumes festgelegt. Sie nehmen die Entfernung zur Wand im 90-Grad-Winkel ab

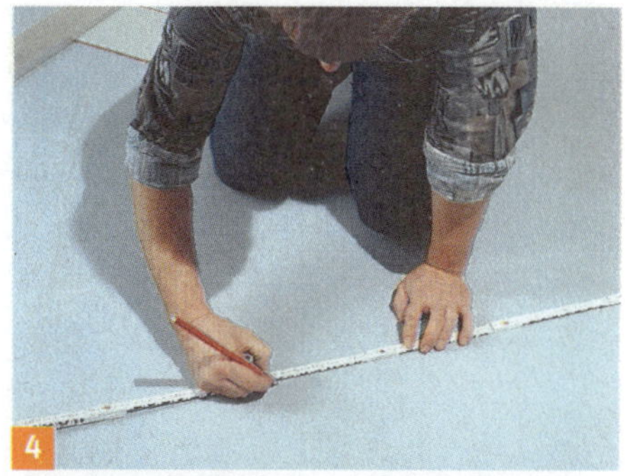

4

Dieses Maß wird nun Stück für Stück im 90-Grad-Winkel zur Wand auf den Boden übertragen – entsprechend der gewünschten Intarsienbreite

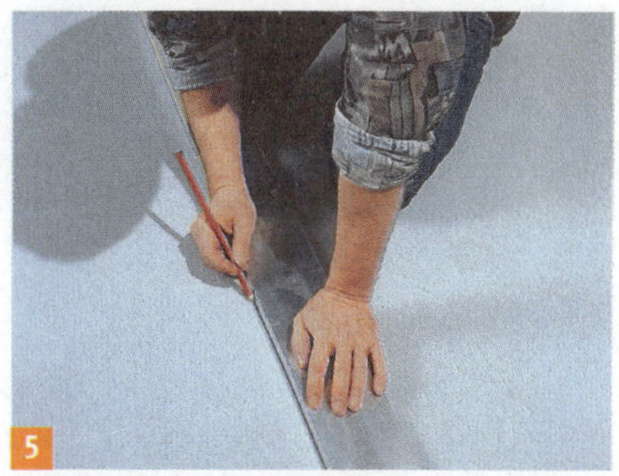

5

Dann ziehen Sie entlang der gemessenen Punkte eine Linie, die parallel zur Wand verläuft. Etwaige Unebenheiten der Wand müssen ausgeglichen werden

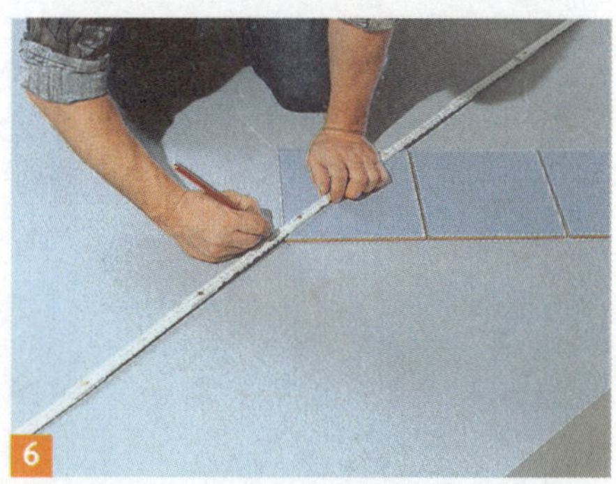

6

Jetzt markieren Sie die beiden Eckpunkte des Intarsienfeldes. Von dort müssen die beiden Seiten des Quadrates im rechten Winkel abgehen

einem Hartmetallschneidrädchen. Bei der Anschaffung dieses Werkzeugs sollten Sie auf Qualität achten. Schließlich brauchen Sie bei der Diagonalverlegung zahlreiche passgenau zugeschnittene Teile.

Beim Kleberkauf wählen Sie am besten Flexkleber, der einen hohen Kunststoffanteil besitzt. Dieses Material weist nicht nur die besten Klebeeigenschaften auf, es lässt sich auch besonders gut verarbeiten. Der Fugenmörtel sollte am besten vom gleichen Hersteller stammen, weil die Produkte dann optimal aufeinander abgestimmt sind.

TIPP AKTUELLES FLIESENDESIGN

Bei dem Namen Benetton denken die meisten an modische Kleidungsstücke. Die Modefirma Benetton bietet mittlerweile aber auch Fliesen in attraktivem Design an. Seit kurzem können Sie Benetton-Fliesen sogar in verschiedenen Baumärkten bekommen. Es stehen dabei drei Serien zur Wahl: Colors, Natural und Jeans.

Attraktive Fliesen aus dem Baumarkt

7 *Sind die vier Eckpunkte des Quadrates festgelegt, legen Sie den Richtscheit an und zeichnen die Seiten mit dicken Bleistiftstrichen auf dem Estrich an*

8 *Jetzt wird zum erstenmal Kleber aufgezogen, um die zuvor trocken ausgelegte Diagonalreihe im Kleberbett zu verlegen. Eine Fliesenecke stößt an das Quadrat*

9 *Die letzte Fliese der Reihe muss im 45-Grad-Winkel durchtrennt werden. Ihre Schräge passt sich dann genau an die Umrisse des Intarsienfeldes an*

10 *Bei jeder weiteren Reihe brauchen Sie – wie hier zu sehen – eine diagonal aufgetrennte Fliese als Abschluss. So wird nun die Fläche nach und nach gefüllt*

11 *Im nächsten Schritt geht es an die Fläche, die sich an die angrenzende Seite des Intarsienfeldes anschließt. Auch hier braucht man halbe Fliesen*

12 *Beim Übergang zu anderen Räumen müssen Passstücke angefertigt werden. Auch hier wird mit Übergangsprofilen gearbeitet, die angedübelt wurden*

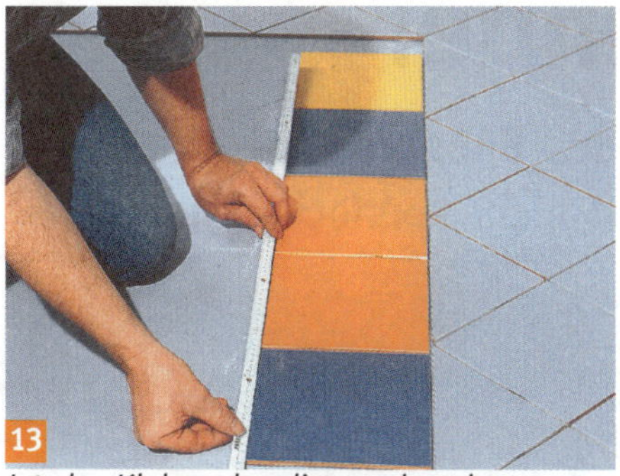

Ist der Kleber der diagonal verlegten Fliesen durchgetrocknet, geht es an das Intarsienfeld. Man legt die Platten zunächst probeweise trocken aus

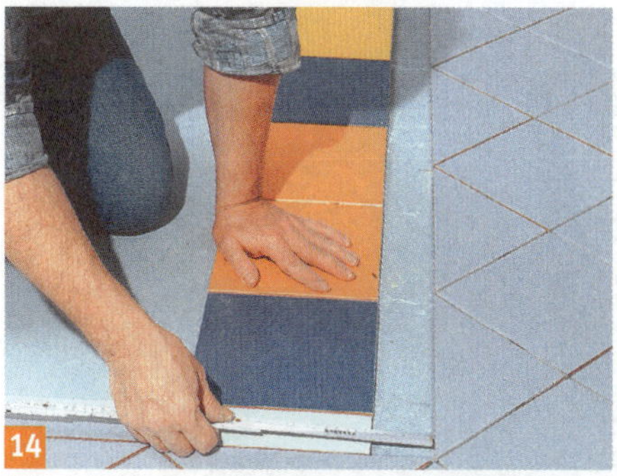

Die 25 Platten bekommen einen Rahmen aus Fliesenstreifen des Diagonalbelags. So lassen sich kleine Fehler des Verlegebildes problemlos kaschieren

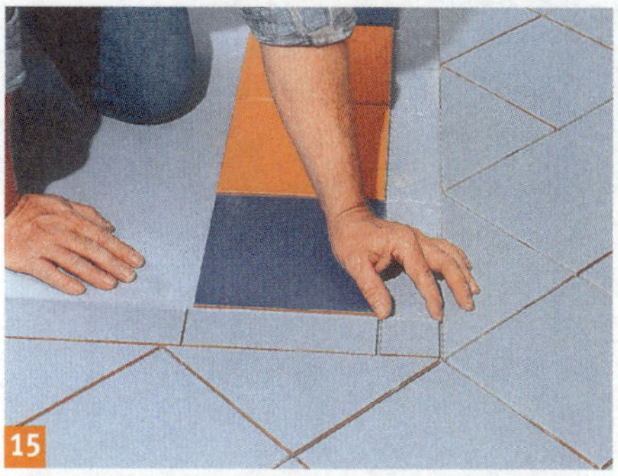

Alle Teile des Rahmens werden zugeschnitten und mit den 25 Intarsienplatten trocken ausgelegt. Wenn alles passt, kann der Kleber aufgezogen werden

Verkleben Sie den Rahmen erst an einer Seite des Quadrates. Dann arbeiten Sie sich Reihe für Reihe vor und kleben gleichzeitig den seitlichen Rahmen

Damit das gewünschte Verlegebild entsteht, werden die farbigen Fliesen nach dem trockenen Auslegen auf der Unterseite durchnummeriert

Sobald die letzten Fliesen und Rahmenstücke eingepasst sind, können Sie noch letzte Korrekturen an der Position vornehmen, solange der Kleber frisch ist

So zeigt sich der fertige Belag nach dem Verfugen. Die farbigen Hocker der Küchentheke passen sehr gut dazu

Laminat ist der Renner

Längst haben Laminatböden nicht mehr das Image des Billigproduktes. Es gibt hochwertige Qualitäten, die sich neben Fertigparkett nicht verstecken müssen

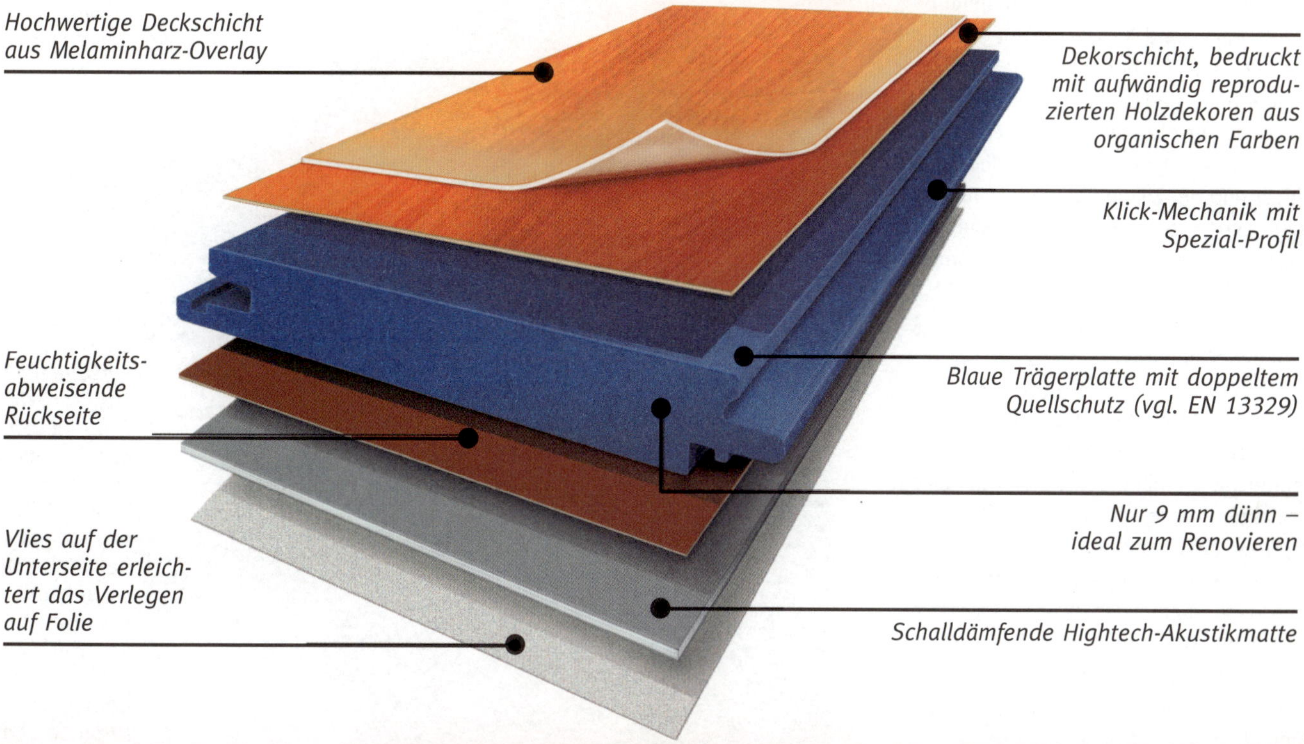

Der Aufbau von Laminatböden

Knapp einen Zentimeter stark ist das oben abgebildete Laminat von Parador, an dessen Beispiel wir den Aufbau von Laminaten erklären. Die Elemente setzen sich aus mehreren fest miteinander verbundenen Lagen zusammen: Ganz oben sehen Sie die abriebfeste Schicht aus Melaminharz, einem äußerst widerstandsfähigen Kunstharz. Darunter befindet sich eine Dekorschicht – meist mit einer täuschend echten Holznachbildung. Es folgt die Trägerschicht aus hoch verdichteter Holzfaserplatte. Ihre Kanten sind rundum imprägniert, um zu verhindern, dass Feuchtigkeit eindringt und die Fasern aufquellen lässt. Auf die Unterseite der Trägerplatte ist eine Trittschalldämmung aufkaschiert. Sie macht das zusätzliche Verlegen einer Dämmschicht überflüssig. Die unterste Schicht schließlich bildet ein glattes Vlies, das die Verlegung erleichtern soll.

Mit einem Bodenbelag aus Laminat können Sie Ihren Wohnräumen schnell und preisgünstig ein ganz neues Gesicht geben. Die Verlegung ist dank der neuen Klicktechnik nahezu ein Kinderspiel. Bei anstehenden Renovierungen oder beim Auszug aus der Mietwohnung kann das Klicklaminat wieder aufgenommen und eventuell sogar an anderer Stelle wieder verwendet werden.

Materialeigenschaften

Wie ein typisches Laminat aufgebaut ist, zeigt die Schnittzeichnung oben. Unter einer strapazierfähigen Melaminharzschicht liegt ein Dekorpapier, das eine Holznachbildung, aber auch ganz andere Farben und Muster zeigen kann.

Wie widerstandsfähig die Oberfläche eines Laminats gegenüber den Alltagsbelastungen ist, wurde früher durch die so genannten Taber-Zahlen deutlich gemacht. Damit waren Abriebwerte gemeint, die durch Bearbeitung der Laminatoberflächen mit Schmirgelpapier ermittelt wurden. Die Aussagekraft dieser Zahlen war allerdings nicht sehr groß, denn die Hersteller konnten die selbst ermittelten Testwerte sehr frei interpretieren.

Erst mit der Verabschiedung der europäischen Norm für Laminatböden (EN 13329) hatte dieses Verwirrspiel ein Ende. Die EN 13329 legt nämlich einheitliche Kriterien fest. Diese ordnen einen Laminatboden in bestimmte Beanspruchungsklassen ein (siehe Kasten unten). Die gute Abriebfestigkeit ist dabei allerdings nur eine Anforderung von vielen.

TIPP RAL-GÜTESIEGEL

Bei der Wahl des passenden Produkts können Sie sich am RAL-Gütesiegel orientieren: Damit ausgezeichnete Produkte sind von unabhängiger Stelle unter anderem in Bezug auf die Festigkeit der Klickverbindung getestet worden. Weitere Entscheidungshilfen geben die aufgedruckten Logos (siehe rechts): Das Haus steht für Nutzung im Privatbereich. Die Anzahl der Personen kennzeichnet die erlaubte Belastungsintensität des Bodens. Drei Personen stehen für Beanspruchungsklasse 23 (= hohe Belastbarkeit), zwei für Klasse 22 (= mittlere Belastbarkeit), eine Person für Klasse 21 (= niedrige Belastbarkeit).

Mindestens ebenso wichtig sind Kriterien wie: Lichtechtheit, Stuhlrolleneignung, Stoß-, Druck- und Kratzfestigkeit sowie die Eignung auf Fußbodenheizung und das Quellverhalten des Holzwerkstoffs. Entscheidend für die Belastbarkeit eines Laminats sind auch das Material der Trägerschicht und der Elementaufbau. Laminat mit einer sehr druckfesten HDF-Trägerplatte (hochverdichtete Faserplatte) ist strapazierfähiger als ein vergleichbares Produkt mit mitteldichter Faserplatte (MDF) oder gar normaler Spanplatte.

Beim Elementaufbau gibt es den Unterschied zwischen Produkten, bei denen das eigentliche Laminat entweder in einem Arbeitsgang direkt mit der Trägerschicht verpresst (DPL-Laminat) oder zuerst mit so genannten Kraftpapieren verpresst und danach in einem zweiten Arbeitsschritt mit der Trägerplatte vereint wird (HPL-Laminat). Letztere Variante – das HPL-Laminat – ist stabiler und deutlich belastbarer als DPL-Laminat.

Die Europanorm für Laminat bewertet die Einzelfaktoren und nimmt auf dieser Grundlage die Einstufung in eine der bereits angesprochenen Beanspruchungsstufen vor.

TIPP STRUKTURVIELFALT

Moderne Laminatböden zeichnen sich nicht nur durch verblüffend echt wirkende Nachbildungen von Holz oder Stein aus, sie weisen auch entsprechend strukturierte Oberflächen auf. Die Illusion eines echten Fliesenbodens beispielsweise gelingt damit mühelos (Bild links). Alternative Strukturen zeigen die kleinen Bilder unten.

Struktur gebürstet

Struktur Naturstein

Struktur Faserputz

Ihre Checkliste für den Kauf

1. Überlegen Sie vorab, wie stark Ihr neuer Laminatboden voraussichtlich beansprucht wird. So kann es in einem Haushalt mit Kindern durchaus sinnvoll sein, für ein Wohnzimmer mit Gartenzugang Laminat der Klasse 23 für starke Beanspruchung zu wählen.

2. Auf der Verpackung sollten die folgenden Angaben stehen: die Nummer der Europanorm, eines der Klassifizierungs-Piktogramme, der Name des Herstellers oder Lieferanten, der Produktname, Farbe, Dekor und Chargennummer, die Element-Abmessungen, die Anzahl der Elemente je Verpackungseinheit sowie deren Gesamtverlegefläche in Quadratmetern.

3. Verlegte Ware ist von Reklamationen ausgeschlossen. Überprüfen Sie daher möglichst an Ort und Stelle die Passgenauigkeit der Ware. Stecken Sie drei oder vier Elemente zusammen. Sie müssen gerade sein und auch an den Verbindungen exakt oberflächenbündig abschließen.

4. Informieren Sie sich über eventuelle Garantiebedingungen. Worauf bezieht sich die Garantie? Gibt es Einschränkungen, wenn man als Heimwerker das Laminat selbst verlegt?

5. Achten Sie auf das Piktogramm „Fußbodenheizung", wenn Ihre Wohnung Heizestrich hat.

TIPP GEFAHR FÜR DIE FUGEN

Auch wenn die Fugen bei modernem Klicklaminat optisch ganz dicht sind, kann dennoch Feuchtigkeit eindringen. Wenn also ein Glas umfällt, sollten Sie die Flüssigkeit so schnell wie möglich aufwischen. Auch bei der regelmäßigen Reinigung des Bodens nur mit leicht angefeuchtetem Lappen wischen. Niemals Wasser ausgießen!

TIPP TRITTSCHALLDÄMMUNG

Die Verlegearbeit reduziert sich, wenn Sie ein Fabrikat mit integrierter Trittschalldämmung kaufen. Der Wellnessfloor (A) von HDM ist mit einem wabenförmigen Belag kaschiert, der den Schall um 10 dB reduzieren soll.

Lose verlegte Dämmunterlagen wie der zwei Millimeter starke Noppa-Schaum (B) aus umweltfreundlichem Polyethylen gibt es als Rollenmaterial. Die Bahnen werden dicht aneinander gestoßen und mit Kreppband verbunden.

Feuchtigkeitsschutz und Trittschalldämmung

Eine typische Schwachstelle bei Laminatböden waren in der Vergangenheit die Kanten. Dort konnte Feuchtigkeit relativ ungehindert eindringen und sorgte für aufquellende Fugen. Die Hersteller haben in der Zwischenzeit einige Anstrengungen unternommen, dieses Problem auszuschalten. Man arbeitet mittlerweile mit Spezialimprägnierungen und verwendet feuchtigkeitsresistente Trägerplatten. Außer in Feuchträumen kann man Laminatböden heute uneingeschränkt verwenden.

TIPP THERMOPLAST

Laminatböden sind Hartböden mit hervorragenden Gebrauchseigenschaften. Harte Flächen verursachen beim Begehen jedoch Laufgeräusche, die oft gegenüber Teppichbelägen als störend empfunden werden. Um diesen Mangel zu beseitigen, wird bei einigen Laminaten eine schallabsorbierende Schicht direkt an den Paneelen aufgebracht.
Diese integrierte Schicht muss gar nicht sehr dick sein. Entscheidend ist, aus welchem Material sie besteht.
So stützt sich eine neue Methode zur Lärm-Reduzierung auf die Verwendung eines speziellen Thermoplasts (z. B. S.A.S.), das in einer Stärke von 0,3 Millimetern auf die Paneel-Unterseite aufgedüst wird. Dieser Stoff wandelt die Gehbewegung in Wärme um. Auf diese Weise wird ein deutlicher Teil der Bewegungsenergie verbraucht und kann somit nicht mehr in Schallenergie umgewandelt werden. Damit lassen sich Schallreduzierungen von bis zu 10 dB erzielen. Dieser Wert entspricht in etwa einer Halbierung des Lärms. Wer um die Schalldämmung seiner Wohnung bemüht ist, sollte allerdings bedenken, dass sich der integrierte Schallschutz bei Laminatböden auf Geräuschminderungen im begangenen Raum, nicht aber auf darunter liegende Räume bezieht. Allein mit Dämmmaterial kann man eventuell vorhandene Mängel der Deckenkonstruktion nicht beheben.

Auch auf dem Gebiet der Trittschalldämmung hat man enorme Fortschritte gemacht. Die besten Laminatpaneele mit eingebauter Trittschalldämmung senken die beim Gehen auf dem Belag entstehende Geräusche auf die Hälfte. Allerdings kann auch die beste Dämmung nicht verhindern dass bei schlecht isolierten Zwischendecken Gehgeräusche in das darunter liegende Geschoss übertragen werden. In vielen Mietshäusern sind daher Laminatböden nicht erlaubt. Erkundigen Sie sich im Zweifelsfall bei Ihrem Vermieter.

Wie gut der Schallschutz ist, liegt aber nicht nur am Laminat bzw. der darunter verlegten Trittschalldämmung, sondern auch an der Verlegetechnik. Man muss darauf achten, dass der Belag an keiner Stelle unmittelbaren Kontakt zu Wänden, Türzargen, Heizungsrohren etc. hat. Dort entstehen sonst nämlich Schallbrücken. Daher sind die Dehnungsfugen so wichtig.

Schwimmende Verlegung

Üblicherweise werden Laminatböden wie auch Fertigparkett schwimmend verlegt. Das heißt, die Elemente liegen lose auf dem Estrich. Sie sind nur an ihren Kanten durch Nut und Feder miteinander verbunden.

Versuche haben allerdings gezeigt, dass selbst hochwertige Laminat- und Fertigparkettbeläge bei schwimmender Verlegung uneben werden, wenn sich darunter eine Fußbodenheizung befindet. Bei in der Fuge verleimten Produkten reißt häufig die Verleimung und lässt Feuchtigkeit eindringen. Generell neigen die Paneele zum so genannten Schüsseln – sie wölben sich an den Kanten nach oben. Die Fläche sieht dann – übertrieben ausgedrückt – wie eine Berg- und Talbahn aus. Dieser unerwünschte Effekt bleibt aus, wenn man die Paneele fest mit dem Estrich verklebt. Bei den meisten Produkten ist diese Verarbeitung durchaus möglich und wird vom Hersteller als Variante zur schwimmenden Verlegung auch ausdrücklich zugelassen.

Klick-Verlegung

Nut und Feder an den Längsseiten der Elemente sind so ausgebildet, dass man das Paneel schräg anhalten muss, damit die Feder fest in der Nut einrastet

Um die Fugen ganz zu schließen, setzt man ein so genanntes Schlagholz an und klopft die Elemente mit vorsichtigen Hammerschlägen dicht zusammen

Distanzkeile aus Kunststoff sorgen für Abstand zur Wand. Unabhängig von der Verbindungsart brauchen alle Laminate eine umlaufende Dehnungsfuge

Klick-Funktion

Bei den Klicksystemen sind Nut und Feder nicht mehr glatt ins Material gefräst wie bei herkömmlichen Verbindungen zum Verleimen

Nut und Feder sind so geformt, dass sie, nachdem man die Paneele unter leichtem Druck zusammenfügt hat, eine formschlüssige Verbindung bilden

Die Verzahnung zieht sich von allein nicht mehr auseinander. Die Fuge ist auch ohne Leim optisch dicht geschlossen, aber nicht wasserdicht

Das Verkleben von Laminat ist aber nicht so leicht wie die schwimmende Verlegung und sollte besser dem Profi überlassen werden. Er arbeitet dann mit speziellem Parkettkleber. Außerdem sollten für die Verklebung nur Beläge der besten Qualität verwendet werden, die garantiert viele Jahre halten. Denn das Herausreißen verklebter Böden ist natürlich entsprechend aufwändig.

Wer sein Heim in Eigenleistung verschönert, wird also in der Regel sein Laminat nur an den Kanten miteinander verbinden. Die so genannte Klicktechnik hat diese Aufgabe wesentlich erleichtert. Es muss kein Leim mehr an die Fugen gegeben werden, und die Verbindungen fügen sich absolut dicht ineinander.

Nur bei Laminat, das besonderer Feuchtigkeitsbelastung ausgesetzt ist, wird empfohlen, zusätzlich wasserfesten Parkettleim an Nut und Feder zu geben. Ein Wiederaufnehmen der Paneele wird dadurch allerdings erschwert. Und eine Wiederverwendung nach einem Umzug ist ganz ausgeschlossen.

Pflegetipps für Laminatböden

Groben Schmutz entfernen Sie am besten mit dem Besen oder Staubsauger. Gewischt wird der Boden mit einem nur leicht angefeuchteten Tuch. Spezielle Pflegemittel versiegeln die empfindlichen Fugen. Bohnerwachs oder Polish, das für Parkettböden verwendet wird, ist bei Laminat aber tabu. Es würden Schlieren entstehen. Abschleifen der Oberfläche wie bei Echtholzparkett ist ebenfalls nicht möglich. Abgenutzte Laminatböden müssen erneuert werden.

Neuer Glanz für alte Dielen

Bei der Modernisierung werden Dielenböden nicht mehr unter Teppichböden versteckt. Abgeschliffen und aufpoliert ist der Boden ein echter Blickfang

Vorbehandlung und Schliff

Bevor Sie mit den Schleifarbeiten beginnen, müssen überstehende Nägel oder Schrauben versenkt werden. Ausgebrochene Holzteile werden ersetzt

Noch immer werden in vielen Althauswohnungen die schönen alten Dielenböden unter Teppichböden oder Kunststoffbelägen versteckt. Meist sind die betagten Bretter auch ziemlich unansehnlich geworden. Doch wer einmal verfolgen konnte, welch attraktives Bild sich ergibt, wenn man die Dielen von Schmutz und alten Farbschichten befreit, der wird immer fürs Abschleifen plädieren. Die erforderlichen Maschinen können Sie problemlos in Bau- und Fachmärkten ausleihen. Sie brauchen einen Walzenschleifer für die Fläche und einen kleineren Kantenschleifer für die Randbereiche. Ein Tellerschleifgerät wird dann für den letzten Feinschliff eingesetzt.

Was vor dem Schleifen zu tun ist

Überprüfen Sie zunächst, ob alle Dielen fest und stabil sind. Gebrochene oder durch ehemalige Feuchtigkeitsbelastung angefaulte Bretter müssen ausgetauscht werden. Größere Fehlstücke werden ebenfalls ersetzt. Dann prüfen Sie, ob die Dielen fest mit den Lagerbalken verbunden sind. Lose Bretter nachnageln oder zusätzlich durch Schrauben fixieren. Alte wie neue Nagel-

Bei stark unebenen Dielen schleift man zuerst quer zum Dielenverlauf, um eine ebene Fläche zu erzielen. Zuletzt dann parallel zu den Dielen arbeiten

Je nachdem wie viel Material abgetragen werden muss, wählt man für den ersten Schleifgang sehr grobes Papier der Körnung 24 oder feineres der Körnung 40

Im Randbereich, den die große Schleifmaschine nicht so gut erreicht, wird mit einem speziellen Kantenschleifer oder einem Bandschleifer gearbeitet

Schleifpapier wechseln

Das Schleifpapier muss immer gewechselt werden, ehe sich in seiner Oberfläche Schmutz festgesetzt hat, der beim Schleifen Riefen im Holz verursacht

Beim Woodmaster von Overmaat muss nur ein Hebel gelöst werden, um das abgenutzte Schleifpapier herausnehmen und das neue auflegen zu können

Auch beim kleineren Kantenschleifer geht der Papierwechsel unproblematisch vonstatten. Die Fixierung der Scheibe ähnelt der bei einem Winkelschleifer

und Schraubenköpfe werden einige Millimeter tief ins Holz versenkt, damit sie beim Schleifen nicht das Papier zerstören.

Die richtige Körnung für jeden Arbeitsgang

Es sind immer mindestens drei Schleifgänge mit feiner werdender Körnung notwendig. Bei normal abgenutzten und ebenen Dielen beginnt man mit der Körnung 40, wechselt dann auf 80 und schleift zuletzt mit 120 die letzten Unebenheiten weg. Zeigt der Boden größere Abnutzungsspuren, und sind die Bretter uneben, empfiehlt es sich, am Anfang einen zusätzlichen Schleifgang mit der groberen Körnung 24 einzuplanen. Dabei werden die Unebenheiten schon weitgehend ausgeglichen. Wichtig: Bei unebenen Untergründen wird diagonal geschliffen, da die Bretter sich meist entgegen der Verlegerichtung gewölbt haben.

Nach dem Schleifen sind in der Regel noch feine Risse und Nagellöcher auszuspachteln. Ist diese Feinarbeit vollbracht, kann der Endschliff mit dem Tellerschleifer erfolgen. Dabei wird 120er Papier benutzt. Anschließend saugen Sie den Boden gründlich ab, vermeiden dabei natürlich, neue Kratzer zu erzeugen und grundieren danach die Fläche. Die schützende Versiegelung kann zum Schluss durch einen Lackauftrag oder durch Wachs bzw. Öl erfolgen. Besonders praktisch ist Hartwachsöl, das man je nach späterer Beanspruchung zwei- bis dreimal aufträgt. Es bietet einen recht stabilen Schutz des Holzes, ist nicht so empfindlich wie Versiegelungslack und lässt sich bei Bedarf ohne großen Aufwand auffrischen. Das Holz kann unter dem Hartwachsöl atmen und bekommt davon einen schönen matten Glanz.

Oberflächenbehandlung

1 Nach den Schleifgängen ist der Dielenboden völlig eben. Verbleibende Risse und Nagellöcher werden nun mit einem speziellen Fugenkitt verschlossen

2 Ist die Spachtelung durchgehärtet, geht es an den Feinschliff mit einem Tellerschleifgerät. Das Papier für den letzten Schliff hat eine Körnung von 120

3 Soll das beim Schleifen sehr hell gewordene Holz einen dunklen Ton bekommen, wird mit dem Lappen oder einem kurzflorigen Mopp Beize aufgetragen

4 Zur Versiegelung des Dielenbodens können Sie Parkettlack nehmen. Heute wird häufig auch Hartwachsöl eingesetzt, das sich leichter verarbeiten lässt

Dielen ersetzen

1 Nicht selten sind einzelne Dielen eines alten Bodenbelags angebrochen oder angefault und müssen vor dem Schleifen komplett ausgetauscht werden

2 Man hebelt die schadhafte Diele heraus und schneidet eine neue aus gleich starkem Material zu. Oft muss zum Einpassen eine Feder abgeschnitten werden

3 Ist das Ersatzbrett eingefügt, wird es mit Schrauben oder Nägeln fest mit den Lagerbalken verbunden. Auch hier die Schraub- oder Nagelköpfe versenken

TIPP MATERIALBESCHAFFUNG

Schleifmaschinen für die Dielenrenovierung werden im Parkettfachhandel, aber auch in vielen Baumärkten zum Ausleihen angeboten. Holen Sie die Geräte erst dann ab, wenn alle Vorarbeiten beendet sind und zügig durchgearbeitet werden kann. Welche Versiegelungs- und Pflegeprodukte Sie wählen, ist unabhängig vom Typ der Schleifmaschinen. Allerdings empfiehlt es sich unbedingt, bei Grundierung und Versiegelung Material aus dem gleichen System zu verwenden.

Dielen schleifen mit System

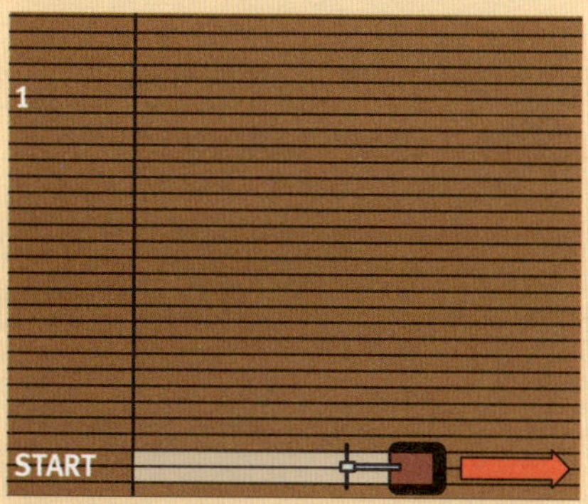

Sie starten den Schleifvorgang mit ca. 1,50 m Abstand zur Rückwand

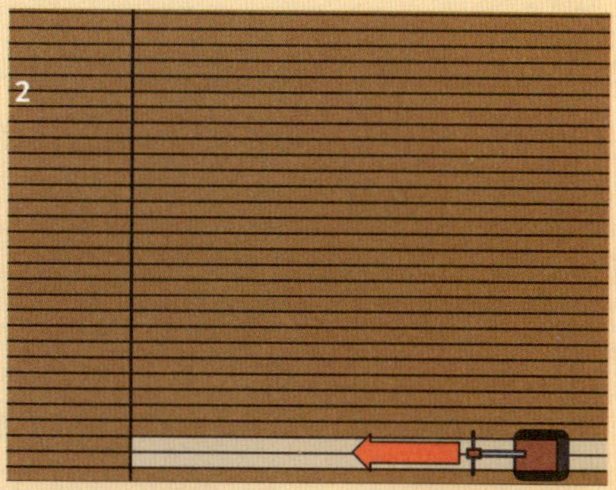

Den Walzenschleifer möglichst nah an der Fußleiste vor und zurück führen

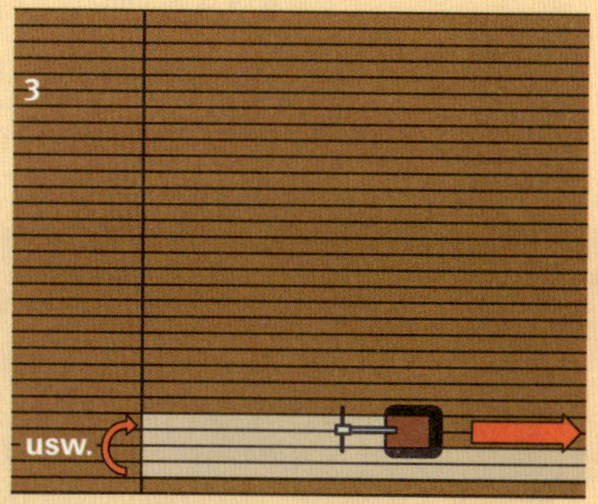

Dann drehen Sie die Maschine und beginnen eine neue Bahn

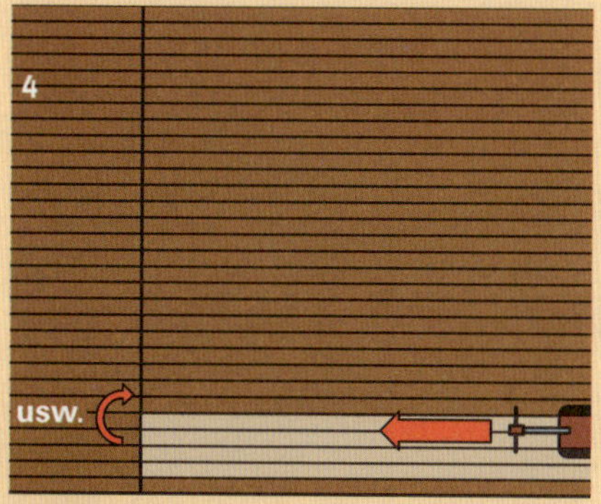

Wieder die Maschine vor und zurück führen und erneut drehen

Nach und nach wird auf diese Weise der Raumabschnitt geschliffen

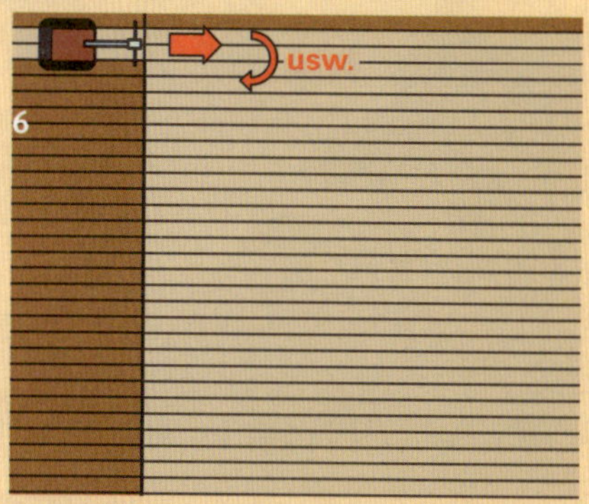

Anschließend beginnen Sie noch einmal am anderen Ende des Raumes

Unebene Dielen

Unebene Dielen werden grundsätzlich diagonal geschliffen

Beim zweiten Gang im 90-Grad-Winkel zum ersten arbeiten

Mosaikparkett

Mosaikparkett mit der ersten Körnung in einer Richtung schleifen

Beim Wechsel des Schleifpapiers wird auch die Richtung gewechselt

Fischgrätenparkett

Bei diesem Parkett wird die Schleifmaschine diagonal geführt

Beim Wechsel der Körnung auch die Schleifrichtung wechseln

Teppichböden sind wieder in

Wer es gern kuschelig und gemütlich hat, findet Teppichböden unwiderstehlich. Hochaktuelle Farben und Dessins lassen keine Langeweile aufkommen

Die sechziger und siebziger Jahre des vergangenen Jahrhunderts waren die Boom-Zeit der Teppichböden in deutschen Wohnstuben. Nachdem man vorher meist nur braun gestrichene Dielenbretter und triste Linoleumböden kannte, waren die weichen Bodenbeläge für die Wand-zu-Wand-Verlegung der große Renner. Mit dem späteren Aufkommen moderner Kunststoffbeläge und Fertigparkett bzw. Laminat ging das Interesse an Teppichböden allerdings drastisch zurück. Erst in neuerer Zeit hat man diesen eigentlich doch sehr sympathischen Bodenbelag wiederentdeckt. Die Qualitäten sind heute noch einmal deutlich besser geworden, vor allem aber gibt es jetzt schicke Farben und Dessins, die auch beim kreativen Wohnen keine Wünsche offen lassen.

Teppichböden sind behaglich und sparen Energie

Wenn man mit bloßen Füßen durch die Wohnung geht, gibt es nichts Behaglicheres als einen weichen Teppichboden. Textile Bodenbeläge sind aber nicht nur fußwarm, sie isolieren den gesamten Raum gegen Wärmeverluste nach unten. Gerade bei Wohnräumen über ungeheizten Kellern ein ganz wichtiger Faktor, der für mehr Komfort sorgt und Energie spart.

Woraus besteht ein moderner Teppichboden?

Zu rund 90% werden Teppichböden aus synthetischen Fasern hergestellt. Ganz vorn steht dabei das strapazierfähige und pflegeleichte Polyamid (z. B. Nylon oder Perlon). Dieses Material nimmt keine Feuchtigkeit auf und lässt sich leicht sauber halten.

TIPP DER RICHTIGE UNTERGRUND

Vor dem Verlegen von Teppichboden muss der Untergrund geprüft werden:

- *Teppichböden brauchen einen ebenen, festen und trockenen Untergrund.*
- *Alte Kleberreste und andere Unebenheiten des Estrichs werden abgeschliffen (Profi-Schleifmaschinen im Baumarkt leihen).*
- *Legen Sie zur Kontrolle eine gerade Latte oder einen Alu-Richtscheit auf den Estrich. Wenn der Boden auf einem Meter größere Höhentoleranzen als 4 mm aufweist, mit einer selbst verlaufenden Spachtelmasse ausgleichen.*
- *Kleinere Risse und Fehlstellen im Estrich werden mit flexibler Spachtelmasse geschlossen.*
- *Den Boden vor dem Verkleben von Teppichböden grundieren.*

Verschiedene Teppichqualitäten in der Übersicht

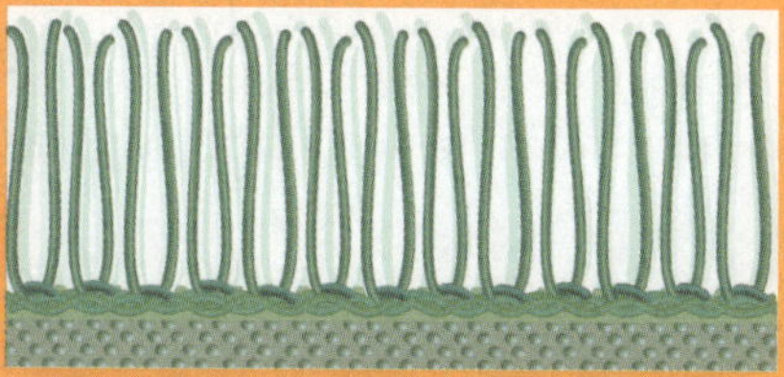

Velours-Teppich:
Wenn die Florschlingen des Teppichbodens oben aufgeschnitten werden, entsteht der samtige Veloursbelag

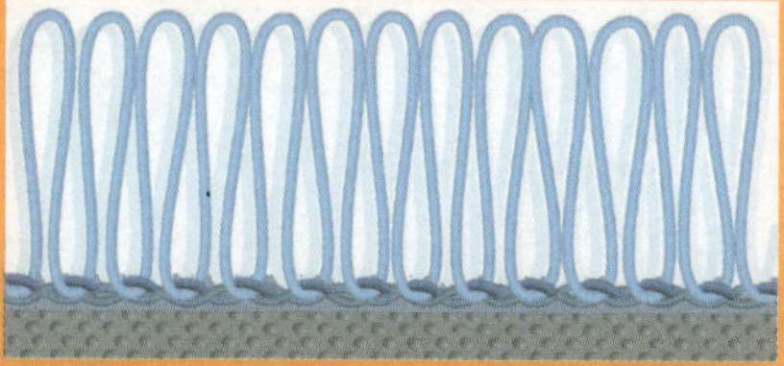

Schlingenware:
Beim Bouclé-Teppichboden werden die Schlingen der Teppichfasern nicht aufgeschnitten

Naturfaserteppiche
aus Wolle, Sisal oder Ziegenhaar können Luftfeuchtigkeit aufnehmen und so das Raumklima verbessern

Synthetikfasern
zeichnen sich durch hohe Verschleißfestigkeit aus und sind zudem preiswerter als Naturfaser

Teppichböden werden heute meist mit einem Textil- oder Schaumrücken versehen. Ein Schaumrücken dämpft Schrittgeräusche und sorgt für eine zusätzliche Wärmedämmung

Verlegeschritte

1 *Mit dem Rücken einer stabilen Schere oder einer speziellen Kantenschiene drücken Sie den Teppich fest in den Winkel zwischen Boden und Wand*

2 *Nun können Sie den Belag mit dem scharfen Cuttermesser durchtrennen. Das Messer dabei fest andrücken und gleichmäßig durchs Material ziehen*

3 *Im Randbereich sowie an der Tür reibt man doppelseitiges Klebeband mit seiner unteren Klebefläche auf den Estrich. Dann das obere Deckpapier lösen*

4 *Den Teppichboden nun über die Klebebänder rollen und mit einem abgerundeten Brett oder der Hammerseite fest auf den Klebestreifen reiben*

Bei den natürlichen Materialien, aus denen Teppichböden gewebt werden, rangiert Wolle an erster Stelle. Wollteppiche sind gut fürs Raumklima, da die Fasern überschüssige Luftfeuchtigkeit aufnehmen und wieder abgeben können. Ein Nachteil: Auch Motten und Käferlarven mögen Wolle und fressen unter Umständen Löcher in den Belag, wenn er nicht durch geeignete Chemikalien gegen solche Schädlinge geschützt wird. Chemische Behandlung bedeutet aber auch ein zusätzliches Allergierisiko, bei hoher Konzentration der Stoffe eventuell sogar Gesundheitsgefahr.

Teppichböden selbst verlegen

Das wichtigste Werkzeug fürs Teppichverlegen ist ein scharfes Bodenlegermesser. Damit werden die Ränder so beschnitten, dass der Boden genau in den betreffenden Raum passt. Bei Räumen unter 20 Quadratmetern reicht es in der Regel, den Belag lose auszulegen und an den Rändern sowie im Türbereich durch doppelseitiges Klebeband zu fixieren. Bei größeren Flächen sowie allen Räumen, die stark begangen werden, empfiehlt es sich, den Teppichboden vollflächig zu verkleben. Man kann dazu flüssige Fixierung nehmen, die relativ leicht wieder gelöst werden kann, oder richtigen Kleber. Auch da werden Produkte angeboten, die ein späteres Lösen des Belags leicht machen. Es sind die so genannten Wiederaufnahmekleber.

Eine Grundvoraussetzung für das Verlegen von Teppichboden ist stets ein glatter Unterboden. Man rollt den Teppich aus und schneidet ihn dann rundum kantenbündig zu, wie auf den Arbeitsfotos der vorangegangenen Seite zu sehen. Soll er nur mit Klebeband fixiert werden, reibt man das

5

Müssen Bahnen aneinander gesetzt werden, legt man sie mit gleicher Florrichtung übereinander und durchtrennt sie mit dem so genannten Doppelschnitt

6

Es entsteht ein sauberer Stoß. Genau darunter wird nun ebenfalls Klebeband aufgerieben. Das Schutzpapier dann Stück für Stück abziehen

7

Fürs vollflächige Verkleben einen ersten Streifen des Estrichs beschichten, dort den Belag anreiben und dann die andere Seite aufrollen und verkleben

TIPP GÜTESIEGEL

Teppichsiegel
Verliehen von der Europäischen Teppich-Gemeinschaft e. V. (ETG). Strapazierfähigkeit, Komfort, sowie Materialangaben der Nutzschicht werden kontrolliert. Spezielle Eignungen, etwa für Treppen oder Fußbodenheizung, erkennt man durch die Symbole im Siegel.

TÜV Umweltsiegel
Damit werden industriell produzierte Teppiche ausgezeichnet, die in jeder Produktlebensphase (Herstellung, Gebrauch, Entsorgung) die Umwelt besonders schonen. Da das Siegel europaweit verliehen wird, sind die Vergleichskriterien einheitlich. Das Zeichen wird langfristig durch das Siegel des Verbandes natureplus e.V. ersetzt werden.

GuT Signet
Die „Gemeinschaft umweltfreundlicher Teppichböden e. V. (GuT)“ ist ein Zusammenschluss von Herstellern, die ihre Produkte auf Schadstoffe und Umweltverträglichkeit von unabhängigen Instituten prüfen lassen. Anhand einer Prüfnummer wird die Ware registriert.

nordland-Zeichen
Dieser Hersteller produziert ökologische Teppichböden aus reiner Schafwolle ohne chemische Zusätze gegen Ungeziefer. Jede Produktionscharge wird auf Schadstoffe untersucht. Die chemiefreien Teppiche werden ausschließlich über den ökologischen Fachhandel vertrieben (www.nordland-naturteppich.de).

Rugmark-Siegel
Die unabhängige Initiative RUGMARK e.V. setzt sich für die Abschaffung illegaler Kinderarbeit in der Teppichproduktion sowie für die Zahlung von Mindestlöhnen ein. Unabhängige Kontrollen der Exporteure und Knüpfbetriebe gewährleisten eine hohe Glaubwürdigkeit dieses Zeichens.

Band mit der unteren Klebefläche auf den Estrich, löst das obere Deckpapier und rollt den Teppichboden darüber. Er wird dann fest auf das Klebeband gerieben.

Zum Verkleben rollt man den zugeschnittenen Belag an der der Tür gegenüberliegenden Seite etwa 1 m weit auf und beschichtet die nun frei liegende Estrichfläche mit Kleber. Nach der vom Hersteller angegebenen Ablüftzeit des Klebers kann der Teppichboden dann ins Kleberbett eingerollt werden. Reiben Sie ihn mit einem abgerundeten Brettstück fest an. Anschließend wird der Belag von der Türseite her so weit aufgerollt, bis die Verklebung erreicht wird. Die gesamte Restfläche jetzt ebenfalls mit Kleber beschichten und den Teppich nach dem Ablüften zurückrollen und anreiben.

Fußleisten, die etwaige Unregelmäßigkeiten des Randzuschnitts verdecken, sorgen für ein sauberes Verlegebild. Beim Übergang zu anderen Bodenbelägen arbeitet man mit Aluprofilen (siehe Seite 63).

Teppichböden ausbessern

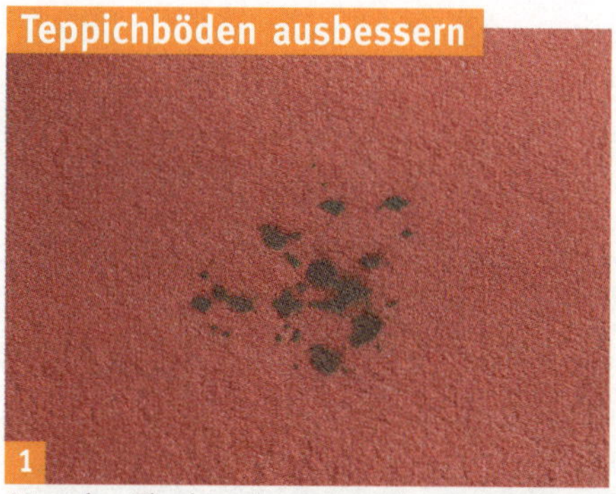

1 *Manche Flecken lassen sich auch mit dem besten Spezialreiniger nicht mehr entfernen. Dann hilft nur eine Reparatur mit einem zurückgelegten Ersatzstück*

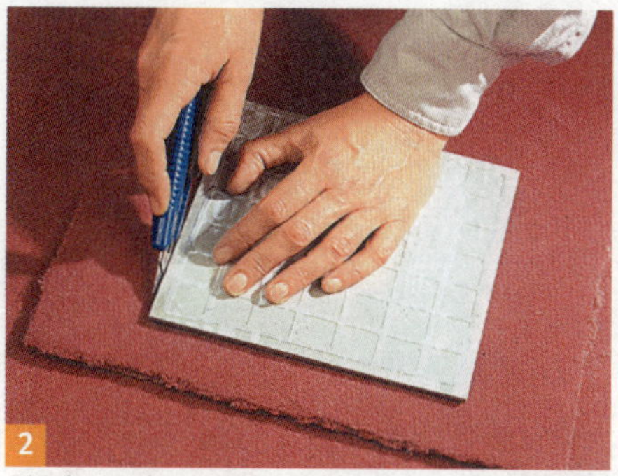

2 *Sie brauchen eine Schablone, die größer als der Fleck ist (z. B. eine Fliese). Dann legen Sie das Ersatzstück auf und schneiden im Doppelschnitt rundherum*

3 *Das genau passende Reparaturstück kann nun mit doppelseitigem Klebeband eingesetzt und fixiert werden. Den Flor im Übergangsbereich durchbürsten*

Brandlöcher reparieren

1 *Eine herabgefallene Zigarettenkippe macht zwar nur ein kleines Loch, doch der Schaden fällt immer wieder ins Auge und sollte repariert werden*

2 *Mit einem Locheisen, dessen Durchmesser größer als das Brandloch ist, wird erst die Schadstelle ausgestanzt und dann ein Reparaturstück hergestellt*

3 *Den runden Flicken in Florrichtung einsetzen. Am besten fixieren Sie ihn mit etwas Kleber, damit er beim Staubsaugen nicht aufgenommen wird*

Fertigparkett aus Kork

Korkböden sind elastisch, wunderbar fußwarm und erstaunlich strapazierfähig. Das Material wird wie Fertigparkett schwimmend verlegt oder verklebt

Der Handel bietet zwei verschiedene Arten von Korkböden an: Quadratische oder rechteckige Platten zum vollflächigen Verkleben und längliche Paneele für die schwimmende Verlegung – das so genannte Korkfertigparkett. Die als Korkfliesen oder Korkparkett bezeichneten Platten zum Verkleben bestehen entweder aus einem dünnen Korkfurnier auf einer Trägerschicht oder aus einer durchgehenden Korkschicht. Im letzteren Fall sieht das Material an Unter- und Oberseite gleich aus. Die Gesamtstärke beträgt meist etwa 6 mm. Beim Furnierboden sollte die massive Korkschicht nicht unter 3,8 mm liegen. Das durch und durch massive Material kann bei Bedarf abgeschliffen und neu versiegelt werden, was bei Furnierware nicht möglich ist. Beide Varianten werden unversiegelt angeboten und müssen nach dem Verkleben durch Lack, Öl oder Wachs geschützt werden.

Korkfertigparkett hat eine bereits endbehandelte Oberfläche

Beim hier gezeigten Korkfertigparkett sitzt die Korkschicht auf einer Trägerplatte aus Holzwerkstoff. Die Korknutzschicht ist meist 3–4 mm dick. Auf der Unterseite befindet sich in der Regel eine weitere Korkschicht aus minderwertigem Material und fungiert als Trittschalldämmung. Die gesamten Paneele sind dann etwa 12 mm dick.

Verlegt werden die Elemente schwimmend. Das heißt, man verleimt sie in der umlaufenden Nut- und Federverbindung. Besonders verlegefreundlich sind Produkte

TIPP MATERIALBEDARF

Wenn Sie Materialbedarf berechnen wollen, müssen Sie die genaue Quadratmeterzahl der zu verlegenden Fläche kennen. Dazu messen Sie einmal die Längs- und einmal die Querseite des Raumes aus und multiplizieren die beiden Werte miteinander. Vergessen Sie nicht, Heizkörper- und Türnischen mitzuberechnen. Dazu kommt etwa 5% Verschnitt.

Verlegeschritte

1 *Beginnen Sie in einer der Tür abgewandten Raumecke. Das Element kommt mit der Nutseite zur Wand. Plastikkeile sorgen dort für eine Dehnungsfuge*

2 *Wie bei Laminat- und Fertigparkett gibt es auch bei den Korkböden Elemente mit Klickverbindung, die man ganz einfach trocken zusammensteckt*

3 *Sind Hindernisse im Weg, wie hier die weit aus dem Estrich hervorragenden Heizungsrohre, wird deren Position genau ausgemessen und übertragen*

4 *Mit einem Bleistift markieren Sie den Mittelpunkt des Heizungsrohres, um die erforderliche Bohrung möglichst passgenau herstellen zu können*

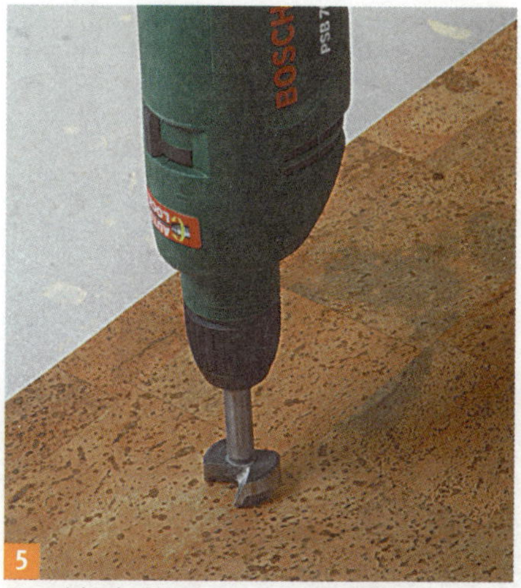

5 *Das ideale Werkzeug zum Bohren größerer Löcher in Holz und Holzwerkstoffen ist ein so genannter Forstnerbohrer. Er besitzt eine Zentrierspitze zum Anbohren*

6 *Man sollte immer von der Ober- bzw. Dekorseite her bohren. Dann bekommt man auf der Sichtseite des Elements absolut saubere Bohrränder*

mit Klicktechnik, bei denen Nut und Feder auf Druck ineinander rasten und sich fugenlos verbinden.

Die werkseitige Endbehandlung der Oberfläche erfolgt bei Korkfertigparkett mit Öl, Wachs oder Lack. Für besonders strapazierte Bereiche empfiehlt sich immer die lackierte Version. Im Gegensatz zu Holzparkett ist der Korkboden an seiner Oberfläche weich und nimmt Trittgeräusche nahezu vollständig auf. Verlegt man das Material auf einer frischen Betondecke oder über einem unbeheizten Kellerraum, sollte eine PE-Folie als Dampfsperre untergelegt werden. Wichtig: Wie Fertigparkett aus Holz dehnen sich die Korkpaneele bei Feuchtigkeitsaufnahme aus und brauchen daher eine umlaufende Dehnungsfuge.

Ein Beispiel für individuelle Bodengestaltung mit Kork. Das fußwarme Material ist ideal als Spielfläche für Kinder

7

Hier wurde das Element mit der Bohrung über das Rohr im Boden geschoben. Für das zweite Rohr ist eine Bohrung in der nächsten Reihe erforderlich

10

Das passend abgelängte Endstück kann nun eingefügt werden. Vergessen Sie nicht, weitere Kunststoffkeile für die Dehnungsfuge einzustecken

8

So zeichnen Sie die Länge des letzten Elements einer Reihe an: Man legt es mit der Unterseite so nach oben, dass das Abfallstück nach vorn weist

11

Das beim Ablängen entstandene Stück kann nun als Anfang der nächsten Verlegereihe benutzt werden. Man nennt diese Technik Endlosverlegung

9

Auch beim Absägen des Abfallstückes wird von der Unterseite gearbeitet. So schneidet sich die Stichsäge auf Zug ins Material, und es gibt keine Ausrisse

12

Jetzt werden die Elemente sowohl an der Längs- als auch an der Stirnseite durch Klicktechnik angesetzt. Man schiebt sie dazu schräg von oben ein

13 *Meist müssen Sie mit Hammer und Schlagholz noch ein wenig nachhelfen, bis Nut und Feder fest ineinander gegriffen haben und es keine Fuge mehr gibt*

14 *Passende Abschlussleisten mit Korkdekor werden auf Gehrung geschnitten und angedübelt. Vorher die Kunststoffkeile der Dehnungsfuge entfernen*

15 *Besonders gut sehen Linsenkopfschrauben aus Messing aus. Da Messing sehr weich ist, sollte man statt dem Akkuschrauber den Schraubendreher nehmen*

Beim Verlegen steckt man Kunststoffkeile als Abstandhalter zwischen Wand und Bodenbelag. Eine breite Fußleiste verdeckt die etwa 10 mm breite Fuge und kaschiert gleichzeitig etwaige Unregelmäßigkeiten beim Zuschnitt der Platten.

Die Verlegetechnik gleicht der von Laminat und Fertigparkett bekannten bis aufs i-Tüpfelchen. Man beginnt die erste Reihe in einer Raumecke, schneidet am Ende ein passendes Stück zu und benutzt das entstehende Reststück für den Anfang der nächsten Reihe. So ergeben sich versetzte Stoßfugen. Die Endlosverlegung sorgt zudem dafür, dass Sie kaum nennenswerten Verschnitt haben.

Bei der letzten Reihe kann es allerdings immer so auskommen, dass nur noch ein schmaler Streifen benötigt wird. Dann ist der Verschnitt relativ groß. Mehr als 5% sind es aber so gut wie nie. Um auf Nummer Sicher zu gehen, können Sie beim Einkauf ja ein Paket mehr als berechnet mitnehmen, wenn der Händler es zurücknimmt.

TIPP KORKENMATTEN

A

B

C

D

Es gibt auch Bodenbeläge aus geschnittenen Weinkorken (A). Sie werden als Matten angeboten, bei denen die Korkscheiben auf einem Gewebe fixiert sind. Auf den Estrich wird Dispersionskleber gezogen und durchgekämmt, ehe man die Matten auflegt (B). Im nächsten Schritt wird der Belag wie ein Fliesenboden verfugt (C). Es folgt ein Wasser abweisender Anstrich (D).

Korkparkett zum Kleben

1 *Als Korkparkett oder Korkfliesen werden Platten bezeichnet, die man vollflächig verklebt. Der spezielle Dispersionskleber wird mit der Rolle aufgetragen*

2 *Teilweise empfehlen die Hersteller, auch die Rückseite der Parkettelemente mit Kleber zu bestreichen. Dabei rollt man vorsichtig von innen nach außen*

3 *Die Platte nun sauber an die vorherigen anstoßen und ins Kleberbett drücken. Es dürfen keine Fugen mehr zu sehen sein. Zuletzt die Platten anklopfen*

4 *Das Anklopfen mit dem Gummihammer sorgt dafür, dass die beiden Kleberschichten auf dem Boden und auf der Plattenrückseite sich optimal verbinden*

Attraktive Kunststoffbeläge

Böden aus Kunststoff verblüffen durch ihre verschiedenen Farben, Strukturen und Dessins. Sie sind der ideale Partner für kreatives Wohnen

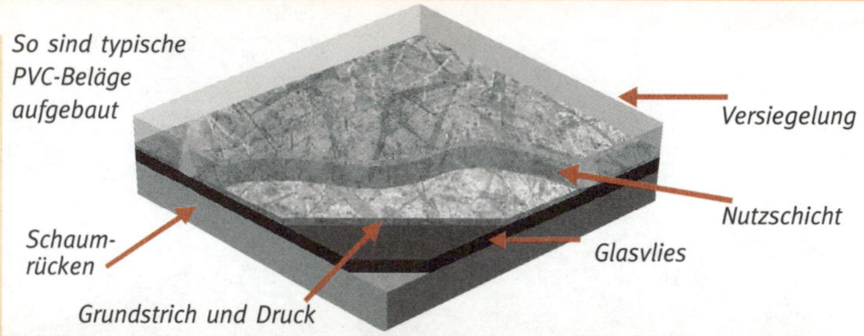

PVC	*PVC-Beläge bestehen aus Polyvinylchlorid, Weichmachern, Füllstoffen, metallhaltigen Stabilisatoren und Pigmentfarben. Sie sind pflegeleicht, robust, meist recht problemlos zu verlegen und dabei sehr preiswert. Das Recycling ist aufgrund der hohen Stabilität bei PVC ein gewisses Problem. Beim Verbrennen des Materials können Giftstoffe freigesetzt werden.*
Polyolefin	*Kunststoffböden auf Polyolefinbasis haben ähnliche Eigenschaften wie PVC. Sie sind allerdings chlorfrei und enthalten laut Herstellerangaben weder Schwermetalle noch Lösemittel. Im Brandfall sind sie also weniger problematisch. Das Angebot ist aber noch gering, was teilweise an der verhaltenen Nachfrage liegt.*
Gummi	*Gummibeläge bestehen meist aus synthetischem Kautschuk. Vorteilhafte Eigenschaften: Sie sind besonders elastisch und somit trittschalldämmend, enthalten keine Weichmacher und verursachen in der Regel keine Ausgasungen. Gummibeläge müssen allerdings grundsätzlich fest verklebt werden.*

PVC werden in verschiedensten Ausführungen angeboten: Linke Seite Holzstruktur (Sommer), oben links wie glänzender Marmor (Tarkett), oben rechts Dielenoptik (DLW), rechts Fliesendekor (Tarkett), ganz rechts Kunststoffstruktur (DLW)

Wenn im privaten Bereich Kunststoffböden verlegt werden, kommen in der Regel PVC-Beläge zum Einsatz. Der Handel bietet hier ein breites Spektrum der verschiedensten Qualitäten und Ausführungen an. Meist wählt man Mehrschichtbeläge wie in der Zeichnung links dargestellt, die einen Schaumstoffträger besitzen. Die PVC-Nutzschicht sollte nicht dünner als 0,15 mm ausfallen, damit der Boden eine ausreichende Lebensdauer garantiert.

Auf Maß zuschneiden

Der Kunststoffbelag wird immer so eingekauft, dass er nach dem provisorischen Auslegen rundum etwa 10 cm Überstand aufweist. Bei Wänden mit Tür- oder Heizkörpernischen muss der Überstand entsprechend größer sein.

Zuerst schneidet man den Belag in den Ecken ein, drückt ihn dann mit dem Hammerrücken möglichst fest in den Winkel zwischen Boden und Wand, um ihn anschließend mit dem Cuttermesser zu durchtrennen. Weist eine Wand Versprünge auf, empfiehlt es sich, den Belag so weit von der Wand abzuziehen, dass er glatt aufliegt, um dann die Schnittlinie mithilfe eines so genannten Parallelanreißers zu markieren (siehe Fotos auf der folgenden Seite).

Für den Einsatz des Parrallelanreißers muss man zuerst die Schnittlinie rechts und links neben der Nische anzeichnen und den Belag ein Stück von der Wand abziehen. Der selbst gebaute Parallelanreißer besteht aus einem Stück Latte, das man mit einem Ende an die Wand neben der Nische anlegt und dann auf Höhe der Schnittlinie mit einer Bohrung für einen Stift versieht.

Setzt man dieses Hilfsmittel dann mit seinem Ende gegen die Wand in der Nische (Bild 4) und verschiebt es parallel zur Seite, zeichnet der Stift die Schnittlinie für den Versprung in der Nische korrekt an.

Zum Fixieren des Kunststoffbodens reicht häufig doppelseitiges Klebeband an den Rändern und im Bereich von Stößen. In stark begangenen Räumen empfiehlt sich allerdings das vollflächige Verkleben, da sich sonst Wellen bilden können. Wie auch bei Teppichböden (siehe Seite 82) kann man zwischen Fixierung und Kleber wählen, die eine unterschiedlich starke Haftkraft aufweisen. Meist reicht die Fixierung, die man mit der Zahnkelle gleichmäßig verstreicht.

Da sich auch kleine Unebenheiten des Estrichs unter einem Kunststoffboden deutlich abzeichnen, muss der Untergrund zuvor sorgfältig geglättet werden. Am besten behandeln Sie ihn zusätzlich mit Grundierung. Damit wird die Oberfläche stabilisiert und feinster Staub gebunden.

Damit Stöße zwischen verschiedenen Bahnen gegen eindringende Feuchtigkeit geschützt sind, kann man sie mit Kaltschweißmittel wasserdicht verkleben (Bild 12). Diese Technik erfordert allerdings Geschick und eine ruhige Hand. Man sollte sie zuerst an Reststücken ausprobieren.

Verlegetechnik

1 *Der Belag wird mit etwas Übergröße eingekauft. Nach dem Einschneiden der Ecken drückt man das Material in den Winkel und durchtrennt es*

2 *Um den Belag an Nischen beispielsweise unter Heizkörpern anzupassen, zeichnet man zunächst von der Wand gemessen ein Hilfsmaß (z. B. 20 cm) auf*

3 *Nun ziehen Sie den überstehenden Belag etwas zurück, sodass er glatt auf dem Boden liegt, und messen 20 cm von der Markierung nach vorn*

4 *Wenn Sie die Schnittlinie ermittelt haben, setzen Sie einen Parallelanreißer so an, dass der Stift auf der Linie sitzt, und ziehen sie vor der Nische weiter*

5 *Mit diesem Trick haben Sie den Versprung des Belags im Bereich der Heizkörpernische genau markiert. Die beiden Linien nun an den Flanken verbinden*

6 *Zuletzt schneiden Sie den Belag mit dem Cuttermesser entlang der markierten Schnittlinien durch. Er wird so exakt an den Wandverlauf angepasst*

7 Sollen zwei Bahnen genau auf Stoß verlegt werden, durchtrennt man sie am besten im so genannten Doppelschnitt. Dazu werden sie überlappend ausgelegt

8 Anschließend legt man ein langes Metalllineal an und schneidet entlang seiner Kante mit dem Cuttermesser durch beide überlappende Bahnen hindurch

9 Von dem zuvor unter der Stoßlinie angeriebenen doppelseitigen Klebeband wird nun das obere Deckpapier abgezogen. Dann die Bahnen andrücken

10 Damit Kunststoffböden nicht verrutschen, kann man Sie auch vollflächig verkleben. Den Kleber erst grob verteilen, dann mit der Zahnkelle verstreichen

11 Damit der Belag glatt liegt und keine Wellen wirft, wird er mit einem abgerundeten Holzbrett von der Mitte zu den Rändern hin gleichmäßig angerieben

12 Gegen eindringende Feuchtigkeit können Sie Stöße durch Kaltschweißmittel versiegeln. Den Stoß rechts und links abkleben und das Mittel auftragen

TIPP QUALITÄTSSYMBOLE

Im Gewerbebereich
Klassen 31, 32 und 33 – je höher, desto robuster

Böden für zu Hause
Klassen 21, 22 und 23 – je höher, desto robuster

Gesamtdicke
Je dicker der Boden ausfällt, desto stabiler ist er

Nutzschicht
Je dicker die Nutzschicht ausfällt, desto besser

Rollenbreite
Kein Qualitäts-, nur ein Auswahlkriterium

Rollenlänge
Kein Qualitäts-, nur ein Auswahlkriterium

Gesamtgewicht
Beim Transport ein Thema: Gute Beläge wiegen viel

Trittschallmaß
Kleiner dB-Wert heißt geringe Schallübertragung

Rutschhemmung
Klasse R9 nach DIN 51130 erfüllen nicht alle Beläge

Brandverhalten
PVC ist giftig, daher sollte es Schutzklasse B1 erfüllen

Fußbodenheizung
Das Symbol signalisiert: auf Heizestrich zu verlegen

Stuhlrolleneignung
Bürostühle können dem Belag nicht schaden

Treppeneignung
Dieser Belag ist für Treppenbereiche geeignet

Chemiekalienfestigkeit
Im Labor sollte der Boden säurebeständig sein

Lichtechtheit
Wo viel Tageslicht zu erwarten ist, sehr wichtig

Maßänderung
Hinweis auf Schrumpfungs- und Ausdehnungsverhalten

Eindruckverhalten
Je besser hier die Werte, desto stabiler der Belag

Fliesen auf Kunststoff kleben

Moderne Spezialkleber erlauben es, Fliesen auch auf Problemuntergründen zu verarbeiten. Hier wurde auf diese Weise ein alter Kunststoffboden verschönert

Wer beispielsweise eine alte Küche mit kreativen Wohn-Ideen renovieren will, hat oft das Problem, das alte Bodenbeläge fest verklebt sind und sich nur mit enormem Aufwand entfernen lassen. Was tun, wenn man hier einen schönen Fliesenboden legen möchte, der die ideale Ergänzung zur Landhausküche (siehe auch Seite 204) darstellt? Die Hersteller von Fliesenklebern bieten hier eine Lösung nach Maß.

Neben den üblichen Klebemörteln auf Zementbasis, die beispielsweise auf Kunststoff nicht ausreichend haften, gibt es Zwei-Komponenten-Kleber, die sich fast mit jedem Problemuntergrund bombenfest verbinden. So auch mit den Hart-PVC-Platten, die im hier gezeigten Beispiel auf dem Boden verklebt waren. Wichtig ist, dass der alte Belag wirklich fest mit dem Untergrund verbunden ist. Außerdem muss die Fläche gründlich gereinigt werden. Vor allem Fettbeläge sind durch geeignete Haushaltsreiniger rückstandslos zu entfernen.

Vorarbeiten und Verlegung

1

Der alte, fest verklebte PVC-Boden muss gründlich von grobem Schmutz gereinigt und dann auch mit scharfem Putzmittel von Fett und Staub befreit werden

2

Der für diesen Problemuntergrund erforderliche Spezialkleber besteht aus zwei Komponenten (2k-Kleber), die im Gebinde getrennt verpackt sind

3

Die flüssige Kunststoffdispersion im oberen Teil des Eimers wird nun zu dem Pulver im unteren Teil gegeben. Dann das Ganze mit dem Rührquirl mischen

4

Den so vorbereiteten Kleber erst mit der Glättkelle grob verteilen. Beschichten Sie nur so viel Boden, wie Sie in 15 Minuten mit Fliesen belegen können

5

Damit auf der ganzen Fläche eine gleichmäßig starke Kleberschicht entsteht, kämmt man den Belag nun mit einer Zahnkelle Bahn für Bahn durch

Den Spezialkleber anmischen und verarbeiten

Zwei-Komponenten-Kleber wird erst unmittelbar vor der Verarbeitung aus seinen zwei Bestandteilen zusammengemischt. Wenn man den Eimer öffnet, findet man oben eingesetzt ein zweites Behältnis, in dem sich eine flüssige Dispersion befindet. Darunter im eigentlichen Eimer befindet sich die zweite Komponente: ein Kunststoffpulver.

Man gibt nun die Dispersion zu dem Pulver und mischt das Ganze gründlich mit dem Rührquirl durch. Dann den Kleber 5 Minuten ruhen lassen und erneut durchrühren. Jetzt ist der Kleber verarbeitungsbereit und kann aufgezogen werden.

Da das Material relativ schnell antrocknet, darf nur immer so viel Boden beschichtet werden, wie man innerhalb von 15 Minuten mit Fliesen belegen kann.

Wie die Bilder zeigen, wurde hier ein Verlegemuster gewählt, bei dem erst ein Rahmen aus ganzen Fliesen und anschließend aus schmalen Dekorfliesen gelegt wird. Das Innere dieses Rahmens wird dann mit diagonal ausgerichteten Fliesen gefüllt. Wenn man exakt rechtwinklige Wände vorfindet oder wie hier den Sockel einer gemauerten Kücheneinrichtung, kann man die Fliesenreihen daran ausrichten. Ansonsten muss man, wie auf Seite 67 gezeigt, die Raumdiagonale auf dem Boden markieren und den Verlauf der Fliesen daran ausrichten.

Für das Verfugen des Fliesenbelags nimmt man einen flexibel aushärtenden Fugenmörtel mit Kunststoffzusätzen. Wichtig ist das Ausspritzen der umlaufenden Dehnungsfuge mit Silikon.

6

Im hier gezeigten Beispiel handelt es sich um eine Küche mit gemauerten Schränken. Die erste Fliesenreihe wird am Sockel der Konstruktion ausgerichtet

9

Entlang des Dekorrahmens verkleben Sie nun abwechselnd halbe und ganze Fliesen. Der Aufwand wird durch ein attraktives Verlegebild belohnt

7

Ist die erste Reihe verlegt, folgt eine Reihe schmaler Dekorelemente, die genau halb so groß sind wie die Normalfliesen aus dem gleichen Programm

8

Die Fläche innerhalb des Dekorrahmens soll nun mit diagonal ausgerichteten Fliesen belegt werden. Dazu müssen einige Platten diagonal getrennt werden

10

Wer dem eigenen Augenmaß nicht vertraut, benutzt Fliesenkreuze aus Kunststoff als Abstandhalter. Die Kreuze werden beim Verfugen überdeckt

TIPP KRITISCHE UNTERGRÜNDE

Auch alte Fliesen können mit neuen überklebt werden. Der Trend geht heute in Richtung größerer Fliesenformate. An der Wand birgt das höhere Gewicht der Platten allerdings die Gefahr des Abrutschens. Hier helfen sich die Fliesenprofis mit einen einfachen Trick: Nach dem gründlichen Reinigen der alten Fliesen wird zunächst eine ganz dünne Schicht Fliesenkleber aufgetragen, eine so genannte Kratzspachtelung. Diese Schicht bildet nach der Trocknung eine Haftbrücke, die die Griffigkeit des Untergrundes deutlich erhöht und das beschriebene Abrutschen der neuen Fliesen verhindert. Für die Verklebung sollten ausschließlich hoch flexible Fliesenkleber eingesetzt werden.

13 *Der pastös angemischte Fugenmörtel wird mit einem so genannten Gummiwischer verteilt. Dabei das Material in Diagonalbewegungen in die Fugen schieben*

16 *Der Silikonstrang in der Fuge ist jetzt noch relativ ungleichmäßig. Er wird mit Seifenwasser benetzt, um ihn im letzten Arbeitsgang glätten zu können*

11 *Wer keine Fliesenschneidemaschine wie in Bild 8 besitzt, kann auch mit einem Hartmetallritzer arbeiten. Die Maschine schneidet aber wesentlich präziser*

14 *Sobald der Fugenmörtel anzutrocknen beginnt, wird die Fläche gründlich gereinigt. Das Schwammbrett dabei wiederum diagonal zum Fugenverlauf führen*

17 *Das ideale Werkzeug zum Glätten von Silikon ist ein solcher Glätt-Cutter aus Kunststoff. Er ist wie ein Löffel geformt und hebt das überschüssige Material ab*

12 *Der Zwei-Komponentenkleber muss drei Tage aushärten, ehe man ans Verfugen gehen kann. Am besten wählen Sie einen flexibel aushärtenden Fugenmörtel*

15 *Zum Schluss müssen Sie die Anschlussfugen zu den umlaufenden Sockelfliesen dauerelastisch ausspritzen. Die Fuge dazu mit Kreppband sauber abkleben*

Schöne Türen – super Wohngefühl

Beim Einbau einer Türzarge muss überaus präzise gearbeitet werden, damit sich die Tür nachher gut öffnen und schließen lässt

VORHER

Der Türausschnitt vor der Türmontage. Bei Neubauten kann man bei der Auswahl der Tür auf die heute üblichen Standardmaße zurückgreifen

Arbeitsschritte

1 *Verschaffen Sie sich als Erstes einen Überblick über den Lieferumfang. Dann legen Sie sich die Teile der Zarge auf einem Tisch oder dem Boden zurecht*

Die Innentüren tragen ganz wesentlich zum Gesamterscheinungsbild einer Wohnung bei. Sie sollten daher, genau wie die Einrichtungsgegenstände sorgfältig ausgewählt werden. Auch der nicht so erfahrene Heimwerker darf sich den Einbau einer Tür in Eigenleistung durchaus zutrauen. Das A und O einer erfolgreichen Türmontage ist das präzise Arbeiten.

Der Türeinbau beginnt mit dem Abmessen der Wandöffnung. Neben der Breite des Türausschnitts und der Durchgangshöhe müssen Sie auch noch die Stärke der Wand abmessen. Bei neueren Häusern können Sie davon ausgehen, dass die Türausschnitte so angelegt sind, dass sie mit den gängigen Türmaßen zusammenpassen, bei Altbauten kann es jedoch auch zu Abweichungen von den Standards kommen.

Auswahl von Türblatt und Zarge

Sie erhalten Innentüren in verschiedenen Materialien. Der Handel bietet Massivholztüren an, aber auch Türen aus Holzwerkstoffen wie Spanplatten, die innen hohl sein können. Was das Design betrifft, können Sie zwischen unzähligen Modellen wählen. Haben Sie sich für ein Türblatt entschieden, müssen Sie noch eine passende Zarge dazu kaufen. Während Sie für die Auswahl der Tür nur die Messwerte für Breite und Höhe brauchen, kommt bei der Zarge der dritte Wert – die Tiefe bzw. die Wandstärke – hinzu. Schließlich müssen Sie sich noch für eine Drückergarnitur entscheiden. Greifen Sie hier nicht zu Billigprodukten, denn oft

2 *Legen Sie die drei Zargenteile aneinander. Die Verbindung in den Ecken erfolgt mithilfe von Stahlklammern (links), Doppelexzentern (Mitte) und Flachdübeln*

3 *Die Flachdübel aus Holz werden in die Schlitze der Zargenelemente eingesetzt. Tragen Sie Leim auf und fügen Sie die Teile anschließend zusammen*

4 *Auf der Zargenrückseite befinden sich Bohrungen, in die man nun die Kunststoffpfropfen der Doppelexzenter eindrückt. Dann die Schrauben festziehen*

5 *Mit dem Hammer schlagen Sie die Stahlklammern in die Nuten. Die Gehrungsschutzecken der Bekleidungen kommen in den oberen Zwischenraum*

6 *Anschließend wird das Zargengegenstück auf die gleiche Weise zusammengesetzt. Damit sind die Teile für den Einbau in die Türöffnung vorbereitet*

sind diese nicht besonders robust, und man hat nicht lange Freude daran.

Die Zarge exakt montieren

Am Anfang ist es wichtig, sich einen Überblick über den Lieferumfang der Zarge zu verschaffen. Breiten Sie alle Teile auf einem großen Tisch aus, oder legen Sie diese auf eine Decke auf den Boden. Die Zarge besteht aus zwei Seitenelementen und einem Kopfteil, die miteinander verleimt werden. Geben Sie Leim an die Flachdübel und stecken Sie sie in die vorgefertigten Schlitze. Dann setzen Sie von hinten die Doppelexzenter auf und schlagen die Stahlklammern ein. Nun können Sie die Zarge in den Ausschnitt einpassen.

Um eine Türzarge einbauen zu können, brauchen Sie eine lange Wasserwaage, Spreizen und Montageschaum. Auf die Spreizen sollten Sie auf keinen Fall verzichten, denn der Montageschaum dehnt sich während der Aushärtezeit aus. Die Spreizen setzen dieser Dehnungsbewegung den nötigen Druck entgegen.

Aus dem gleichen Grund dürfen Sie auch nicht den gesamten Hohlraum zwischen Zarge und Wand mit Montageschaum verfüllen. Setzen Sie die Düse nur punktuell an. So kann der Schaum sich zu den Seiten ausdehnen. Sie können zwischen Ein- und Zweikomponentenschaum wählen. Einkomponentenschaum bietet den Vorteil der leichteren Verarbeitung, Zweikomponentenschaum härtet dagegen schneller aus.

7 *Sind die Zargenelemente sicher miteinander verbunden, können Sie die Zarge aufrichten. Setzen Sie dann die Türscharniere in die Bohrlöcher ein*

8 *Anschließend kann die Zarge in den Türausschnitt gestellt werden. Jetzt zeigt sich, ob Sie vorher genau gemessen und präzise gearbeitet haben*

9 *Richten Sie die Zarge nun aus. Hierbei hilft eine lange Wasserwaage oder eine normale Wasserwaage mit Richtlatte. Innen- und Außenseite kontrollieren*

10 *Fixieren Sie die Zarge nach dem Ausrichten mit Keilen in der festgelegten Position. Dann werden Spreizen eingesetzt, eine im unteren Bereich, eine in der Mitte*

11 *Die Tür wird jetzt erstmals eingehängt, um zu prüfen, ob sie sich gut öffnen und schließen lässt. Falls nicht, können Sie jetzt noch Korrekturen vornehmen*

12 *Hängen Sie die Tür wieder aus und korrigieren Sie die Position der Zarge gegebenenfalls. Dann die Hohlräume zwischen Zarge und Wand ausschäumen*

13 *Lassen Sie den Montageschaum gut aushärten. Erst dann kann man die Überstände mit einem Cuttermesser bündig zu den Kanten abtrennen*

14 Sind alle Montageschaum-Überstände entfernt, können Sie die Zierbekleidung anbringen. Sie wird einfach aufgesteckt und muss fest angedrückt werden

15 Achten Sie darauf, dass die Zierbekleidung wirklich überall fest aufsitzt. Zur Kontrolle empfiehlt es sich, rundum mit der Faust noch einmal nachzuklopfen

Zum Schluss wird die Tür eingehängt. Die Präzisionsarbeit hat sich gelohnt. Die Tür öffnet und schließt ohne Probleme

TIPP TÜRBESCHLAG MONTIEREN

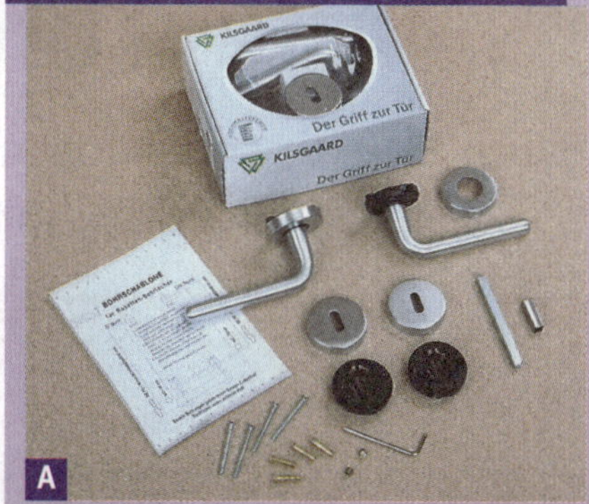

A

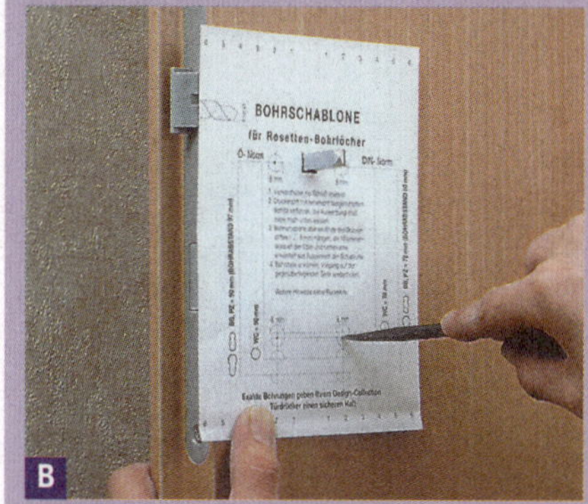

B

C

D

In Bild A sehen Sie den Beschlag. Die Packung enthält eine Bohrschablone, mit deren Hilfe Sie die Bohrlöcher exakt setzen können. Nachdem Sie die Vierkanthülse und den Drückerstift ins Schloss gesteckt haben, werden die Bohrungen mithilfe der Schablone angekörnt (B). Mit einem 8-mm-Bohrer setzen Sie die Bohrlöcher (C). Jetzt werden Türdrücker und Patentfederplatte montiert. Zum Schluss die Abdeckrosette aufschrauben.

Alte Türen mit neuem Gesicht

Haben Sie sich an Ihren alten Innentüren satt gesehen? Dann ist es Zeit für eine kreative Runderneuerung mit Farbe, Plexiglas, Spiegeln und anderen Hilfsmitteln

Als der Innenraum in einem warmen Rotton gestrichen wurde, passte die Tür optisch nicht mehr zu dem Zimmer. Das Türblatt stach als leblose Fläche heraus

Eine einfache Standardtür mit Eichefurnier sieht zwar nicht schlecht aus, wer eine kreative Ader hat, wird sich an der eintönigen Fläche aber schnell sattsehen. Zum Glück gibt es viele Möglichkeiten, ein Türblatt mit überschaubarem Aufwand aufzupeppen. Neben Farbe kommen bei den gezeigten Beispielen auch Plexiglas, Spiegel, Kunststoffpaneele und Gipsstuck zum Einsatz. Die folgenden drei Verschönerungsvorschläge zeigen Ihnen, wie vielfältig die Gestaltungsmöglichkeiten sind. Mit Sicherheit werden Sie auch schnell Ideen entwickeln, wie Sie unsere Beispiele nach dem persönlichen Geschmack variieren können.

Farbig lackierte Tür mit aufgeklebten Plexiglasplättchen

Plexiglas ist ein Material, das sich leicht bearbeiten lässt. Man kann die Platten (bis zu einer Stärke von 3 mm) problemlos mit der Stichsäge zuschneiden. Die eichefurnierte Tür wird zuerst mit einer farbigen Lackierung versehen. Hierzu sind mehrere Arbeitsgänge nötig. Zuerst schleifen Sie die Oberfläche des Türblatts an. Dann tragen Sie eine weiße Grundierung auf. Ist diese getrocknet, schleifen Sie die Fläche erneut an und lackieren zum Schluss farbig. Beim Zuschneiden der Plexiglasplatten verwenden Sie eine Zulage, die gleichzeitig als Führungsschiene dient. Das Sägeblatt muss scharf sein, damit das Glas an den Schnittkanten nicht absplittert. Stellen Sie die Säge auf mittlere Schnittgeschwindigkeit und setzen Sie den Pendelhub auf Null. Nach dem Zuschnitt ziehen Sie die Schutzfolie ab, versehen die Plättchen rückseitig mit doppelseitigem Klebeband und drücken Sie fest auf das Türblatt auf.

Plexiglasplättchen aufkleben

Plexiglas erhalten Sie in vielen verschiedenen Farben. Es lässt sich gut mit der Stichsäge zurechtschneiden, sollte dann allerdings nicht dicker als 3 mm sein

Bevor Sie die Tür streichen, muss die klar lackierte Oberfläche angeschliffen werden. Verwenden Sie 120er Schleifpapier und einen Schleifklotz

Zuerst tragen Sie mit der Lackrolle eine weiße Grundierung auf und führen einen Zwischenschliff mit 220er Papier durch. Dann folgt die farbige Lackierung

Verwenden Sie beim Zuschneiden der Plexiglasplättchen eine Zulage. Sie schützt die Oberfläche und dient als Führungsschiene für die Stichsäge

Die Rückseiten der Plättchen werden nun mit doppelseitigem Klebeband versehen. Mithilfe einer markierten Leiste positionieren Sie die Plättchen exakt

Materialmix aus Spiegeln, Plexiglas und Kunststoffpaneelen

Besonders raffiniert wirkt ein Materialmix am Türblatt. Kleben Sie zuerst die Spiegel auf. Die Fixierung erfolgt mit Montagekleber, den Sie in Streifen auf die Rückseiten geben. Wichtig ist ein exaktes Abmessen aller Abstände. Die Plexiglasplättchen schneiden Sie mit der Stichsäge zu und befestigen sie mit doppelseitigem Klebeband. Zum Schluss die mit Klebeflächen versehenen Kunststoffpaneele aufsetzen.

4 *Die Platten aus Plexiglas beschichten Sie auf der Rückseite mit Klebeband. Kleben Sie das Band unbedingt vollflächig auf, da es leicht durchschimmert*

5 *Wenn Sie das Paneel ankleben, müssen Sie die Klebstoffabdeckfolie vorsichtig und schrittweise abziehen. Achten Sie darauf, dass keine Luftblasen entstehen*

Tür mit Spiegeln

1 *Markieren Sie auf dem Türblatt die Positionen der Spiegelflächen. Achten Sie darauf, dass der Abstand zum Rand an allen vier Seiten gleich groß ist*

2 *Die Spiegel werden mithilfe von Montagekleber am Türblatt befestigt. Tragen Sie den Kleber in Streifen mit 10 cm Abstand auf die Rückseiten auf*

3 *Legen Sie die Spiegel in der gewünschten Position auf. Der Kleber ist jetzt noch flexibel. Sie können die Platte also mit dem Zollstock noch ausrichten*

Tür mit Stuckprofilen versehen

Wer Stuckdecken liebt, wird sich mit Sicherheit auch für diese Tür mit Stuckaufsatz begeistern. Im Handel erhalten Sie Gipsstuckelemente in verschiedenen Ausführungen. Die Befestigung am lackierten Türblatt erfolgt mit Montagekleber. Wollen Sie, wie auf dem Bild rechts gezeigt, auch Stuckelemente an die Wand rund um die Tür setzen, müssen Sie im Befestigungsbereich die Tapete ablösen. Auf einer Papieroberfläche würden die Stuckelemente nicht halten.

Tür mit Stuckaufsatz

1 *Zuerst wird die Tür farbig lackiert. Dann folgt der Stuckaufsatz. Beginnen Sie mit einem Eckstück. Zum präzisen Ausrichten der Teile legen Sie eine Leiste an*

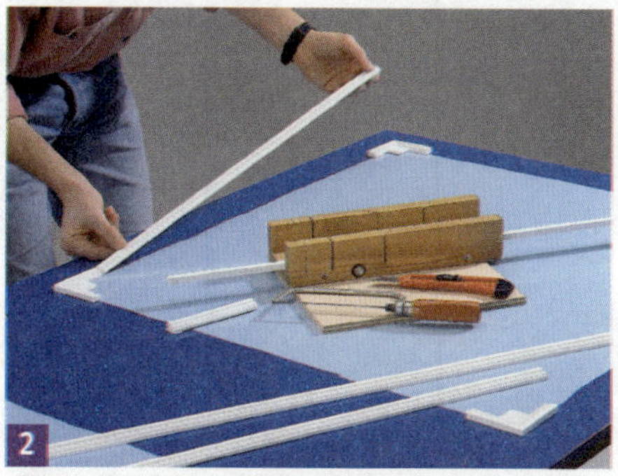

2 *Sind die Ecken aufgeklebt, kommen die Stuckleisten an die Reihe. Sie werden mit der Feinsäge rechtwinklig abgelängt. Bei der Zierkante auf Rapport achten*

3 *Feuchten Sie zum Schluss alle Nahtstellen leicht mit einem Pinsel an, und tragen Sie mit einem Spatel Gips auf. So lassen sich kleine Ritzen gut kaschieren*

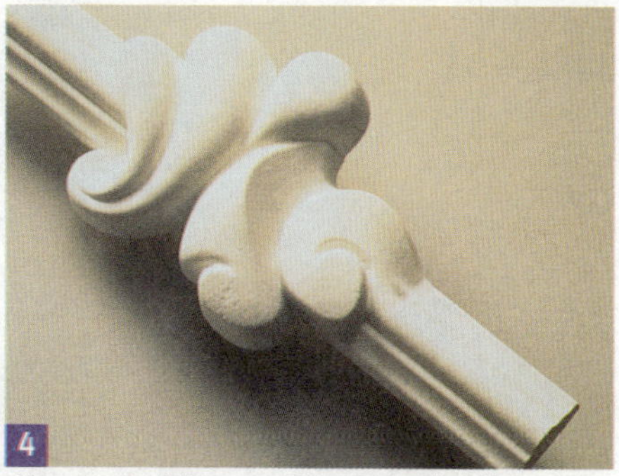

4 *Alternativ können Sie auch druckfeste Feinprofile aus Polyurethan verwenden. Sie sind wesentlich leichter als Gipsstuck und wirken täuschend echt*

TIPP ABBEIZEN

Wenn Sie eine alte Tür abbeizen müssen, können Sie mit flüssigem Abbeizer oder mit einer Heißluftpistole arbeiten. Die alte Lackschicht löst sich dann. Anschließend spachteln Sie die Fläche in mehreren Durchgängen ab. Danach kann das Türblatt geschliffen und neu lackiert werden.

Modernes Regal als Raumteiler

Das Regal aus Sperrholz und Metall bietet nicht nur Stauraum – richtig positioniert lässt es sich als Trennung zwischen Arbeitsplatz und Wohnbereich einsetzen

In kleineren Wohnungen ist es keine Seltenheit, dass Räume mehrfach genutzt werden, beispielsweise als Arbeits- und Wohnzimmer. Um sich in den vier Wänden wohl zu fühlen, empfiehlt es sich, die verschiedenen Nutzungsbereiche klar voneinander zu trennen. Als symbolische Trennlinie eignen sich Regale besonders gut. Im gezeigten Beispiel beherbergt das aus Metallprofilen und Birkensperrholz errichtete Regal noch ein Aquarium, das hier besonders gut untergebracht ist, weil man von beiden Seiten hineinsehen kann. Neben seiner Funktion als Trennwand dient das Regal mit eingebautem Schrank natürlich auch noch der Aufbewahrung von Büchern, Arbeitsmaterialien etc. Mithilfe des Systems aus Aluprofilen ist es schnell errichtet.

Links wird gearbeitet, rechts entspannt – das Regal markiert die Linie zwischen zwei verschiedenen Wohnbereichen

100 Kilogramm Last sind für das Profilgerüst kein Problem

Obwohl die Profile aus Aluminium sehr leicht sind, halten Sie doch großen Belastungen stand. Das müssen Sie im gezeigten Fall auch, denn das abgebildete Aquarium mit den Maßen 80 x 40 x 30 cm fasst 96 Liter Wasser und ist alles in allem gute 100 Kilogramm schwer. Und die anderen im Regal untergebrachten Gegenstände wiegen schließlich auch noch eine Menge.

Einen schönen Kontrast zu dem kühlen Metall stellen die Borde und der Schrankkorpus aus Birken-Sperrholz dar. Das mehrschichtige Holz besitzt sehr dekorative Kanten, die Sie noch schöner herausarbeiten können, wenn Sie sie mit dem Fasenfräser abrunden.

Die Rahmenbretter des Schrankorpus werden auf Gehrung geschnitten. Für die Verbindung braucht man Flachdübel. Haben Sie Schlitze für die Dübel in die Kanten gesetzt, können Sie Leim aufgeben und die Bretter aneinandersetzen. die Rückwand des Schranks sitzt in einer umlaufenden Nut. Haben Sie die Korpusteile zusammengefügt, prüfen Sie den Kasten auf Rechtwinkligkeit. Stimmen die Winkel, kann der Korpus verspannt werden. Wenn Sie keine Gurte zur Hand haben, tut es alternativ auch ganz normales Paketklebeband.

Die Türen erhalten Topfscharniere, die sich besonders leicht anbringen lassen. Mit dem Forstner-Bohrer setzen Sie in jede Tür zwei 35-mm-Sacklöcher. Die Scharniere müssen nur noch eingedrückt werden, denn eine Spreizmechanik bewirkt, dass sie in den Löchern fest verspannt werden. Der Schrankkorpus erhält als Gegenstücke zu den Scharnieren vier Montageplatten. Ermitteln sie deren Position und zeichnen Sie an, wo gebohrt werden muss. Haben Sie die Bohrlöcher angefertigt, können Sie die Platten anschrauben. Wenn Sie für die Türen keine Griffe kaufen möchten, können Sie, wie in unserem Baubeispiel gezeigt, auch einfach zwei Grifflöcher bohren. Auch hier kommt wieder der Forstner-Bohrer mit 35-mm-Aufsatz zum Zuge.

Die für den Regalbau verwendeten Metallprofile gehören einem umfassenden System an (siehe auch Kasten Seite 109). Neben den verschiedenen Profilen gehören zu die-

Schrank und Borde bauen

1 *Schneiden Sie die Borde nach Maßangaben zu. Dann setzen Sie mit dem Forstner-Bohrer 40-mm-Löcher für die Stützen in die Ecken. Zulage verwenden*

3 *Gehrungsschnitte, die Sie beispielsweise für die Vorderkanten brauchen, können Sie mit der Handkreissäge anfertigen. Legen Sie dazu eine Führungsschiene an*

2 *Die Sperrholzplatten aus Birkenholz besitzen aufgrund ihrer Mehrschichtigkeit eine dekorative Kante. Fasen Sie die Ränder daher mit dem Fasenfräser*

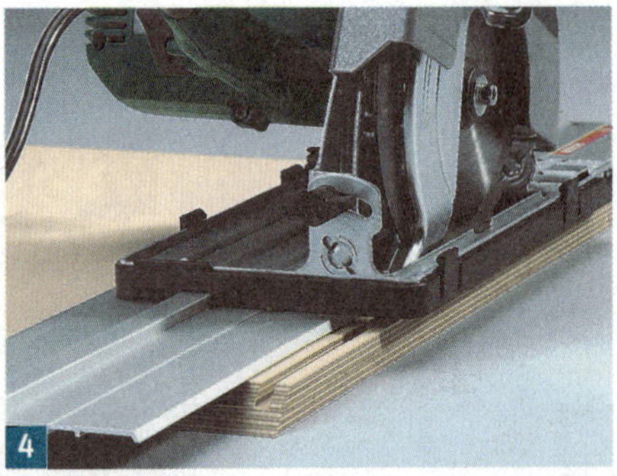

4 *Die Rückwand des Schranks wird in eine Nut gesetzt, die Sie ebenfalls mit der Handkreissäge herstellen. Wieder müssen Sie eine Führungsschiene anlegen*

5 *Bei Verbindungen auf Gehrung müssen Sie Flachdübel verwenden. Fräsen Sie Schlitze in die Kanten, doch nicht, ohne vorher einen Anschlag zu bauen*

6 *Leim auftragen, Dübel einstecken und die Rahmenteile des Schranks zusammensetzen. Zum Verspannen der Konstruktion verwenden Sie Gurte oder, wie hier gezeigt, einfaches Paketband*

7 Verschrauben Sie nun die Montageplatten für die Scharniere. Platte positionieren, Bohrloch anzeichnen, bohren und dann die Montageplatte montieren

8 Mit dem 35-mm-Forstner-Bohrer stellen Sie die Sacklöcher für die Topfscharniere her. Die Scharniere einfach eindrücken. Eine Spreizmechanik gibt genügend Halt

Regalaufbau

1 Versehen Sie die Profile mit Stellfüßen und Kappen. 35er-Profile dienen als Zargen. Anschließend können Sie den ersten Sperrholzboden auflegen

2 Bringen Sie nun an den vier hohen Profilen in gleicher Höhe 10er-Bodenbefestigungen an. Eine angehaltene Leiste sorgt für einen immer gleichen Abstand

3 Ziehen Sie einen der kleinen Böden von oben über die vier hohen Profile. Die zuvor montierten Bodenbefestigungen fixieren das Bord in gewünschter Höhe

4 Als unteren Abschluss für den nächsten Boden bringen Sie 70er-Zargenprofile an. Verschrauben Sie die Verbinder um Plattenstärke nach unten versetzt

sem System auch Kappen, Verbinder, Stellfüße und alle möglichen Ergänzungen, die man braucht, um die Profile im Möbelbau einzusetzen.

Bedenken Sie, dass die Regalkonstruktion aus Aluminium nicht ganz billig ist. Wer dafür beim Holz ein wenig sparen möchte, kann statt des Sperrholzes auch MDF-Platten verwenden. Im Gegensatz zu Sperrholz ist MDF auch leichter zu bekommen. Sie erhalten die Platten in jedem Baumarkt in verschiedenen Farben und Größen.

Wenn Sie die Borde nach den angegebenen Maßen zugeschnitten haben, versehen Sie sie mit Löchern für die Alurohre. Die kleinen Borde erhalten je vier Löcher – in jeder Ecke eines, die langen Borde dagegen sechs. Damit sich die Borde leicht über das Rohrgerüst streifen lassen, gibt man etwas Spiel hinzu. Die Rohre haben einen Durchmesser von 38 mm, die Löcher sind 40 mm breit.

5 *Wenn Sie den Regalboden auflegen, sollten die Kappen der kurzen Profile mit der Platte auf einer Höhe abschließen. Wieder Bodenbefestigungen montieren*

Oberflächenbehandlung der Borde mit Acryl-Klarlack

Wird ein Regal viel genutzt – das heißt, Gegenstände herausgenommen und wieder hineingelegt – sollten die Borde eine strapazierfähige Oberfläche haben. Verwenden Sie in diesem Fall am besten Acryl-Klarlack. Nach dem ersten Anstrich erfolgt ein Zwischenschliff. Danach wird entstaubt und ein zweites Mal gestrichen.

6 *Das oberste Bord des Regals erhält keine Bodenbefestigungen, sondern, wie die langen Böden, einen Zargenrahmen als Auflage. Verwenden Sie 35er-Profile*

7 *Der Schrank erhält insgesamt acht seitliche Befestigungen. Der Boden schwebt später über dem untersten Bord. Bei der Montage Leisten als Stützen unterlegen*

8 *Der Schrankkorpus ist befestigt. Jetzt fehlen nur noch die Türen. Die eingesteckten Topfscharniere können Sie an die Montageplatten anklipsen*

9 *Sie können die beiden Türen mit aufschraubbaren Griffen versehen. Einfacher und billiger ist es jedoch, Grifflöcher anzufertigen. Setzen Sie mit dem 35-mm-Forstner-Bohrer je ein Loch*

Materialliste

Maße in mm

Birke-Sperrholz 18 stark: 4x 520 x 425 (Regalböden kurz), 2x 1385 x 425 (Regalböden lang), 2x 785 x 425 (Kopf-/Bodenplatte), 2x 500 x 425 (Seiten), 2x 374 x 462 (Türen), 1 Reststück (Anschlag Türen); Birke-Sperrholz 6,5 stark: 1x 759 x 474 (Rückwand).

***Profile:** 4x R38 1800 lang, 2x R38 700 lang; 2x V21x70 800 lang, 2x V21x70 400 lang, 3x V21x70 300 lang; 2x V21x35 800 lang, 4x V21x35 400 lang, 5x V21x35 300 lang, 8x S14x6 L35; Blenden: 14x V21x70, 22x V21x35; Verbinder: 50x S28, 8x P35; Kappen: 6x R38, 6xR38B; Bodenträger: 12x R10G.*

***Sonstiges:** 4 Intermat-Scharniere für innenliegende Türen*

Regalgerüst aus Aluminiumprofilen

Die Aluminiumprofile, die für das hier gezeigte Regal verwendet wurden, gehören alle zum selben System. Für die senkrechten Verstrebungen benutzte man das Rundprofil R38, für die Zargen dagegen die rechteckigen Varianten V21x70 und V21x35. Die Metallprofile lassen sich problemlos auf die gewünschte Länge bringen. Um Abschlüsse oder Verbindungen zu anderen Profilen herzustellen, brauchen Sie Systemergänzungen, wie die in den unteren Bildern gezeigten Kunststoffkappen, Stellfüße und Verbinder. Praktisch: Müssen Sie umziehen, ist das Regal schnell demontiert.

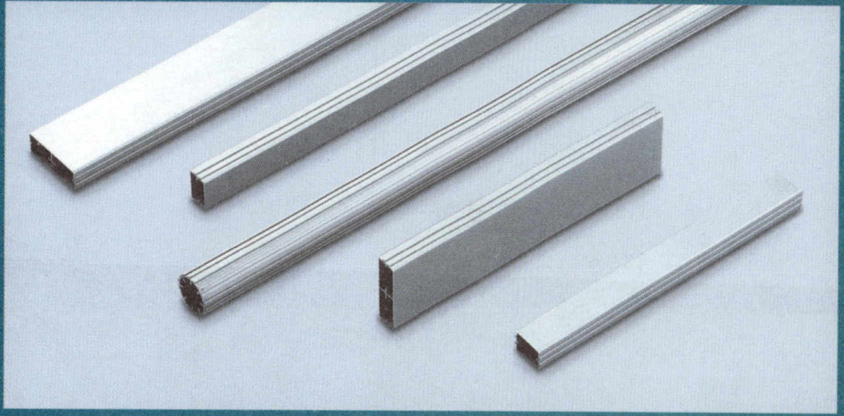

Von links sehen Sie hier V21x70, V21x35 und das Rundprofil R38

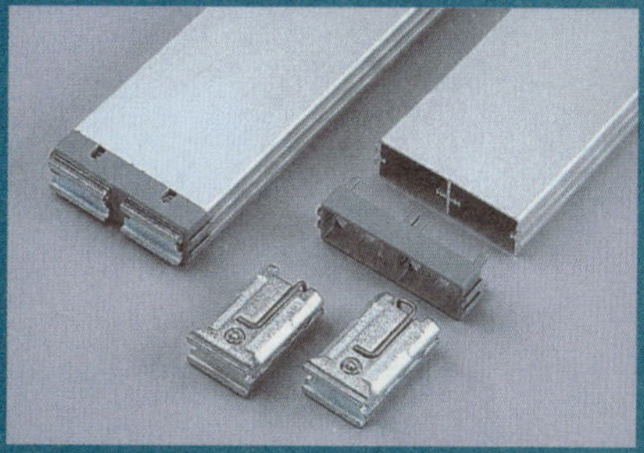

Als Zarge eingesetzt erhalten die Profile Blenden und S28-Verbinder

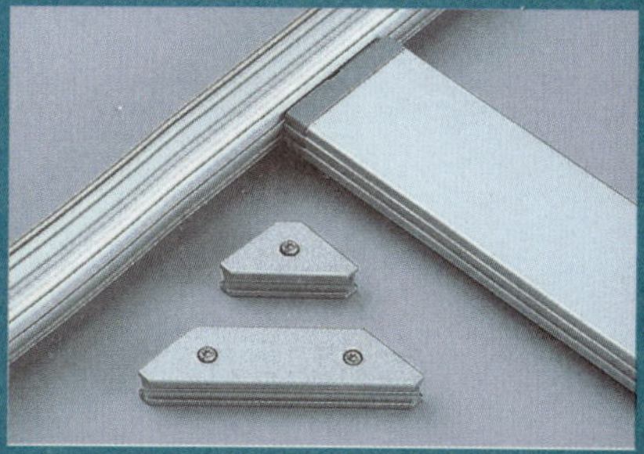

Zur Stabilisierung von Winkeln verwenden Sie W35x35 und W70x70

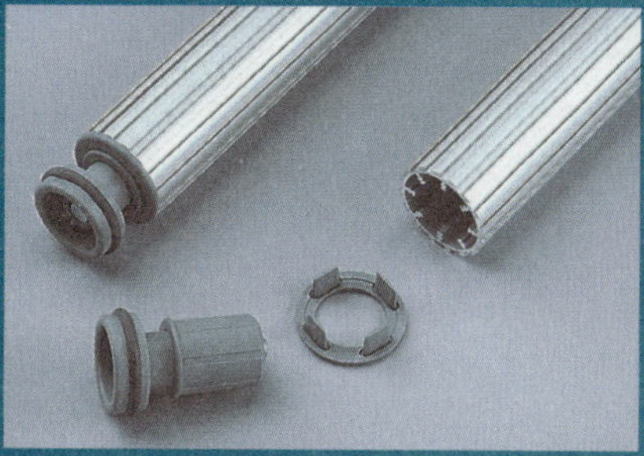

Den unteren Abschluss von R38 bilden Kappe B und Stellfuß R32 G

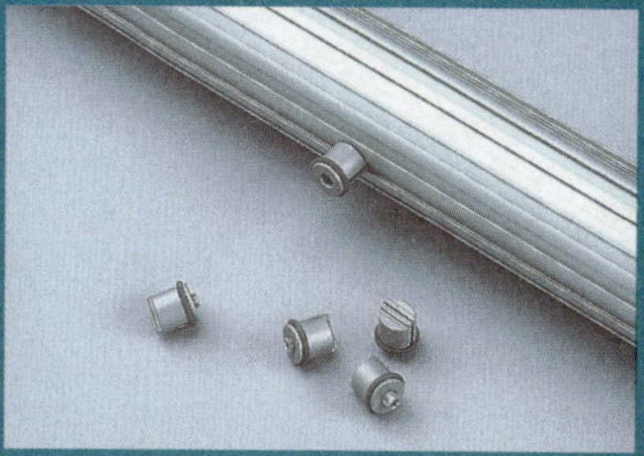

Befestigung R10 G ist als Bordträger am Rundprofil frei positionierbar

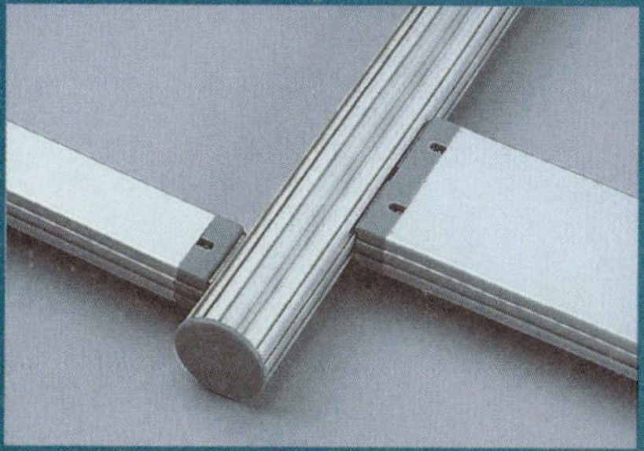

R38 mit zwei anschließenden Zargenprofilen V21x70 und V21x35

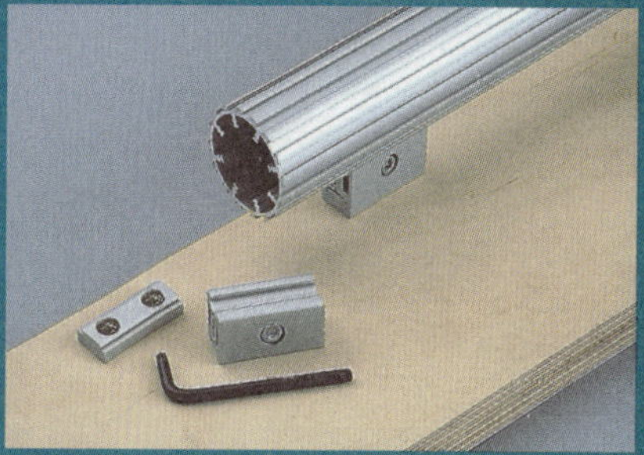

Auch für die Befestigung von Profilen an Flächen erhalten sie Verbinder

Regal mit Schwung

Das halbhohe Regal aus Biegesperrholz und schwarzen MDF-Platten bietet Zugriff von zwei Seiten. Die Konstruktion kann auch der ungeübte Heimwerker bewältigen

In der Zimmermitte platziert macht sich das Regal aus Biegesperrholz besonders gut. Es kann so auch eine Raumteilerfunktion übernehmen

Das elegante Regal aus Biegesperrholz ist erstaunlich schnell konstruiert. Sie brauchen nur ein Minimum an Material und Werkzeug. Neben der 6,5 mm starken Sperrholzplatte benötigen Sie noch MDF, das Sie in unterschiedlichen Farben erhalten. Schneiden Sie zuerst die Böden und die Abdeckplatte nach den angegebenen Maßen aus. Dann geht es an die Bearbeitung des Biegesperrholzes.

Schlitze erst vorbohren, dann mit der Stichsäge ausschneiden

Als Unterlage eignen sich Böcke. Wenn es allerdings ans Aussägen geht, sollten Sie die Sperrholzplatte auf eine stabile Leistenunterlage legen, sodass es beim Herstellen der Schlitze nicht brechen kann. Wenn Sie die Positionen der Schlitze markiert haben, setzen Sie die ersten Löcher mit einer Bohrmaschine. Erst dann greifen Sie zur Stichsäge ohne Pendelhub. Verwenden Sie für diese Arbeit ein fein gezahntes Sägeblatt, damit die Ränder nicht zu sehr ausfransen. Die Schlitze lassen sich hiermit präzise ausschneiden. Mit 120er-Schleifpapier werden die Schnittkanten anschließend gebrochen.

Arbeitsschritte

1

Der Zeichnung entnehmen Sie die Positionen der Schlitze und zeichnen Sie auf dem Sperrholz an. Mit der Bohrmaschine bohren Sie die Schlitze zunächst auf

2

Danach kommt die Stichsäge ohne Pendelhub zum Einsatz. Die Schlitze werden nun präzise ausgesägt. Die Platte sollte dabei auf stabilen Leisten aufliegen

Oberflächenbehandlung mit Schleifpapier und Holzwachs

Weiter geht es mit der Oberflächenbehandlung. Dazu schleifen Sie die gesamte Sperrholzfläche mit einem feinen Schleifpapier an und tragen anschließend mit einem Pinsel Holzwachs auf. Ist der zweite Auftrag getrocknet, können Sie mit einem Ballen matte Stellen noch einmal nacharbeiten. Achten Sie darauf, dass die Stellen, an denen später die Eckverbinder gesetzt werden sollen, wachsfrei bleiben. Die Eckverbinder werden mit dem Sperrholz verleimt und dann mithilfe von Zwingen festgespannt, bis der Leim ausgehärtet ist.

Bodenfixierung mit Eckverbindern

Jetzt können die Regalböden durch die Schlitze geschoben werden. Richten Sie die Platte so lange aus, bis sie einen gleichmäßigen Schwung zeigt. Dann können Sie die Böden von unten durch die Eckverbinder mit Schrauben fixieren. Zum Schluss setzen Sie die Abdeckplatte auf und richten auch Sie aus. Die Fixierung erfolgt wie bei den Böden von unten durch die zuvor montierten Eckverbinder.

3

Mit 120er-Schleifpapier können Sie die Kanten anschließend brechen. Im nächsten Arbeitsgang schleifen Sie die komplette Fläche mit einem feineren Papier

4

Nach dem Schleifen tragen Sie mit einem Pinsel zweimal Holzwachs auf. Ist das Wachs getrocknet, lassen sich matte Stellen mit einem Ballen nacharbeiten

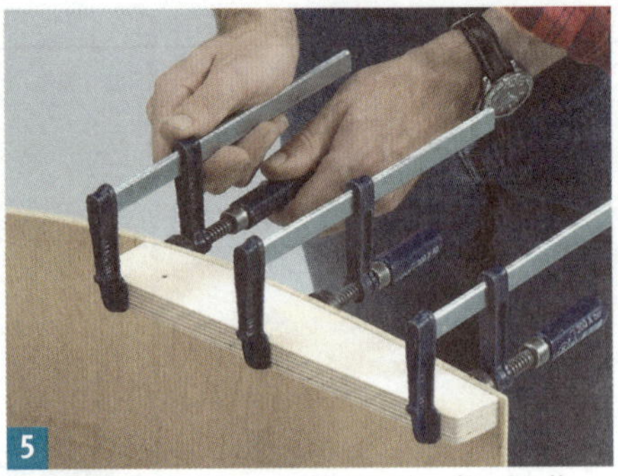

5

Beim Einwachsen sollten Sie die Stellen aussparen, an denen die Eckverbinder gesetzt werden. Diese verleimen Sie bündig mit dem Sperrholz. Festspannen

6

Haben Sie die Böden durch die Schlitze geschoben, wird die Sperrholzwelle ausgerichtet. Verschrauben Sie die Böden von unten durch die Eckverbinder

Das Regal aus Biegesperrholz ist fertig. Auf einer Seite besitzt es vier Fächer, auf der anderen zwei. Die Abdeckplatte bietet darüber hinaus noch jede Menge Ablagefläche

TIPP BIEGESPERRHOLZ

A

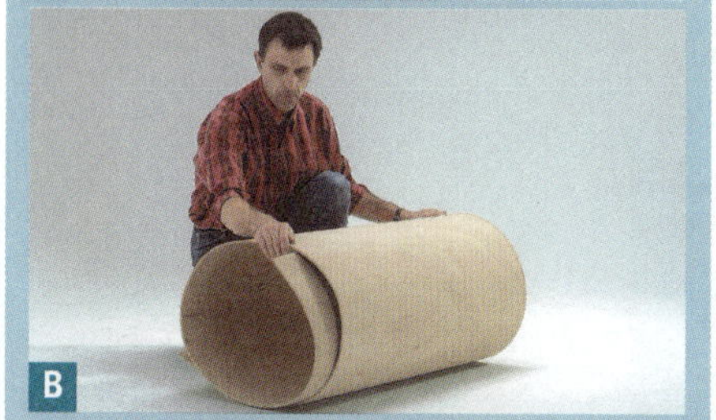
B

C

Sie erhalten Biegesperrholz in verschiedenen Stärken: in 4,5, 6,5, 8,5, 12 und 14,5 mm. Für das Regal wurde eine 6,5 mm dicke Platte verwendet, die – wie die Bilder zeigen – erstaunlich flexibel ist. Auch eine 8,5-mm-Platte lässt noch einen Biegeradius von 100 mm zu. Das Sperrholz ist in den Maßen 2.500 x 1.700 mm als Hoch- oder Querformat erhältlich. Es besteht aus zwei Deckfurnieren und einem zwischengelegten Messerfurnier. Denken Sie daran, dass Sie zum Bearbeiten eine stabile Unterlage brauchen.

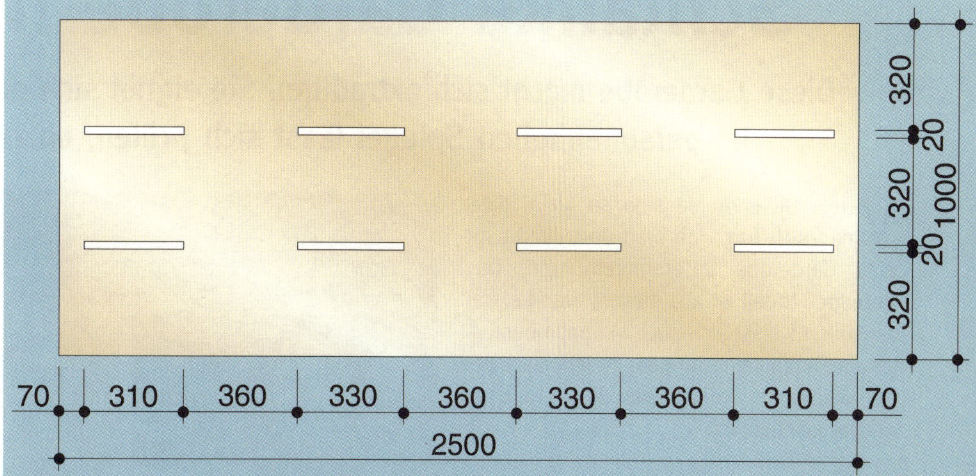

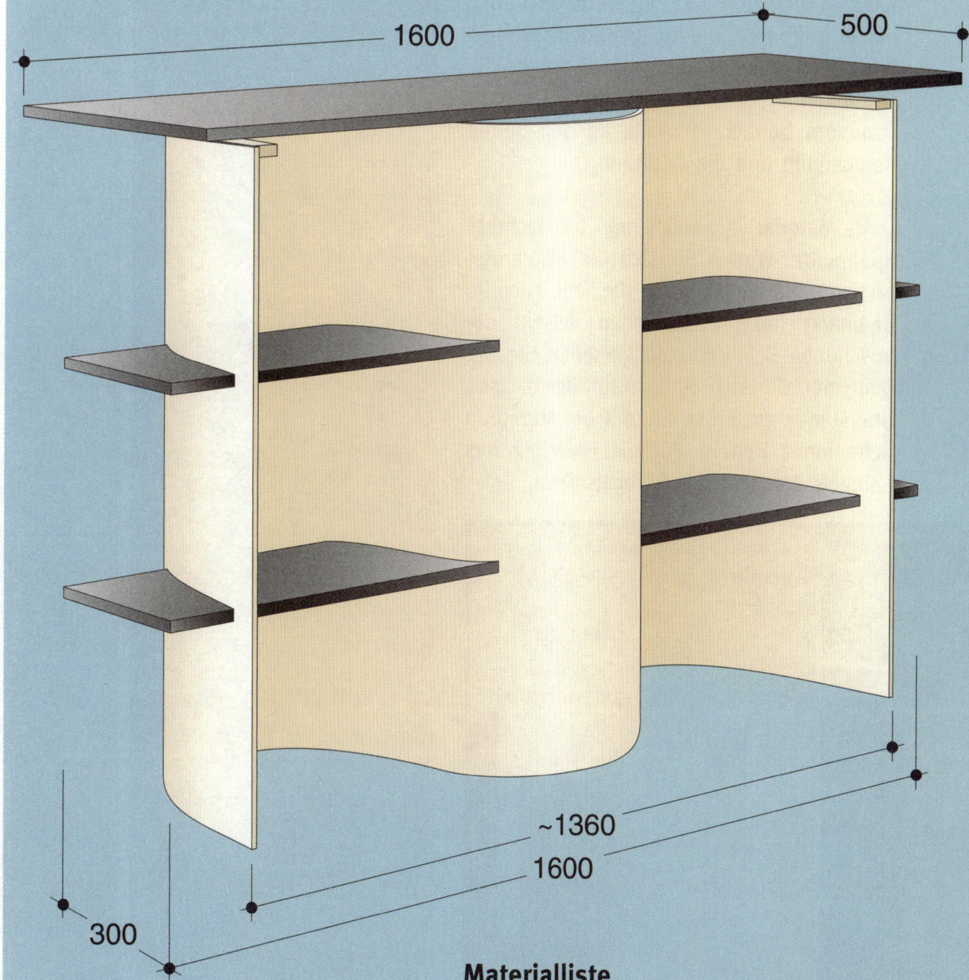

Materialliste

Maße in mm

MDF 19 dick (Topan Black): 1 Abdeckplatte 1600 x 500, 2 Einschiebeböden 1600 x 300; Biegesperrholz 6,5 dick: 1 Stützwand 2500 x 1000; Multiplex 18 dick: 2 Eckverbinder 285 x 50; Spanplatten-Schrauben; Holzleim.

Schlanke Garderobe mit Spiegel

Diese Garderobe macht sich extradünn. Sie eignet sich daher auch für schmale Dielen. Im personenhohen Spiegel lässt sich prüfen, ob die Kleidung richtig sitzt

Viele Dielenräume sind so klein, dass man sich fragt, ob man dort überhaupt eine Garderobe unterbringen kann. Das gezeigte Modell ist aus diesem Grund extraschlank. Es lässt sich auch in knapp bemessenen Fluren unterbringen. Zudem lässt der personenhohe Spiegel den Raum optisch größer erscheinen.

Hinter der Spiegelplatte bringen Sie nicht nur Jacken unter, sondern auch Kopfbedeckungen, Taschen, Schirme und Schuhe. Alles ist gleichzeitig gut versteckt und doch immer griffbereit. Die Ablageböden springen übrigens auf jeder Seite 10 cm hinter die Seitenkanten des Spiegels zurück, sodass von vorn betrachtet nichts an den Seiten herausquillt und die Optik stört.

Als Material verwendet man beschichtete Spanplatte. Wollen Sie sich die Sägearbeit ersparen, können Sie sich die Teile auch im Baumarkt fertig zuschneiden lassen. Die unschönen Schnittkanten versehen Sie mit Umleimer, der sich einfach aufbügeln lässt. Überstände entfernen Sie mit der stumpfen Seite eines Beitels. Für die Fixierung des Spiegels brauchen Sie Spiegelsilikon.

Jacken, Schuhe und Taschen verschwinden hinter der Spiegelfläche und fallen so nicht unangenehm ins Auge. Die Spiegelfläche vergrößert den Raum optisch

Arbeitsschritte

1
Sägen Sie die Bauteile aus weißer MDF-Platte zu. Dann bügeln Sie Umleimer auf die Schnittkanten. Legen Sie ein Papier zwischen Umleimer und Bügeleisen

2
Zum Abtrennen des Überstands brauchen Sie einen Beitel. Führen Sie die stumpfe Seite des Beitels an den Kanten entlang. So entsteht ein sauberes Bild

3
Mit dem Forstner-Bohrer setzen Sie nun Sacklöcher in die beiden Auflager, in die später die Stange eingesetzt werden soll. Durchmesser der Stange anpassen

4
Bohren Sie dann die Schraublöcher an allen Teilen vor. Senken Sie die Bohrlöcher leicht an, damit die Köpfe der Schrauben in den Löchern verschwinden

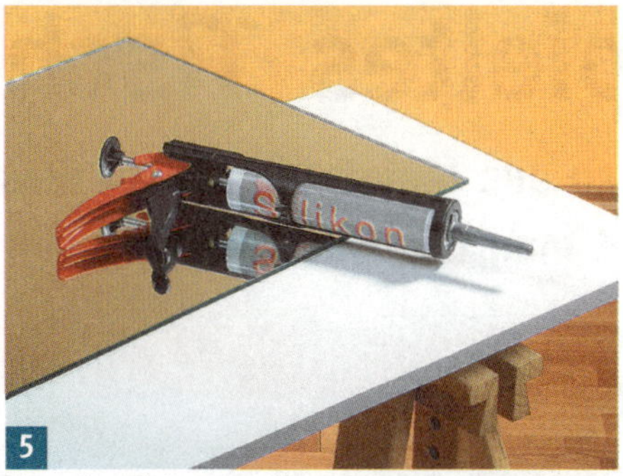

5
Für die Fixierung des Spiegels brauchen Sie spezielles Spiegelsilikon. Tragen Sie das Silikon in Längsbahnen im Abstand von etwa 15 cm auf die Fläche auf

6
Die Ablageplatten mit Auflagern werden im nächsten Schritt an der Spiegelplatten-Rückseite festgeschraubt. Dann übrige Auflager und Stange montieren

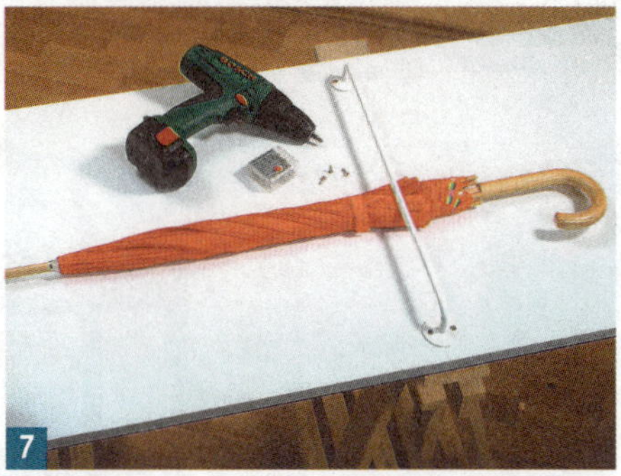

7
Ein besonderer Clou ist der Haltebügel für Schirme, den man an der Spiegelrückseite anbringen kann. Die Schirme brauchen so nur ein Minimum an Platz

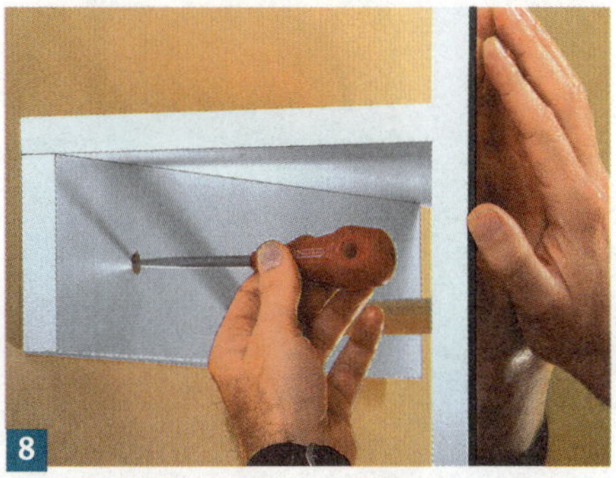

8
Die schlanke Garderobe hat nur wenig Standfläche und muss aus diesem Grund unbedingt an der Wand befestigt werden. Löcher bohren und andübeln

Materialliste

Maße in mm
Spanplatte 19 dick,
weiß beschichtet:
1 Spiegelplatte 1970 x 600,
2 Ablagebretter 400 x 250,
4 Auflager 400 x 100;
1 Kristallspiegel silber,
Kanten poliert,
6 dick, 1968 x 600;
1 Schrankrohr Ø 25 - 30 x 230
(in Auflager einlassen);
Umleimer; Spanplatten-Schrauben; Holzleim.

Verspieltes Tischchen

Ein einfacher Beistelltisch aus Metall bildete die Basis für diesen dekorativen Schachspielplatz. Wendet man die Platte, kommt ein Mühlebrett zum Vorschein

Passionierte Spieler werden ihre wahre Freude an diesem Tisch haben. Ob Schach, Dame oder Mühle – der Spieltisch ist für alles gerüstet. Die Platte ist nur lose aufgelegt und lässt sich mit einem Handgriff wenden. Auch an die Unterbringung der Spielfiguren wurde gedacht. In drei übereinander gestapelten Dosen unterhalb der Platte lässt sich alles geordnet verstauen.

Spielpläne wahlweise aus Papier oder Holzintarsien

Beginnen Sie mit der Herstellung der neuen Tischplatte. Wenn Sie sich für die Variante mit Papier-Spielplänen entschieden haben, schneiden Sie die Platte einfach aus 18-mm-Kiefernholz zu. Reißen Sie den Kreis von 595 mm Durchmesser an, und schneiden Sie anschließend mit der Stichsäge entlang der vorgezeichneten Linie. Fotokopieren Sie den Schach- und Mühleplan einer Spielsammlung und ziehen Sie mithilfe einer Leiste und eines Cutters exakte Schnittlinien an allen Seiten. Die Fixierung der Spielpläne auf der Holzplatte erfolgt mit Sprühkleber. Mit einer Walze drücken Sie das Papier gut an. Zum Schluss wird lackiert.

Papier-Spielpläne

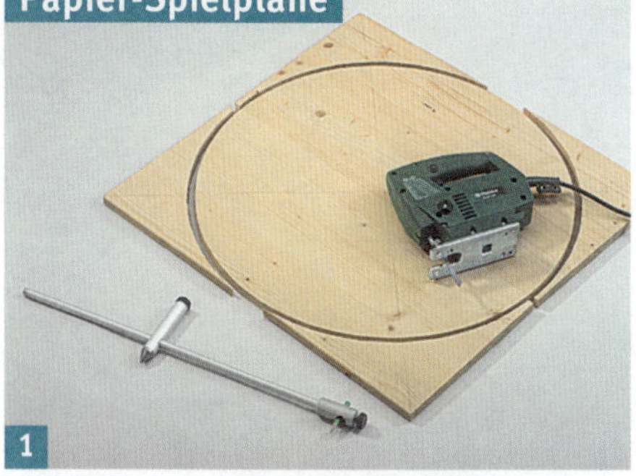

1

Haben Sie sich für die Variante mit aufgeklebten Papierspielplänen entschieden, schneiden Sie aus einer 18-mm-Nadelholzplatte einen Kreis von 595 mm aus

2

Das Schach- und Mühlebrett einer Spielesammlung dienen als Kopiervorlagen für die Papierspielpläne, die mit Leiste und Cutter exakt zugeschnitten werden

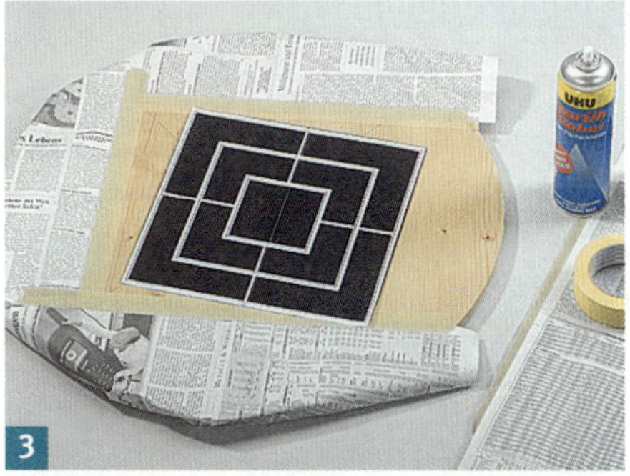

3

Der Spielplan wird nun mit Sprühkleber fixiert. Kleben Sie die restliche Holzfläche ab und besprühen Sie sowohl das Holz als auch die Papierrückseite

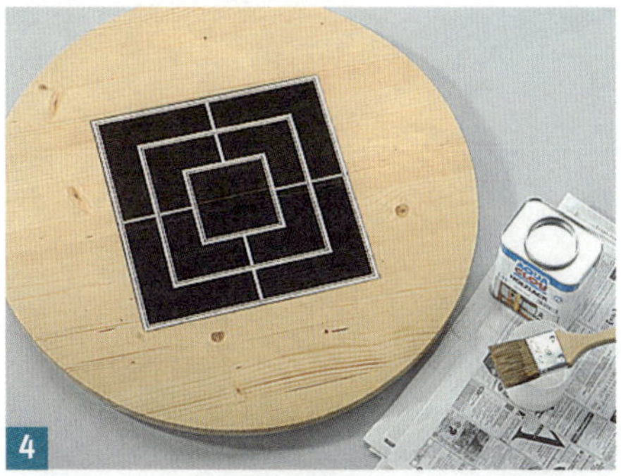

4

Lassen Sie den Kleber 15 Minuten ablüften und drücken Sie den Spielplan dann mit einer Walze oder der Sprühdose an. Danach erste Lackschicht auftragen

Intarsien-Spielpläne

1

Für die Spielpläne brauchen Sie neben den naturbelassenen auch schwarze Leisten. Streichen Sie diese vor dem Ablängen der Einzelteile mit einer Lacklasur

2

Verleimen Sie die dunklen und hellen Plättchen so, dass die Maserung rechtwinklig zueinander steht. Nach dem Aufkleben jeder Reihe mit Zulage pressen

3

Das Mühlebrett beginnen Sie mit dem Innen-Quadrat. Die dunklen Leisten stoßen in den Ecken stumpf aufeinander. Weitere Teile wie gezeigt zuschneiden

4

Sind alle Leisten mit der Trägerplatte verklebt, reißen Sie den Umriss der Tischplatte an und schneiden den Kreis anschließend mit der Stichsäge aus

5

Mit Schleifpapier können Sie den Rand nun brechen und glätten. Schleifen Sie auch die Plattenflächen rund um den Spielplan mit Papier und Schleifklotz an

6

Die Platte wird zum Schluss von beiden Seiten in zwei Arbeitsgängen (mit Zwischenschliff) mit einem wasserlöslichen Seidenglanz-Holzlack bestrichen

Wesentlich aufwändiger ist die Herstellung von Intarsien-Spielplänen. Sie wirken dafür um einiges eleganter. Da Sie für die Spielpläne helles und dunkles Holz brauchen, müssen Sie einige der Intarsienleisten einfärben. Verwenden Sie dazu am besten eine Lacklasur. Lasieren ist einfacher als Beizen, und die Maserung des Holzes bleibt auch durch die Lasur erkennbar.

Achten Sie beim Aneinandersetzen der Plättchen darauf, dass die Maserung zweier benachbarter Teile immer rechtwinklig gegeneinander läuft. Zwischendurch sollten Sie immer wieder Zwingen ansetzen und die bisher verlegten Plättchen gut an die Trägerplatte aus MDF anpressen. Verwenden Sie eine Zulage. Das Schachbrett beginnen Sie mit zwei Seitenleisten und kleben dann Reihe für Reihe auf. Den Abschluss bilden die beiden restlichen Seitenleisten. Beim Mühlebrett beginnen Sie dagegen mit dem inneren Quadrat und arbeiten sich von dort nach außen. Bild 3 und die Zeichnung zeigen Ihnen, wie Sie die Leisten zuschneiden müssen, um den Mühle-Spielplan lückenlos zusammensetzen zu können.

Sind alle Leisten nach Angabe verleimt, schneiden Sie aus der Platte mit der Stichsäge einen Kreis aus. Den Rand glätten Sie mit Schleifpapier. Auch die Plattenflächen erhalten rund um die Spielpläne einen Anschliff. Anschließend wird lackiert, am besten zweimal mit Zwischenschliff.

Spielfigurendosen aus CD-Haltern

Die drei Dosen für die Spielfiguren werden aus zwei CD-Haltern der hier gezeigten Ausführung hergestellt. Nachdem man die Kunststofffüßchen entfernt hat, schneidet

TIPP BRANDSPUREN

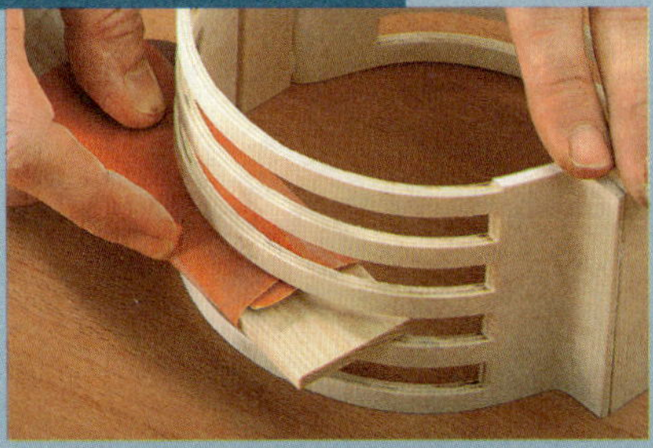

Kleine Schönheitskorrekturen: Weisen die gefrästen Schlitze der CD-Halter Brandspuren auf, können Sie diese mit Sandpapier entfernen, das um eine Leiste gespannt wird.

Spielfigurendosen

1 *Zur Anfertigung der Dosen brauchen Sie zwei CD-Halter in oben gezeigter Ausführung. Entfernen Sie die Füßchen und die breiteren Stege an den Enden*

2 *Messen Sie die Länge der einzelnen Elemente nach den Angaben in der Zeichnung ab. Zum Ablängen der sechs Dosenhälften brauchen Sie eine Feinsäge*

3 *Längen Sie nun die Halteleisten für die Dosen ab. Von einer Fichtenleiste werden 95 mm lange Stücke abgeschnitten. Oben mit 2-mm-Fasen versehen*

4 *Sind die CD-Halter lackiert, müssen Sie die Stellen, an denen Leim aufgetragen werden soll, vorher abschleifen. Ein Distanzbrett sorgt für präzise Fixierung*

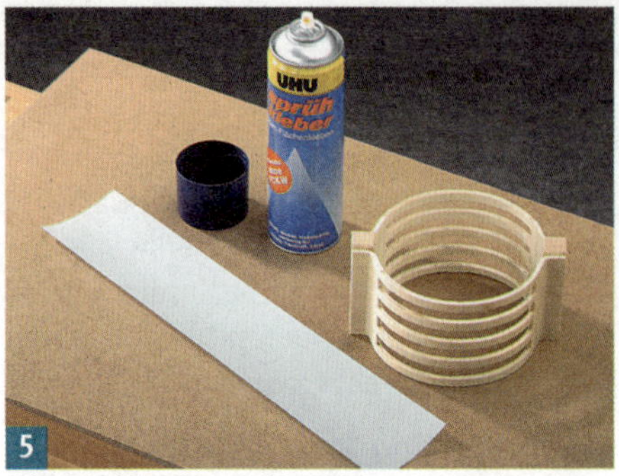

5 *Die Verkleidung der Dosen besteht aus DIN-A3-langen Pergamentstreifen. Die Befestigung erfolgt mit Sprühkleber, den man auf Pergament und Holz aufträgt*

6 *Setzen Sie den Anfang des Pergamentstreifens an eine geschlossene Stelle der Dose und drücken Sie ihn dann behutsam an der gesamten Innenseite an*

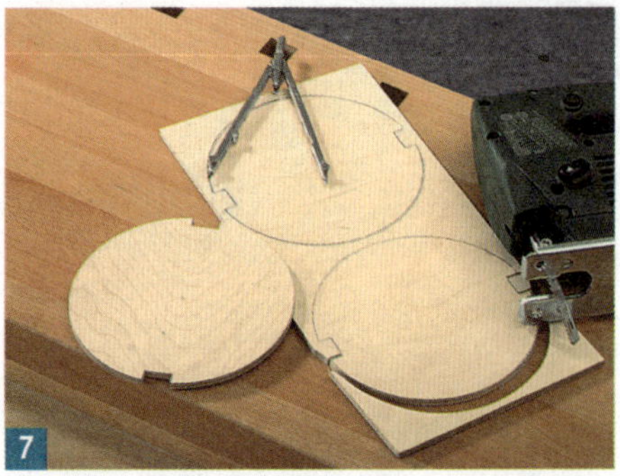

7 *Die Dosenböden reißen Sie nach den Maßangaben in der Zeichnung an und schneiden Sie mit der Stichsäge aus. Anschließend mit einer Lacklasur streichen*

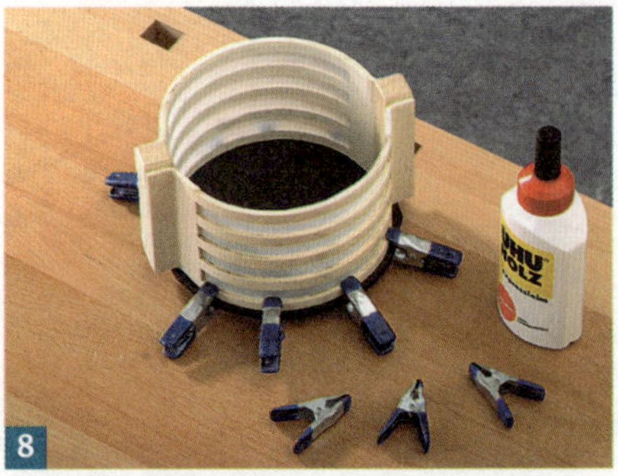

8 *Sind die Böden getrocknet, können sie mit den Halteleisten verleimt werden. Mithilfe kleiner Fixierungsklammern pressen Sie die Konstruktion zusammen*

Vorbereitung des Tisches

1 *Sagt Ihnen die Originalfarbe des Tisches nicht zu, können Sie ihn mit Sprühlack umfärben. Hier wurde aus dem ehemals grün gefärbten Tisch ein schwarzer*

2 *Damit die wendbare Platte später nicht verrutscht, kleben Sie drei Kunststoffplättchen (beispielsweise die Füßchen der CD-Halter) auf die Metall-Tischplatte*

man sechs Dosenhälften zu. Jede Dose erhält zwei 95 mm lange Halteleisten aus Fichtenholz. Hat man je zwei Dosenhälften und zwei Halteleisten miteinander verleimt, kann die Verkleidung aus Pergament eingeklebt werden. Schneiden Sie nun die Böden aus und leimen Sie sie an der Unterseite an.

Der Metalltisch muss jetzt noch vorbereitet werden. Mithilfe von Sprühlack lässt er sich ohne großen Aufwand umfärben. Auf die Metallplatte kleben Sie drei Kunststoffplättchen, damit die Holzplatte später nicht verrutschen kann. Hierfür lassen sich die Füßchen der CD-Halter verwenden.

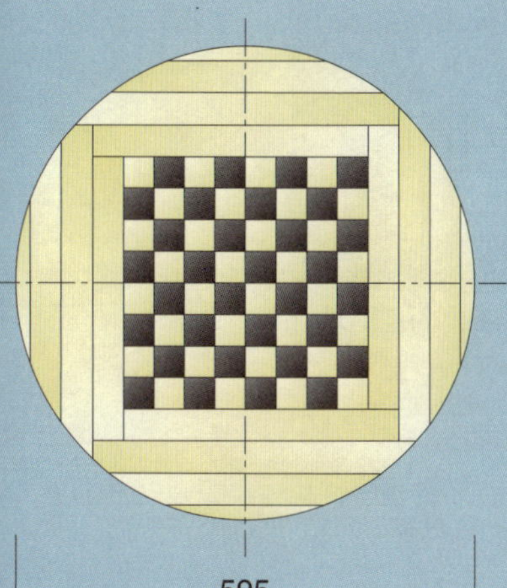

Schach-/Dame-Seite

Seitenansicht

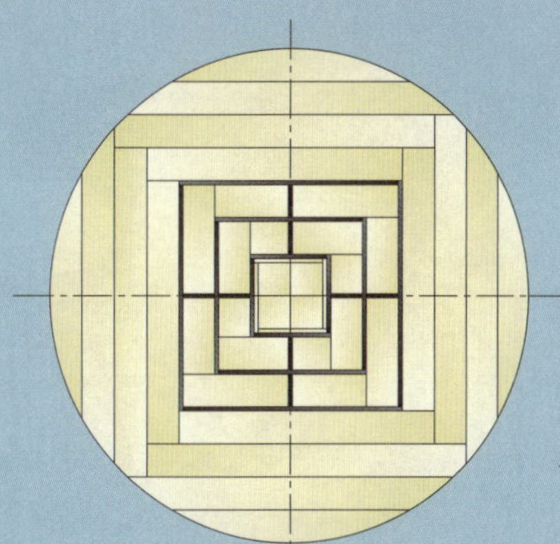

M hle-Seite

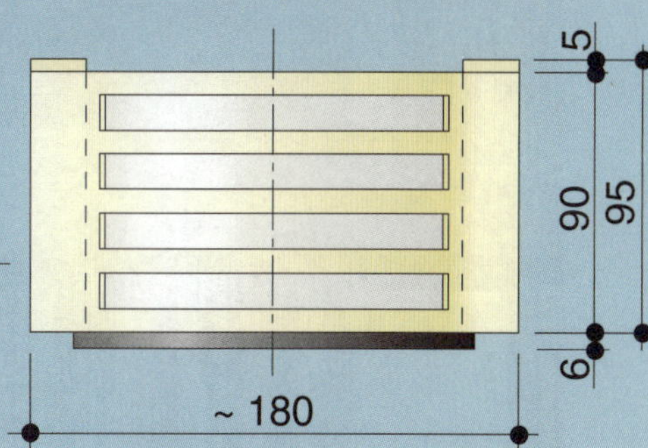

Vorderansicht

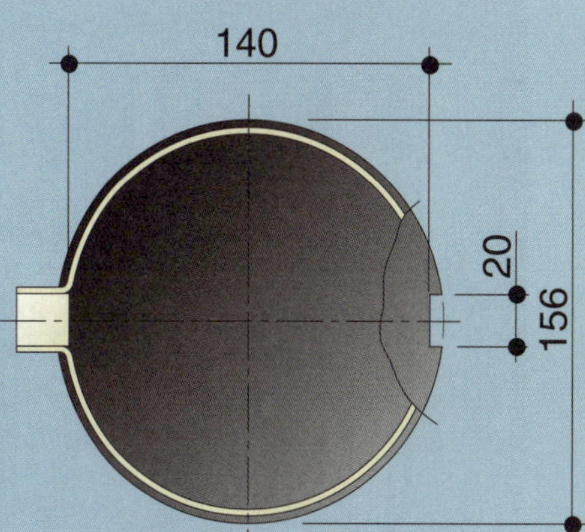

Draufsicht

Materialliste

Maße in mm

Trägerplatte: Leimholz 18 dick, Ø 595 (für Papierspielpläne); MDF 16 dick, 600 x 600 (für Intarsienspielpläne). Kiefer 40 x 5: CA. 17 lfd. m (für beide Plattenseiten und Dame-Spielplan); Kiefer 5 x 5: je 4x 275, 185, 95, 85 (helle Füllleisten) und 8 x 40 lang (für Mühlespielplan); Fichte 20 x 20: 6 Halteleisten 95 lang (für 3 Spielfigurendosen); Sperrholz 6 dick: 3 Bodenplatten 160 x 160; Holzleim. Dazu von Ikea: 1 LAXNE-Beistelltisch und 2 HACKÅS-CD-Halter. 6 dick, 1968 x 600; 1 Schrankrohr Ø 25 - 30 x 230 (in Auflager einlassen); Umleimer; Spanplatten-Schrauben; Holzleim.

Passgenaue Bücherwand

Der Handel bietet Regale in allen erdenklichen Größen und Ausführungen an. Am effizientesten nutzen Sie den Platz jedoch mit einer Selbstanfertigung

Bücher bringen Gemütlichkeit ins Wohnzimmer – allerdings nur, wenn man genug Regale hat, um sie unterzubringen. Ist die hauseigene Bibliothek sehr umfangreich, lohnt es sich, eine komplette Wohnzimmerwand in eine Bücherwand umzuwandeln. Man passt das Regal genau den Raummaßen an und verschenkt so nicht einen Zentimeter Stauraum.

Als Material eignet sich Buche-Leimholz. Für die senkrecht stehenden Wangen verwenden Sie Holz von 27 mm Stärke, für die Böden reicht eine Dicke von 18 mm. Die Regalwand wird mithilfe von System-32-Lochreihen errichtet, die man von Küchenmöbeln oder im Handel erhältlichen Regalen kennt. Die Lochreihen mit Bohrlöchern im Abstand von 32 mm erlauben Flexibilität bei der Festlegung der Fachhöhen. Ein weiterer Vorteil der genormten Lochreihen ist, dass die meisten Beschläge, wie etwa Griffe oder Bänder darauf abgestimmt sind. Auch der Abstand der Lochreihe zur Kante unterliegt einer Norm. Er beträgt immer exakt 37 mm.

Herstellung von System-32-Lochreihen mit der Bohrlehre

Natürlich müssen Sie die Lochreihen nicht an jeder Wange durchgängig von oben bis unten durchziehen. Es genügt, wenn Sie für die flexiblen Borde ein wenig Spielraum nach oben und unten veranschlagen. Zum Herstellen der System-32-Löcher brauchen Sie unbedingt eine Bohrlehre.

Müssen Sie nicht ganz so viele Löcher bohren, können Sie eine selbst hergestellte Lehre verwenden. Bohren Sie drei Löcher im Abstand von 32 mm (von der Lochmitte aus gemessen) in eine Leiste. Eine weitere Leiste dient als Anschlag, an der Sie die Lehre entlangführen. Bohren Sie zuerst durch das mittlere Loch der Lehre in die Wange hinein. Dann schieben Sie die Lehre weiter, bis Sie den Bohrer durch das linke Loch der Lehre in das erste Bohrloch stecken können. Die Lehre in dieser Position arretieren und durch das mittlere und rechte Loch die weiteren Bohrungen ausführen.

Markieren Sie die Positionen von Sockelbrett und Verbinder auf den Wangen und übertragen sie dann auf das Sockelbrett

Die Lehre kann nun Stück für Stück weiter geschoben werden. Müssen Sie sehr viele Bohrlöcher herstellen, kann diese Arbeit auf die Dauer etwas mühsam werden. Kaufen Sie sich in diesem Fall lieber eine Bohrlehre aus Aluminium (vgl. Tippkasten unten).

Wer seine Privatbibliothek häufig nutzt – Bücher herauszieht und wieder hineinstellt –, sollte einige ausziehbare Buchablagen am Regal montieren

TIPP BOHRSCHABLONE

A

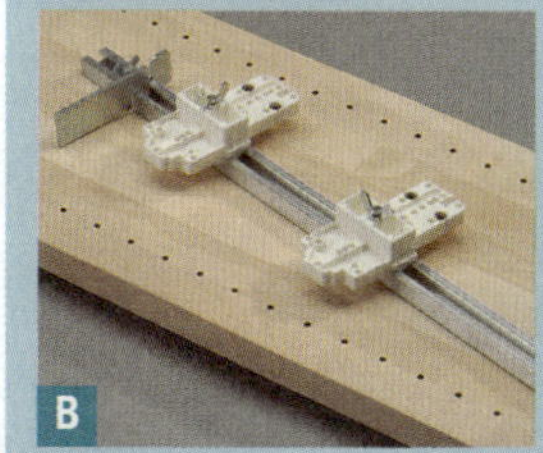

B

Wer eine gesamte Regalwand mit System-32-Lochreihen versehen will, braucht viel Ausdauer. Bei der hier gezeigten Wand mussten beispielsweise über 2.000 Löcher gebohrt werden. Arbeiten Sie in einem solchen Fall unbedingt mit einer Bohrlehre. Sie erhalten im Handel Aluschienen mit Löchern im 32-mm-Abstand oder Schienen mit verschiebbaren Kunststoffaufsätzen, die sich auch für individuell gewählte Lochabstände nutzen lassen.

Arbeitsschritte

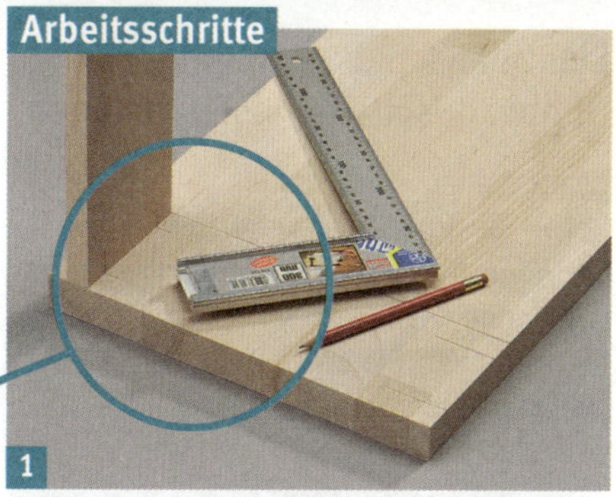

1

Schneiden Sie zunächst alle Bretter passend zu. Dann montieren Sie die Sockelleisten. Setzen Sie die Leiste an die anschließende Wange an

2

Alle Wangen werden mit System-32-Lochreihen versehen. Mithilfe einer Bohrlehre lässt sich der genaue Abstand zwischen den Löchern leicht einhalten

3

Besitzt die Wand, an der das Regal stehen soll, eine Fußleiste, so müssen Sie an der Rückseite der Wangen mit der Stichsäge eine Aussparung ausschneiden

4

Wandanschlüsse, die durch das Regal verdeckt werden, verlegen Sie am besten in die Wangen. Die Löcher bohren Sie mit einer 68-mm-Lochsäge

Elektroanschlüsse mithilfe von Hohlwandschalterdosen verlegen

Nicht selten verdeckt ein wandfüllendes Regal Elektroanschlüsse. Damit Ihnen die Steckdosen weiterhin zur Verfügung stehen, sollten Sie sie in eine der Regalwangen verlegen. Kaufen Sie speziell für diesen Zweck geeignete Hohlwandschalterdosen.

In die Wange setzen Sie mit der Lochsäge 68-mm-Löcher, in die Sie später die neuen Steckdosen einfügen. Am besten bohren Sie vor dem Ansetzen der Lochsäge zwei 10-mm-Löcher zur Spanabfuhr, wie in Bild 4 zu sehen. So verhindern Sie ein Heißlaufen der Säge. Denken Sie daran, dass Sie große Regale an der Wand verankern müssen. Hierfür brauchen Sie Winkeleisen.

5 *Nun müssen Sie die Löcher für die Exzenterverbinder bohren. Verwenden Sie hierzu den 20-mm-Forstner-Bohrer. Hier werden die Sockelleisten bearbeitet*

8 *Setzen Sie die Regalwand nun einmal probeweise zusammen. Kontrollieren Sie die Böden auf Ebenmäßigkeit und alle Verbindungsstellen auf Stabilität*

11 *Die Schiene muss so montiert werden, dass der Auszug mitsamt der Blende in eingefahrenem Zustand leicht hinter den darüber liegenden Boden zurückspringt*

12 *Die Blende wird so zugeschnitten und montiert, dass oben und seitlich 2 mm Abstand bleibt. Die Breite des Bretts: 25 mm weniger als das lichte Maß*

6 *Die Böden erhalten an der Unterseite jeweils vier Löcher für die Tablarverbinder. Die Montage erfolgt in gleicher Weise wie bei den Exzenterverbindern*

9 *Exzenter mit dem Kunststoffhammer einschlagen. Trägerleisten für Auszüge montieren*

13 *Soll das Regal eine Lasur erhalten, so behandeln Sie die einzelnen Elemente vor der Montage. Am besten dreimal streichen und zwischenschleifen*

7 *Drehen Sie die zu den Verbindern gehörigen Dübel in die untersten System-32-Löcher der Wangen. Dann das Sockelbrett einsetzen. Verbinder festziehen*

10 *Befestigen Sie dann die Schienen der Auszüge an den zuvor montierten Trägerleisten*

TIPP WINKELEISEN

Hohe Regale sollten Sie mit der Wand verbinden. Für die Befestigung eignen sich Winkeleisen, die Sie im oberen Drittel des Regals zwischen Wangen und Wand setzen. Markieren Sie die Bohrlöcher, dann bohren Sie. Die Verbindung erfolgt mit Dübeln.

TIPP VERBINDUNGSBESCHLÄGE

A
Für kraftschlüssige Verbindungen verwenden Sie Exzenterverbinder

B
Tablarverbinder verhindern ein Herausrutschen der aufgelegten Böden

C
Die einfachste Variante: Dieses Bord ruht auf eingesteckten Bodenträgern

Welche Verbinder sich am besten eignen, hängt davon ab, wie hoch die Belastungen sind, die eine Verbindung aushalten muss. Brauchen Sie eine besonders kraftschlüssige Verbindung, verwenden Sie VB-35-Exzenterverbinder. Dies gilt bei unserem Regal für die Sockelbretter, die oberen Böden und die Böden, an denen Sie Auszüge befestigen wollen. Verbindungen, die weniger großen Belastungen standhalten müssen, können Sie mit Tablar-Verbindern VB 135 zusammenfügen.

Materialliste

Maße in mm
für ein Regal-Grundelement; Buche-Leimholz 27 dick: 2 Wangen; 18 dick: 7 Böden, 1 Auszugbrett 250 breit, 1 Auszugblende 50 breit, 2 Auszugträger 30 breit, 2 Sockelbretter 150 breit. 16 Exzenterverbinder, 20 Tablarverbinder/Bordträger; 2 Vollauszüge 250 mm; Winkeleisen; Holzleim, Lasur/Lack.

Steckdosen anbringen

1
Die Hohlwandschalterdosen werden in die vorgebohrten Rundlöcher in der Wange eingesetzt. Sie müssen an Ober- und Unterseite festgeschraubt werden

2
Führen Sie die Elektroleitungen anschließend durch die Öffnungen. Schrauben Sie die Krallen der Einsätze ab und klemmen Sie die Adern an

3
Nun folgen die Steckdoseneinsätze. Sie werden eingesetzt und mithilfe von Schrauben fixiert. Hier wurden Einsätze mit einer Doppelabdeckung verwendet

4
Im letzten Schritt legt man den Doppelsteckdosenrahmen auf und verschraubt ihn über den Einsätzen. Die Steckdosen sind nun einsatzbereit

Regalaufbau

1
Zuerst erfolgt die Verbindung von Wangen und vorderer sowie hinterer Sockelleiste. Dann folgt das oberste Bord, anschließend das mittlere

2
Setzen Sie nun Wange für Wange an und verfahren Sie wie zuvor: Erst die Sockelleisten montieren, es folgt der oberste Boden und dann der mittlere

3
Kontrollieren Sie immer wieder zwischendurch mit der Wasserwaage, ob die Konstruktion auch gerade ist. Zum Schluss die restlichen Böden einlegen

Säulentisch im Stil der Antike

Einen Hauch Antike holen Sie sich mit diesem schlichten aber sehr stilvollen Säulentisch in die Wohnung. Für die nötige Standfestigkeit sorgt eine Sandeinschüttung

Der Tisch, dessen Design an antike Tempelarchitektur denken lässt, ist eigentlich eine Mogelpackung. Denn seine Beine bestehen nicht aus massivem Holz, sondern aus furnierten Abflussrohren. Tischplatte und Fußscheiben werden aus Leimholz zugeschnitten, Sie können die Teile aber auch fertig zugeschnitten im Holzfachhandel kaufen. Wem Leimholz zu teuer ist, der kann auch auf preiswertere Materialien wie beispielsweise MDF zurückgreifen.

Furnierholz muss sauber zugeschnitten werden

Beim Furnieren ist es besonders wichtig, dass Anschlusskanten sauber ausgeführt werden. Arbeiten Sie hier am besten mit der Doppelschnitttechnik. Beim Verbinden kleinerer Blattstücke legen Sie zwei Teile übereinander, legen ein Lineal an und setzen mit

Arbeitsschritte

1 *Beginnen Sie die Konstruktion des Tischs mit dem Ablängen der Rohre. Eine selbstgebaute Lade aus Lattenresten sorgt für sicheren Halt beim Sägen*

2 *Da die Rohroberfläche sehr glatt ist, muss sie vor dem Aufkleben der Verkleidung angeraut werden. Verwenden Sie hierzu Schleifpapier mit 80er Körnung*

3 *Zum Furnieren der Kunststoffrohre brauchen Sie ein Blatt von 400 x 430 mm. Haben Sie nur kleinere Stücke, müssen diese zunächst gefügt werden*

4 *Legen Sie zwei Blätter übereinander und stellen Sie unter Zuhilfenahme eines Lineals und eines Cuttermessers eine exakte Längskante im Doppelschnitt her*

5 *Stecken Sie die Blätter so fest, dass sie an den Schnittkanten aneinander liegen. Versehen Sie die Kanten rückseitig mit Furnierband oder vorderseitig mit Krepp*

6 *Bestreichen Sie sowohl das Rohr als auch die Furnierrückseite zu drei Vierteln mit Kontaktkleber. Den Kleber müssen Sie anschließend ablüften lassen*

7 *Das Blatt wird nun rund um das Rohr angerieben. Nehmen Sie wieder die Lade zur Hilfe. An der kleberfreien Stelle die Enden stramm überlappen lassen*

8 *Per Doppelschnitt das Furnier passgenau zuschneiden. Entfernen Sie die Reststücke und verkleben Sie die Furnierkanten mit dem Rohr. Überstand abbrechen*

9 *Sowohl an die Tischplattenunterseite als auch an die Fußscheiben werden Fixierscheiben geschraubt. Hat man die Säulen an der Platte befestigt, wird Sand in die Beine eingefüllt. Dann die Fußscheiben montieren*

dem Cuttermesser einen Längsschnitt. Die Verbindung der beiden Teile erfolgt anschließend mit rückseitigem Furnier- oder vorderseitigem Kreppband.

Wenn Sie das Rohr mit Furnier verkleiden, tragen Sie am besten zunächst nur auf drei Vierteln der Rohrfläche Kleber auf. An der Furnierrückseite sparen Sie einige Zentimeter an beiden Rändern aus. Haben Sie den Kleber einige Zeit ablüften lassen, reiben Sie das Furnier am Rohr fest. An der kleberfreien Stelle legen Sie die beiden Kanten des Furniers stramm übereinander und setzen einen Doppelschnitt. Dann die Kanten verkleben. Da die hohlen Säulen sehr leicht sind, werden sie mit Sand befüllt. Der Tisch erhält so die nötige Standfestigkeit.

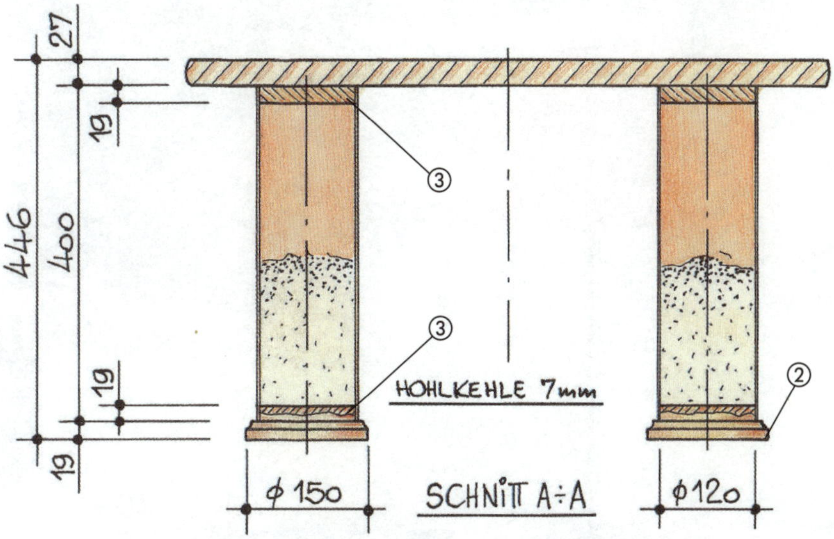

SCHNITT A÷A

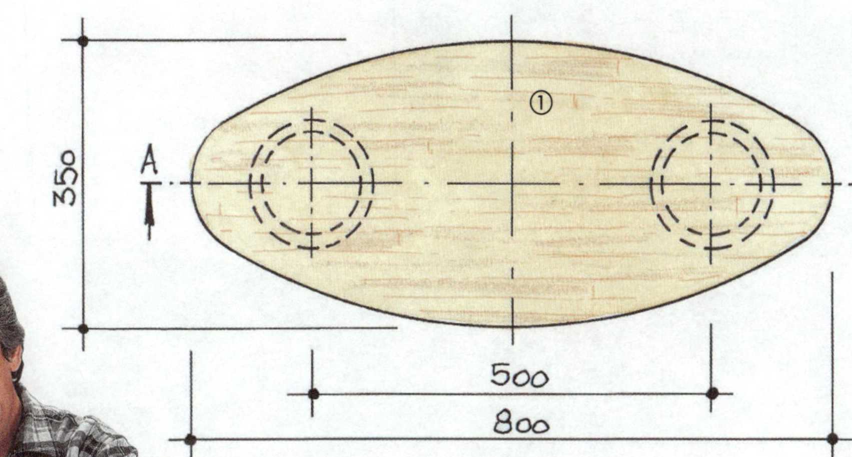

DRAUFSICHT

Materialliste

Pos.	Anz.	Bezeichnung	Maße in mm	Material
①	1	Oval-Platte	800 x 350*	Buche-Leimholz 27 mm dick
②	2	Fußscheiben	Ø 150	Buche-Leimholz
③	4	Fixierscheiben	Ø 120	19 mm dick

** = Extremmaß Länge x Breite*

Dazu: 2 Abwasser-Rohre (KG), Nennweite DN 125, 400 mm lang; 2 Buche-Furnierblätter 400 mm breit, 430 mm lang (Rohmaß, beim Verkleben anpassen); Spielsand für die Tischbein-Füllungen (ca. 2,5 Liter pro Bein); Kontaktkleber (für Furnier); Spanplatten-Schrauben.

Jede Menge Platz für Kleinkram

Praktisch und preiswert: Schubladenelemente aus Sperrholz, die man im Baumarkt erhält, bilden die Basis für die hier vorgestellten Möbel-Ideen

Schlichte Aufbewahrungsboxen werden zu Möbeln

Kaum zu glauben, dass sich hinter dieser pfiffigen Kommode drei einfache Schubladenboxen aus Sperrholz verbergen. Sie wurden miteinander verschraubt und erhielten anschließend eine Abdeckplatte sowie zwei Standfüße. Auch ausgefallene Tische lassen sich mithilfe der Boxen konstruieren, wie die Bilder rechts zeigen

Jeder kennt sie – die Schubladenboxen aus Sperrholz, die Sie im Baumarkt erhalten. Sie eignen sich hervorragend zur Aufbewahrung von Kleinkram, der sich gerne auf Tischen und Kommoden ansammelt. Das Erscheinungsbild der Schubladenboxen ist jedoch eher langweilig. Ganz anders wirken sie, wenn man aus ihnen neue pfiffige Möbel baut. Es bieten sich hier zahlreiche Möglichkeiten. Drei stellen wir auf den folgenden Seiten vor: Eine Dielenkommode, einen Beistelltisch und einen Couchtisch.

Platzsparende und elegante Kommode für die Diele

Schnell zusammengebaut ist diese Kommode, die aus drei Schubladenboxen besteht. Sie eignet sich besonders gut für die Diele,

Dielenkommode

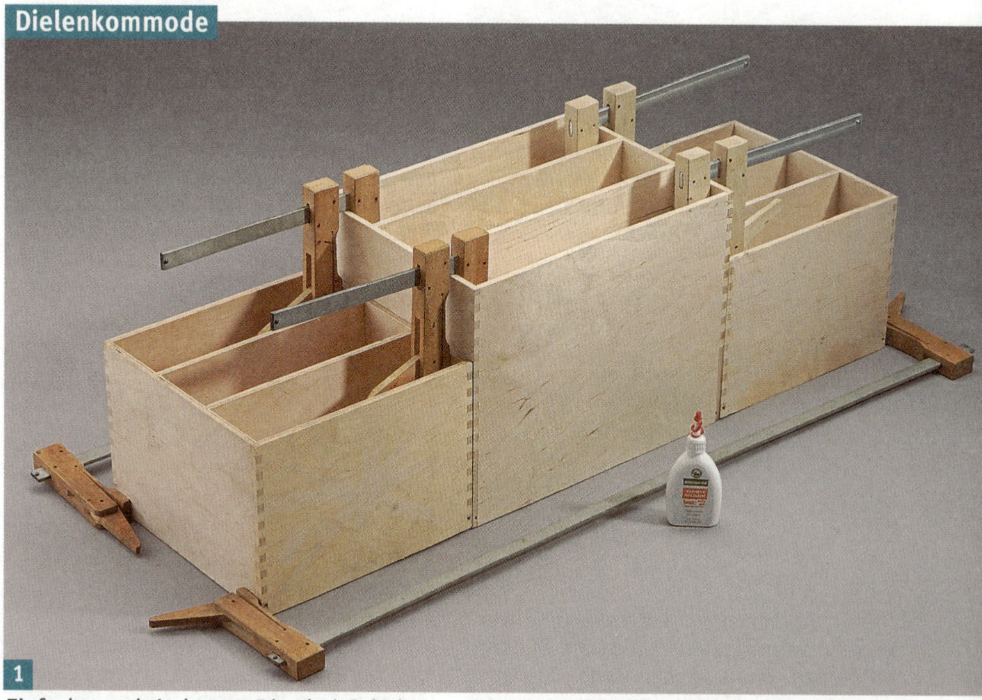

1 *Einfacher geht's kaum. Die drei Schubladenelemente müssen nur miteinander verleimt werden. Sie sollten dabei unbedingt mit passenden Zwingen arbeiten*

2 *Die obere Abschlussplatte lässt sich gut mit einer Handkreissäge zuschneiden. Wenn Sie eine Führungsschiene anlegen, wird der Schnitt glatt und sauber*

VORHER

Unscheinbar kommen die Schubladenboxen aus dem Baumarkt daher. Doch man kann einiges daraus machen

3 *Halten Sie die Beine einmal an, um die Positionen der Bohrlöcher zu markieren. Dann bohren Sie, am besten unter Verwendung einer untergespannten Zulage*

Die Metallbeine werden dann mit jeweils drei Schlossschrauben montiert. Man positioniert die Montageplatte über den Löchern und setzt die Schrauben

Die Schrauben für die Metallknöpfe werden ein wenig gestutzt. Erst die Mutter aufdrehen, dann absägen und mit dem Abdrehen der Mutter den Grat entfernen

Um die Kopfplatte anzubringen, versehen Sie die Oberseiten der miteinander verleimten Kästen mit Bohrlöchern. Die Platte wird dann von unten angeschraubt

An der Rückseite wird noch eine Wandleiste angebracht. Die Verbindung erfolgt mit Holzdübeln. Zwei weitere Dübellöcher für die Wandbefestigung setzen

weil sie nur eine geringe Tiefe hat und auch in schmalen Fluren Platz findet. Die Kommode steht nur auf zwei Beinen, erhält aber zusätzliche Stabilität durch eine Verdübelung mit der Wand. Man schneidet die Kopfplatte so zu, dass sie hinten 30 mm übersteht und befestigt darunter eine Wandleiste für die Dübelverbindung.

Die Schubfächer besitzen Grifflöcher. Um der Kommode einen Hauch mehr Eleganz zu geben, werden die Fächer umgedreht. Die ursprünglichen Rückseiten versieht man mit Bohrlöchern und befestigt daran die dazugekauften Metallknöpfe.

Die drei Schubladenboxen werden miteinander verleimt. Zwingen und Knechte sorgen für den nötigen Druck. Achten Sie jedoch darauf, dass Sie die Konstruktion nicht zu stark unter Spannung setzen, damit sich die Zinkenverbindungen nicht lösen.

Der rollende Beistelltisch bietet reichlich Stauraum

Für den Beistelltisch wurden turmförmige Schubladenboxen verwendet. Man verleimt vier Elemente miteinander, setzt der Kon-

Stecken Sie die Schrauben von hinten durch das vorgebohrte Loch in der Schubladenfront und drehen Sie anschließend vorne den Knopf auf

Materialliste

Maße in mm

Minikommoden *(HxBxT): 2x Typ 02 (290 x 268 x 195, Art.nr. 20104), 1x Typ 05T (290 x 393 x 300, Art.nr. 20111); Multiplex 16 dick: 1020 x 350; Kiefer 28 x 28: 940 lang (Wandleiste), 2 Holzdübel Ø 10; 2x Möbelfuß Trian 710 lang; 15 Möbelknöpfe 1581 ZN1; 6 Schlossschrauben M5 (kürzen!) mit Muttern; Holzleim, Schrauben; 2 Dübel S6 mit Schrauben.*

struktion eine Kopf- und eine Grundplatte auf und versieht das Möbelstück an der Unterseite mit Rollen. Die Schubkästen eignen sich übrigens besonders gut für die Aufbewahrung von CDs, da sie genau dem Format der Hüllen entsprechen. Kopf- und Grundplatte bestehen aus vorgefärbter MDF. Dieses Material hat den Vorteil, dass es unempfindlich gegen Kratzer ist.

VORHER

Diese turmförmigen Schubladenelemente inspirieren zum Bau eines ausgefallenen Beistelltischs

Beistelltisch

1

Verleimen Sie zunächst zwei der Turmelemente miteinander. Zwingen pressen die Kästen zusammen. Verwenden Sie Zulagen, um Druckstellen zu vermeiden

2

Ist die erste Leimverbindung getrocknet, fügen Sie den dritten Kasten an und setzen die Konstruktion wieder unter Druck. Dann folgt das vierte Turmelement

Der unten rechts gezeigte Aufbewahrungsturm fürs Kinderzimmer besteht aus vier fünfstöckigen Schubladentürmen. Die Konstruktion erfolgt nach dem gleichen Prinzip. Die Schubfächer werden am Schluss farbig lasiert. Achten Sie darauf, dass Sie nur ungiftige Lasuren verwenden.

Couchtisch mit Schubladen und integriertem Grün

Das dritte Möbelstück, bei denen die Schubladenboxen aus Sperrholz Verwendung fanden, ist schon ein wenig extravagant. Der rechteckige Couchtisch erhält an jeder Längsseite eine Schubladenzeile unterhalb der Platte. Leuchtend rote Acrylfarbe sorgt für einen raffinierten Farbakzent.

Ein besonderer Clou sind die Pflanzgefäßhalterungen in der Tischplatte. Man sägt dazu einfach runde Löcher aus. Der Durchmesser richtet sich nach den Töpfen, die man einsetzen möchte. Die in Bild 5 gezeigten Metalleimer eignen sich gut, da sich die Form nach unten verjüngt.

Die farbige Gestaltung der Schubladenboxen erfolgt in mehreren Schritten. Zuerst müssen alle zu streichenden Flächen gründlich angeschliffen werden. Im nächsten Schritt tragen Sie die Grundierung auf. Verwenden Sie hierzu so genannte Acryl-Vorstreichfarbe. Nach dem Grundierungsauftrag müssen die Kästen etwa drei Stunden trocknen. Dann kann der Farbauftrag erfolgen – hier wählte man einen Acryl-Buntlack in Rot.

6

Der flexible Beistelltisch ist fertig. Unten sehen Sie eine Variante aus höheren Elementen und lasierten Schubladen. So kommt Farbe ins Kinderzimmer

3

Der Beistelltisch wird unten mit Rollen versehen, die von einem Kunststoffgehäuse umschlossen sind. Zunächst befestigen Sie die Anschraubplatten

4

Die Rollen aufstecken. Achten Sie beim Kauf darauf, dass die Rollen für Ihren Bodenbelag geeignet sind. Dieses Modell läuft auf Hartböden und Teppich

5

Zum Aufsetzen der Kopf- und Bodenplatte bohren Sie die Ober- und Unterseite der Kastenelemente vor. Dann die Platten durch Decke bzw. Boden anschrauben

Materialliste

Maße in mm

Minikommoden *(HxBxT): niedrig 4x Typ 11 (CD) (525 x 163 x 195, Art.nr. 20122) oder alternativ hoch 4x Typ 12 (CD) (853 x 163 x 195, Art.nr. 21024); MDF schwarz durchgefärbt 19 dick 2x 400 x 400 (Kopf- und Bodenplatte); vier Rollen Rondo Ø 65; Lasur; Klarlack; Leim; Schrauben.*

VORHER

Die Box mit fünf Schubladen erhalten Sie nicht nur als Turm, sondern auch in waagerechter Ausführung

Couchtisch

1 *Die Schubladenboxen werden zunächst angeschliffen. Dann folgt der Auftrag der Acryl-Vorstreichfarbe. Nach etwa drei Stunden mit Acryl-Buntlack überstreichen*

2 *Der Couchtisch erhält ein raffiniertes Extra. Runde Ausschnitte in der Platte bilden Halterungen für Pflanzgefäße. Die Ausschnittgröße auf die Töpfe abstimmen*

3 *Nun werden die Schubladenkästen mit der Tischplatte verleimt. Bündig aufgespannte Leisten sorgen für einen gleichmäßigen Abstand von 10 mm zur Kante*

Materialliste

Maße in mm

***Minikommoden** (HxBxT): 2x Typ 04 (117 x 553 x 130, Art.nr. 20108); Buche-Leimholz, 27 dick 1000 x 600 (Tischplatte); 4x Möbelfuß Style verchromt (Rad Buche Ø 115; 300 lang); 2 verzinkte Eimer Ø 160; Grundierung, Buntlack seidenglänzend; Schrauben.*

4 *Der Couchtisch erhält Füße mit Rollen. Fixieren Sie zunächst die Anschraubplatten mithilfe von Schrauben und stecken Sie dann die Rollen auf*

5 *Der Couchtisch kann nun gewendet werden. Stecken Sie die Übertöpfe für die Pflanzen in die zuvor ausgesägten Löcher. Unten sehen Sie den Tisch mit integrierter Begrünung*

Flexibler Tischbausatz

Ein Tisch für jede Gelegenheit: Ist er als Esstisch aufgebaut, finden an dieser Tafel zahlreiche Gäste Platz – im Kasten verstaut wird aus dem Bausatz ein moderner Couchtisch

Wer gerne viele Gäste zu sich nach Hause einlädt – sei es zum Essen oder zu einem Spielabend – braucht einen großen Esstisch. Doch nicht jede Wohnung ist groß genug für ein solches Möbelstück. Der Handel bietet zwar viele Tische an, deren Größe sich durch Auszieh- oder Aufklappmöglichkeiten variieren lässt, das hier gezeigte Modell ist aber noch flexibler. Es ist Couchtisch und Esstisch in einem.

Der Esstisch besteht aus vier quadratischen Platten von 80 x 80 cm, die sich mit Zargen zusammen stecken lassen und – je nachdem, ob man drei der Länge nach zusammensteckt oder ein großes Quadrat aus allen vieren bildet – auf zwei oder vier Böcken ruhen (siehe Abbildungen rechts).

Mal quadratisch, mal lang – Sie haben die Wahl

Sie können sich beim Aufbau zwischen zwei Varianten entscheiden: einem Quadrat von 160 x 160 cm und einer langen Version von 240 x 80 cm

So Platz sparend ist der Esstisch, wenn er in der Holzkiste verschwindet. Diese kann darüber hinaus als Couchtisch genutzt werden

Sind die Gäste aus dem Haus, wird der Tisch in seine Einzelteile zerlegt und in eine Kiste gepackt. Unten liegen Böcke und Zargen, darüber ruhen die vier Platten. Hat man den Esstisch in der Kiste verstaut, ist im gleichen Schritt ein kleiner Couchtisch entstanden.

Platten aus MDF sind besonders robust und formstabil

Die Klappböcke bestehen aus Buchenholz. Man erhält sie in jedem Baumarkt. Als Material für die vier Platten empfiehlt sich mitteldichte Faserplatte (MDF). Sie erhalten MDF-Platten in vielen verschiedenen Farben. Die Formate sind in der Regel sehr viel größer, als sie für unser Baubeispiel benötigt werden. Wenn es Ihnen nichts ausmacht, ein paar Euro mehr auszugeben, können Sie sich die Platten auch im Baumarkt schon fertig zuschneiden lassen.

MDF-Platten sind sehr robust und formstabil. Einziger Nachteil: Die Plattenkanten saugen beim Lackieren sehr stark. Der Klarlack sollte aus diesem Grund mehrfach mit Zwischenschliff aufgetragen werden.

Damit man die Platten leicht aus der Kiste herausheben kann, versieht man sie mit Grifflöchern. Damit die Finger in den Löchern gut Halt finden, müssen Sie die

TIPP MOBILMACHER FÜR MÖBEL

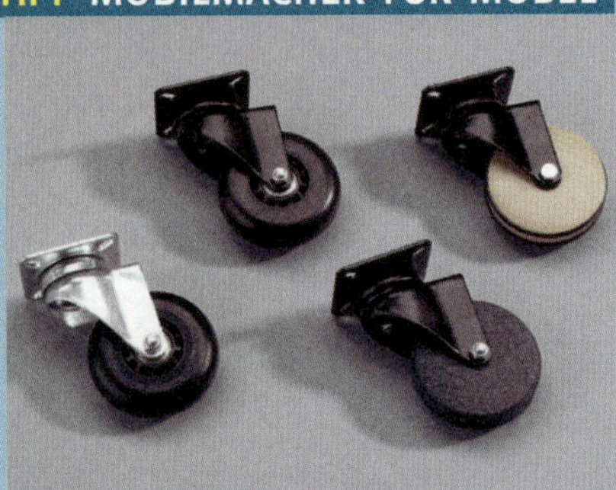

Rollen für Ihre Möbel erhalten Sie in zahlreichen Varianten. Wer auf eine hohe Qualität achtet oder sich sogar für Designermodelle entscheidet, muss auch schon einmal etwas tiefer ins Portmonee greifen. Die hier abgebildeten Rollen besitzen zum Beispiel alle ein Kugellager. Für Modelle mit lackiertem Gehäuse zahlen Sie in der Regel mehr als für die verzinkte Variante. Wenn Sie Geld sparen wollen, können Sie auch selbst zum Pinsel greifen und das Gehäuse mit passendem Lack versehen.

Arbeitsschritte

1 *Zuerst werden die Seitenwände nach den vorgegebenen Maßen zugeschnitten. Mithilfe der Oberfräse werden die Kanten der Platten gebrochen*

2 *Die Seitenteile werden miteinander verdübelt. Eine Dübellehre hilft beim Positionieren der Löcher. Setzen Sie bei der Bohrmaschine einen Tiefenanschlag auf*

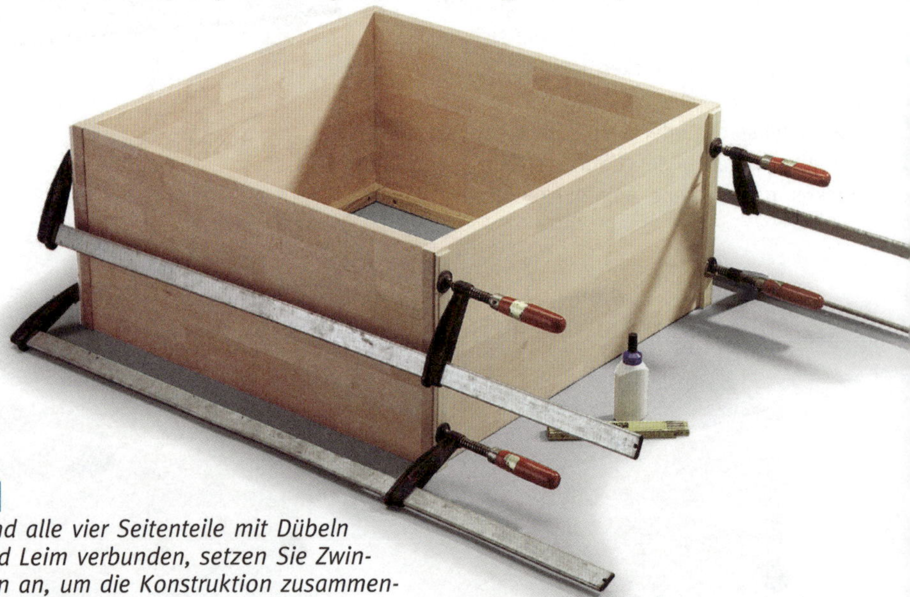

3 *Sind alle vier Seitenteile mit Dübeln und Leim verbunden, setzen Sie Zwingen an, um die Konstruktion zusammenzupressen. Verwenden Sie Zulagen*

4 *Die Bodenplatte liegt auf Leisten, die man innen bündig mit den Unterkanten der Seiten verschraubt. Sie vergrößern zugleich die Auflageflächen der Rollen*

5 *Schrauben Sie nun die Eckverbinder an, auf denen später die Tischplatten aufliegen. Darunter verbleibt Raum für die Zargen sowie für die vier Böcke*

6

Nun geht es an die Befestigung der Rollen an der Unterseite. Bohren Sie die Löcher für die Anschraubplatten vor und schrauben Sie die Rollen dann fest

Löcher von unten sehr stark anfasen. Außer den Grifflöchern erhalten die Platten noch Löcher, durch die man sie mit den Zargen verschrauben kann. Für die richtige Positionierung der Löcher fertigen Sie am besten eine Bohrschablone an, die einen immer gleichen Abstand zur Plattenkante garantiert. Aus optischen Gründen ist es ratsam, die Platten mit zwei weiteren Bohrlöchern zu versehen und diese mit abgesägten Schlossschrauben zu füllen. Auf diese Weise entsteht ein symmetrisches Bild.

Beim Bau der Kiste und der Zargen kommt Holzleim zum Einsatz. Der Leim muss unter Druck aushärten. Sie brauchen deshalb ein Sortiment von Zwingen. Mit Zulagen vermeiden Sie Druckstellen im Holz.

TIPP LACKIEREN UND LASIEREN

Die durchgefärbte MDF-Platte und die unbehandelten Holzböcke erhalten lediglich eine Behandlung mit seidenmattem wasserverdünnbarem Holzklarlack. Wollen Sie die Zargen farblich den schwarzen Platten anpassen, so verwenden Sie eine ebenfalls wasserverdünnbare Lacklasur. Vor jedem Lack- und Lasurauftrag die Flächen anschleifen und entstauben.

7

Anschließend werden die Tischplatten mit Bohrlöchern versehen. Eine Schablone hilft bei der Positionierung. Mit dem Forstner-Bohrer Sacklöcher setzen

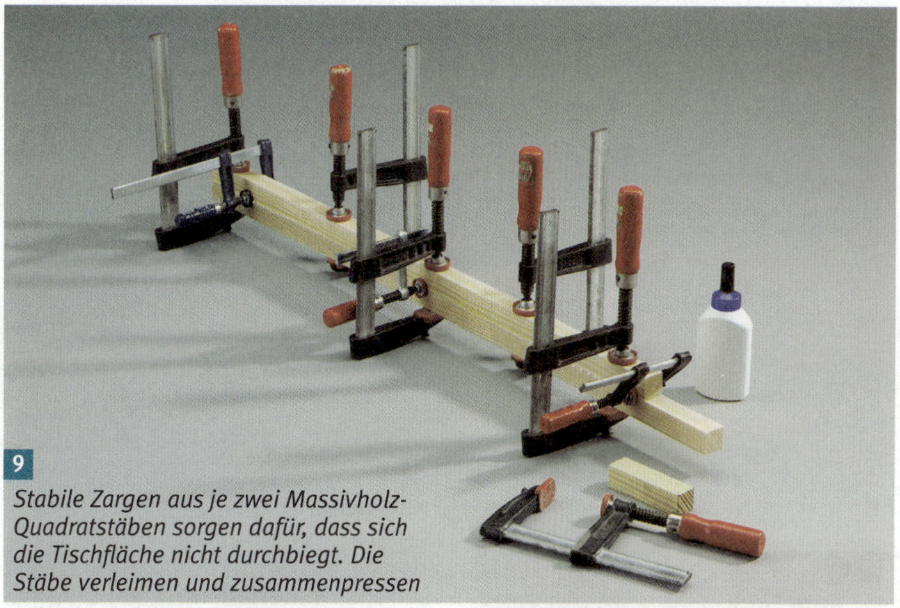

9

Stabile Zargen aus je zwei Massivholz-Quadratstäben sorgen dafür, dass sich die Tischfläche nicht durchbiegt. Die Stäbe verleimen und zusammenpressen

8

Die Löcher müssen an der Unterseite stark angefast werden, damit man die Platten mit einem Griff in die Löcher aus der Kiste herausheben kann

10

Setzen Sie nun 9-mm-Löcher in die Zargen und richten Sie sich dabei nach den in der Zeichnung auf der folgenden Seite angegebenen Abständen

11

Verschrauben Sie die Zargen mit der Platte, indem Sie Schrauben von oben in die Sacklöcher der Platte setzen. Verbinden Sie auch die Zargen miteinander

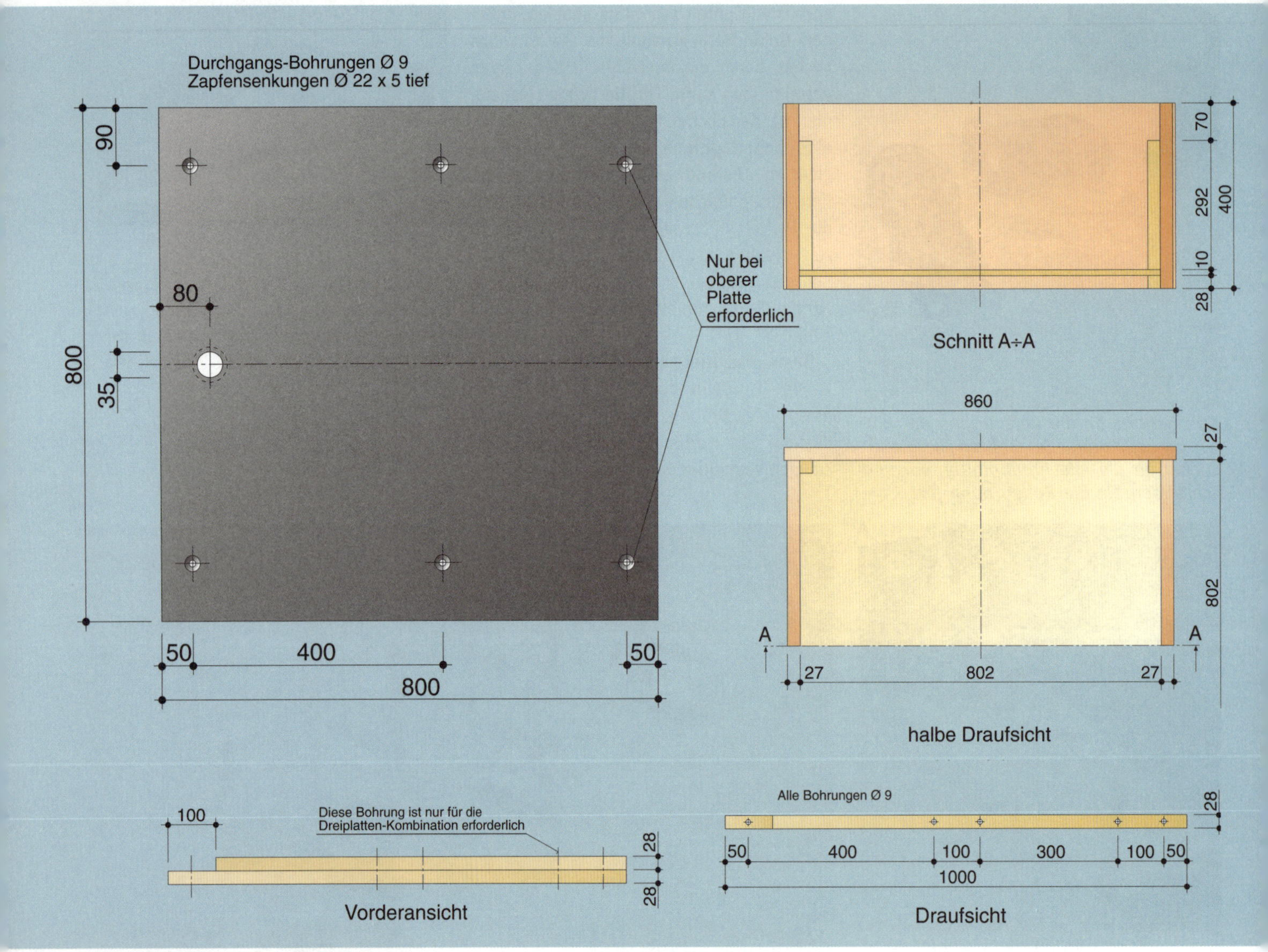

Materialliste

Maße in mm

Buche-Leimholz 27 dick: je 2 Seitenwände 860 x 400 und 802 x 400; Sperrholz 10 dick: 1 Bodenplatte 801 x 801; Kiefer 28 x 28: je 2x 802 und 746 lang (Bodenleisten), je 4x 292 lang (Eckverbinder), 1000 und 900 lang (Längszargenteile); MDF Topan Black 19 dick: 4 Tischplatten 800 x 800; 4 klappbare Arbeitsböcke; 4 Design-Möbelrollen mit Montageplatte, Bauhöhe ca. 100; Schlossschrauben M8 x 80 und M8 x 60 mit Scheiben und Flügelmuttern; Spanplattenschrauben; Präzisionsdübel; Holzleim.

Die moderne Variante: ein niedriger Couchtisch

Niedrige Couchtische liegen im Trend, den wir mit der hier vorgestellten Variante des Tischs in der Kiste aufgreifen. In diesem Modell lassen sich allerdings nur die vier Platten unterbringen. Für die Klappböcke und die anderen Kleinteile, die Sie für den Esstischaufbau benötigen, müssen Sie daher einen anderen Lagerplatz finden.

Legt man die vier Platten übereinander, erhält man einen 76 mm hohen Stapel. Der Rahmen sollte jedoch nur 75 mm hoch sein. Auf diese Weise erhalten sie einen schönen optischen Übergang von der Umrandung zu den angefasten Kanten der Platten. Der Rahmen ruht auf einer Bodenplatte, für die sie 27 mm dicke MDF verwenden. Bei den Rollen entschied man sich für ein ausgefalleneres Designer-Modell.

Niedriger Couchtisch

1 *Die vier Rahmenbretter werden auf Gehrung geschnitten und miteinander verleimt. Mit einem Spanngurt und Zulagen die Konstruktion zusammenpressen*

3 *Im nächsten Schritt wird die Rahmenkonstruktion mit der Bodenplatte verleimt. Um die Zwingen anbringen zu können, muss man die Platte aufbocken*

4 *Drehen Sie die Konstruktion um und bohren Sie die Löcher für die vier Rollen vor. Dann die Rollen ansetzen und mit der Grundplatte verschrauben*

2 *Mit dem Fasenfräser der Oberfräse die Kanten des Rahmens und der Bodenplatte brechen*

Materialliste

Maße in mm

MDF 27 dick: 1 Bodenplatte 960 x 960; MDF Topan Black 19 dick: 4 Tischplatten 800 x 800; MDF 19 dick: 4 Rahmenbretter 878 x 75; 4 Design-Möbelrollen Ø 125 mit Montageplatte, Bauhöhe ca. 150; 6 Schlossschraubenköpfe; Spanplatten-Schrauben; Holzleim.

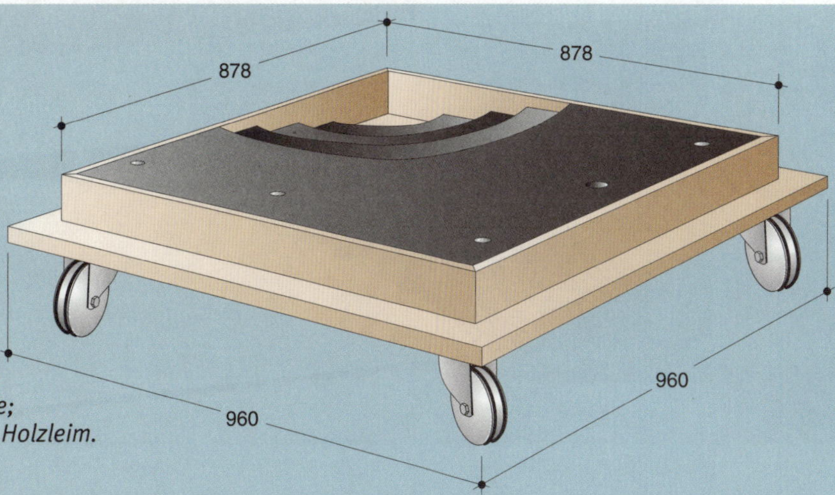

Traumbett mit reichlich Stauraum

Ein preiswertes Bett aus Kiefernholz kann sich in eine wahre Luxus-Liege verwandeln. Die hier gezeigten Ausstattungen lassen sich schnell und einfach selbst herstellen

Ausgefallene Betten mit vielen Extras sind teuer. Wer einen nicht ganz so strapazierfähigen Geldbeutel hat, braucht auf Luxus jedoch nicht zu verzichten. Das unten gezeigte Bett aus Kiefernholz war in seiner Rohversion äußerst preiswert. Ein paar kleine Änderungen haben aus dem unscheinbaren Nutzmöbelstück eine Luxus-Liege gemacht. Das Bett erhielt einen praktischen Bettkasten, eine kippbare Rückenlehne und einen kleinen Nachttisch. Die neuen Ausstattungselemente machen das Bett zudem zu einem echten Hingucker. Die strenge Form des Originalbettes verschwindet unter den eleganten Bögen des aufgesetzten Kopf- und Seitenteils.

Optimal ausgestattet: Im Bettkasten lässt sich einiges verstauen, die Rückenlehne ist kippbar und auf dem Nachttisch finden Wecker und Bücher Platz

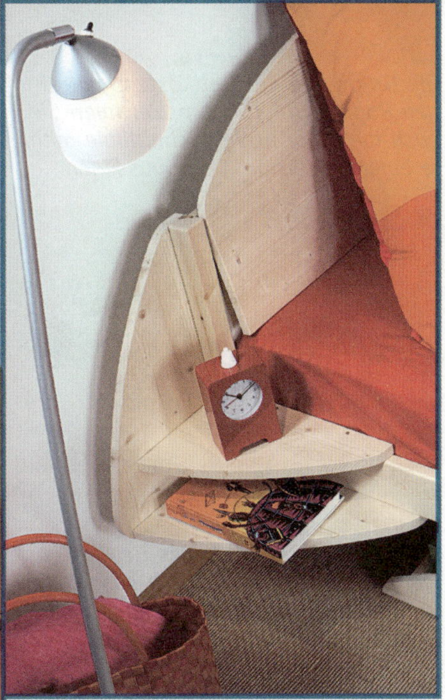

Der untergeschobene Kasten kann tagsüber für die Aufbewahrung des Bettzeugs genutzt werden. So lässt sich das Bett mit wenigen Handgriffen in eine bequeme Leseecke umfunktionieren. Durch die mobile Rückenlehne ist hoher Sitzkomfort garantiert. Die Wände werden darüber hinaus vor Verschmutzung geschützt. Am Abend ist das Bettzeug schnell aus dem Kasten hervorgeholt. Stattdessen verstaut man nun die am Tag genutzten Auflagen.

Praktische Extras aus Leimholz

Im vorgestellten Beispiel wählte man als Material Leimholz. Eine preiswerte Alternative stellt die fast überall einsetzbare MDF-Platte dar. Die Arbeitsschritte bleiben die gleichen. Beginnen Sie mit der Konstruktion des Bettkastens. Nachdem Sie die Bretter für die Wangen als rechteckigen Zuschnitt vorbereitet haben, legen Sie eine Platte als Verlängerung an und messen genau 1.500 mm vom oberen Mittelpunkt des Bretts aus. Setzen Sie an diese Stelle einen Nagel in die angelegte Platte und spannen Sie eine Schnur. Wenn Sie am Ende der Schnur einen Stift befestigen, erhalten Sie einen überdimensionierten Zirkel, mit dem Sie die Schnittkanten auf den beiden Bettkastenwangen sauber vorzeichnen können. Bei der Anzeichnung der Sägelinie für das Kopfteil verfahren Sie genauso. Allerdings beträgt der Radius hier nur 750 mm.

Um dem Bett die strenge Form zu nehmen, wird das hoch stehende Fußende entfernt. Statt die über die Liegefläche hinausragenden Pfosten abzusägen, entfernt man jedoch die Beine und dreht das Fußteil

Vorher und nachher: Die strenge Form des Bettrahmens wird durch die Aufsätze an Kopfende und Seite deutlich aufgelockert

anschließend um. Auf diese Weise ist die Nut, in die vorher die Platte eingeschoben war, nicht mehr sichtbar.

Das Kopfteil wird gekürzt und mit einer Aufdoppelungsleiste versehen. Verwenden Sie dazu ein Leimholz-Reststück. An der Leiste wird das Stangenscharnier (auch Klavierband genannt) angeschraubt, das die Verbindung zu dem mobilen Kopfteil bildet. Die Maßangaben zur Positionierung der kippbaren Lehne sind auf eine Matratze von 190 mm Dicke abgestimmt. Verwenden Sie eine stärkere Auflage, verändert sich die Höhe entsprechend.

Da die Pfosten zu den Längs- und Querzargen des Bettes leicht überstehen, brauchen Sie ein Füllstück, um das neue Seitenteil anbringen zu können. Hierzu eignet sich das Reststück des alten Kopfteils.

TIPP GLEITER

Die so genannten Quickclick-Gleiter gibt es für glatte Böden und für Teppichbelag. Die Basis wird an der Unterseite des Bettkastens mit einer Schraube befestigt. Der für den Boden geeignete Gleiter wird dann nur noch aufgesteckt. Bei einer Änderung des Bodenbelags lassen sich die Gleiter problemlos umrüsten, da nicht die Basis, sondern nur der Aufsatz ausgetauscht werden muss.

Arbeitsschritte

1

Die Rundung an der Front des Bettkastens ist ein 1500-mm-Radius. Legen Sie eine Platte an und ziehen Sie die Linie mithilfe einer gespannten Schnur

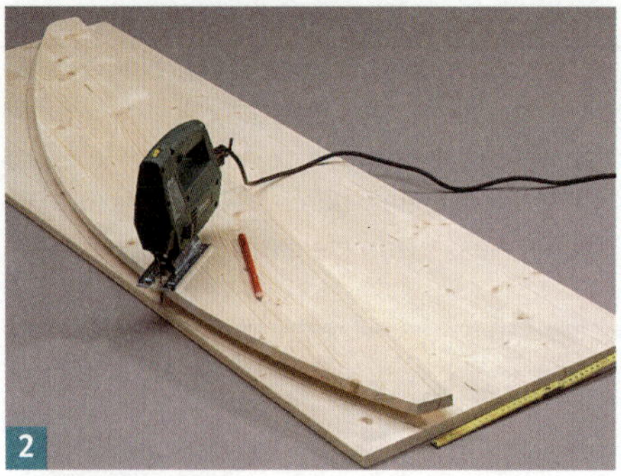

2

Haben Sie die Schnittlinien der Bettkastenwangen angezeichnet, können Sie den Radius auch auf die Seitenwand übertragen und diese ausschneiden

3

Die Griffmulde des Bettkastens hat einen Radius von 150 mm. Zeichnen Sie auch die dafür nötige Schnittlinie mithilfe einer Schnur an. Dann aussägen

4

Die weiteren Elemente des Bettkastens werden nun der Reihe nach ausgesägt und mit Schrauben verbunden. Erst vorbohren, dann die Schrauben setzen

5

An die Seiten der Frontseite werden Aufdopplungen gesetzt. So kann man die Frontseite von hinten durch die Aufdopplungen mit dem Kasten verschrauben

6

Im nächsten Schritt montieren Sie die Gleiter (siehe auch Tipp-Kasten rechts). Dann schneiden Sie die HDF-Platte für den Boden zurecht und setzen sie ein

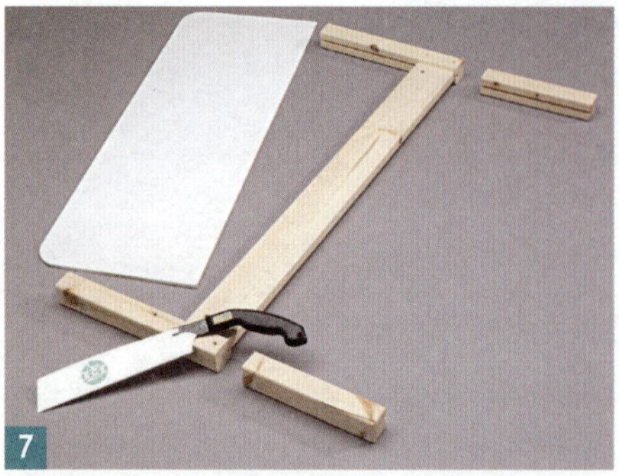

7

Sägen Sie die Hinterbeine bis auf einen Überstand von 5 mm ab. Der Spanplatteneinsatz wird entfernt. Die Pfosten werden nun zu den Beinen des Bettes

8

Das Original-Kopfbrett wird gekürzt und mit einer Aufdoppelungsleiste versehen. Verwenden Sie hierfür ein Leimholz-Reststück von den anderen Zuschnitten

9

Nachdem das Kopfteil wieder am Rahmen befestigt ist, verschrauben Sie das neue, mit Klavierband versehene Klapp-Kopfteil mit der Aufdoppelungsleiste

10

Die Verbindung zwischen festem und mobilem Kopfteil bildet ein Stangenscharnier. Bohren Sie Löcher vor und schrauben Sie das Scharnier fest

11

Das Reststück, das beim Kürzen des alten Kopfteils übrig blieb, schrauben Sie an die Seite des Bettes und setzen darauf das bereits zugesägte Seitenteil

12

Jetzt geht es an die Montage des Nachttischs. Schneiden Sie die beiden Böden nach Angabe zu, und verschrauben Sie sie dann mit der Längszarge

13

Nachdem Sie die Position der beiden Böden markiert haben, verschrauben Sie sie von hinten mit der seitlich überstehenden Rückwand des Bettes

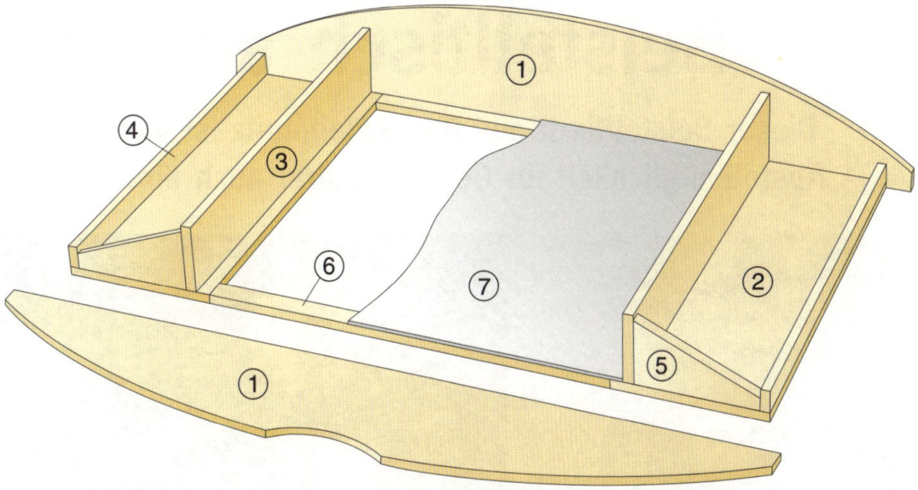

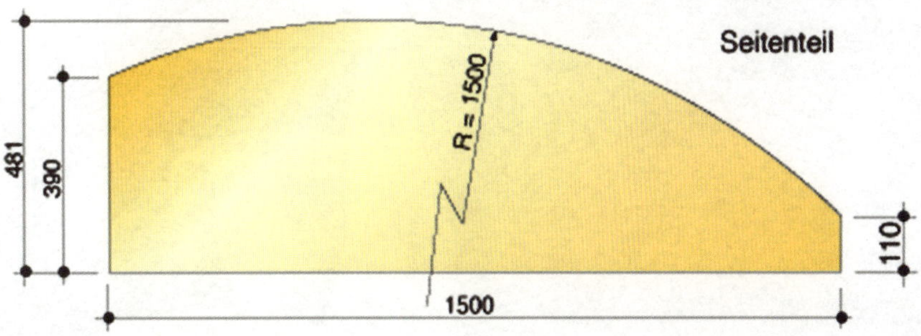

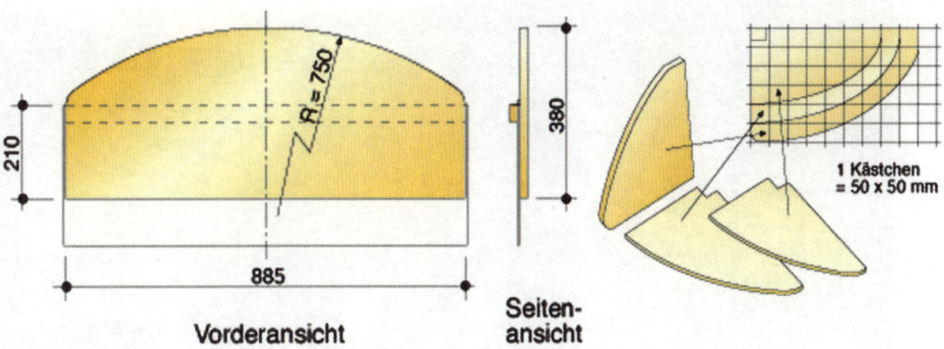

Materialliste

Pos.	Anz.	Bezeichnung	Maße in mm	Material
①	2	Front/Rückwand	1500 x 220 *	Fichte-Leimholz
②	2	Bodenbretter	900 x 300	18 mm dick
③	2	Querstege	900 x 135	
④	2	Querstege	900 x 30	
⑤	2	Aufdoppelungen	230 x 125	
⑥	2	Trägerleisten	782 x 40	
⑦	1	Bodenplatte	900 x 850	HDF 5 mm dick

Sonstiges: je 1 Bettgestell „Rekdal“ und Lattenrost „Lade“ 90 x 200 cm (Ikea), Fichte-Leimholz 18 mm dick: 1 Seitenblende 1500 x 481 mm, 1 Kopfteil 885 x 380 mm, 1 Aufdoppelungsleiste 885 x 40 mm, 1 Rückwand 450 x 295 mm, je 1 Bodenplatte 400 x 270 und 350 x 220 mm; 1 Stangenscharnier (Klavierband) 880 mm lang, 32 mm breit (geöffnet); Möbelgleiter; Spanplatten-Schrauben; Holzleim.

** R = 1500 mm, 1x mit Griffbogen 220 mm breit, R = 150 mm*

Beistelltisch aus Buchenholz

Dieser Beistelltisch aus Buchenleimholz ist vielseitig einsetzbar. Er eignet sich als Abstellmöglichkeit für Getränke, aber auch eine Vase oder Bücher finden hier Platz

Durch die leicht asymmetrische Form und die sich nach unten verjüngenden Beine wirkt der hier gezeigte Beistelltisch besonders elegant. Die Konstruktion beginnt mit dem Zuschnitt der Tischbeine. Diese sind oben 38 mm breit, unten dagegen nur noch 19 mm. Die Kanten der Beine können Sie anschließend mit einem Hobel und einer Feile abrunden. Aber auch die Oberfräse ist hierfür geeignet. Für die Herstellung der Tischplatte brauchen Sie eine quadratische Platte von 410 mm Seitenlänge. Den Umriss des kreisförmigen Ausschnitts zeichnen Sie mithilfe eines Zirkels an. Schneiden Sie die Form dann mit der Stichsäge aus. Um die Beine mit der Tischplatte zu verbinden, brauchen Sie eine so genannte Befestigungsscheibe. Die Kreisform wird wieder

Arbeitsschritte

1 Beginnen Sie mit dem Zuschnitt der Tischbeine. Richten Sie sich nach den links angegebenen Maßen. Die Beine verjüngen sich nach unten hin

2 Anschließend müssen die Kanten der Tischbeine abgerundet werden. Verwenden Sie dazu Hobel und Feile. Alternativ können Sie auch die Oberfräse einsetzen

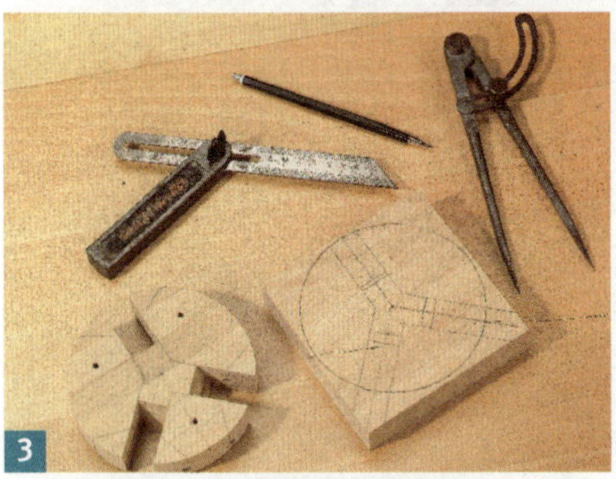

3 Stellen Sie nun die Befestigungsscheibe her. Wichtig ist, dass Sie alle Schnittlinien aufzeichnen, bevor Sie sägen, denn die Ecken dienen als Bezugspunkte

4 Die Schnitte führen Sie mit einer Feinsäge aus. Danach kommt der Beitel zum Einsatz. Mit ihm stechen Sie die Aussparungen für die Tischbeine aus

5 Stellen Sie im nächsten Schritt die Bohrlöcher her. Besonders präzise arbeiten Sie, wenn Sie einen Bohrständer verwenden und die Scheibe einspannen

6 Sind alle Löcher gebohrt, können Sie die Beine in Position bringen. Die Verbindung erfolgt mit Leim und Holzdübeln. Überstände werden entfernt

7 Zum Schluss montieren Sie die Befestigungsscheibe mitsamt der Tischbeine mit der Platte. Drei Spanplatten-Schrauben sorgen für eine sichere Befestigung

Materialliste

Maße in mm

Buche-Leimholz 27 mm dick: 1 Tischplatte 410 x 410 mm; 1 Befestigungsscheibe 121 x 121 mm; Buche-Leimholz 19 mm dick: 2 Tischbeine ca. 495 x 40 mm; 1 Tischbein ca. 485 x 40 mm; dazu: Spanplatten-schrauben; Holzleim.

unter Zuhilfenahme des Zirkels angezeichnet. Markieren Sie auch alle anderen Schnittlinien, bevor Sie den Kreis aussägen. Denken Sie daran, dass Sie die Scheibe auf beiden Seiten anzeichnen müssen, denn die Beine sollen später schräg darin sitzen, wie der Schnitt A:A zeigt. Mit der Feinsäge schneiden Sie die Scheibe ein und stechen die Aussparungen dann mit dem Beitel aus. Die Beine werden nach Anfertigung der nötigen Bohrlöcher mit der Scheibe verleimt und verdübelt. Achten Sie darauf, dass ein Bein schräger steht als die beiden anderen.

ANSICHT VON UNTEN

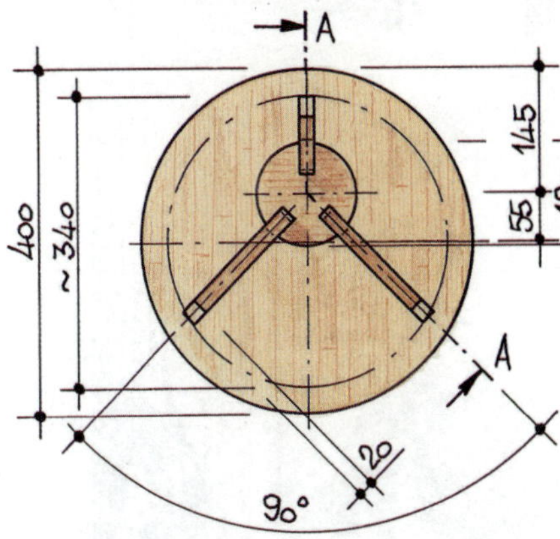

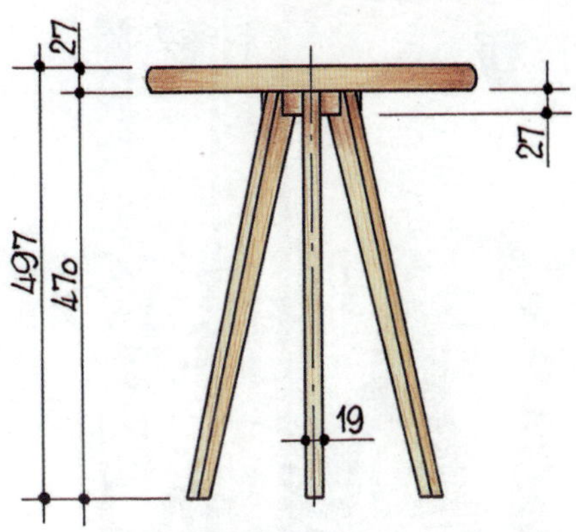

VORDERANSICHT

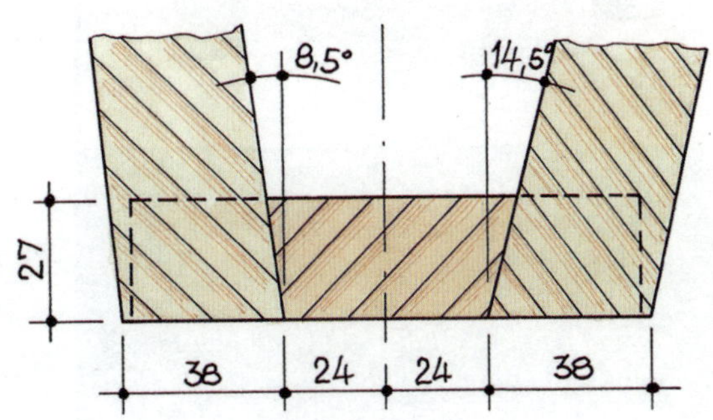

SCHNITT A÷A

Treffpunkt Minibar

Eine Minibar einmal anders: In diesem eleganten Möbelstück aus Multiplex und Metall finden die wichtigsten Utensilien fürs Getränke-Mixen Platz

Elegante Säule mit hochprozentigem Innenleben

Einmal gewendet, gibt die Säule preis, was sich in ihr verbirgt. Hier ist genügend Platz für Flaschen, Shaker, Zitruspresse, Strohhalme etc. Überraschen Sie Ihre Gäste doch einfach mal mit einem selbst hergestellten Mixgetränk

Wollen Sie Ihre Gäste besonders stilvoll zu einem kleinen Begrüßungstrunk bitten? Dann ist diese Minibar genau das Richtige für Sie. Die Konstruktion aus Multiplex und Metallsäulen ist schon ein wenig anspruchsvoller und mit Sicherheit nichts für den Anfänger, das Ergebnis kann sich allerdings sehen lassen. Außerordentlich raffiniert ist die Oberflächenbehandlung. Man verwendete Hammerschlaglack – eine Farbe, die man gewöhnlich zum Schutz von Metalloberflächen einsetzt.

Eine Biegeschablone bringt die flexiblen MDF-Platten in Form

Die Konstruktion der Minibar beginnt mit der Herstellung einer Biegeschablone, in die man die flexiblen MDF-Platten einspannt, um sie in Form zu bringen. Die Schablone besteht aus einem Unter- und einem Oberteil. Das Unterteil besitzt zwei Seitenwände und fünf Spanplattenrippen, die Sie zuschneiden und miteinander verschrauben. Das Oberteil besteht aus einer Rückwand und ebenfalls fünf Rippen, die die Gegenstücke zu den Rippen des Schablonenunterteils bilden.

TIPP FLEXIBLE MDF

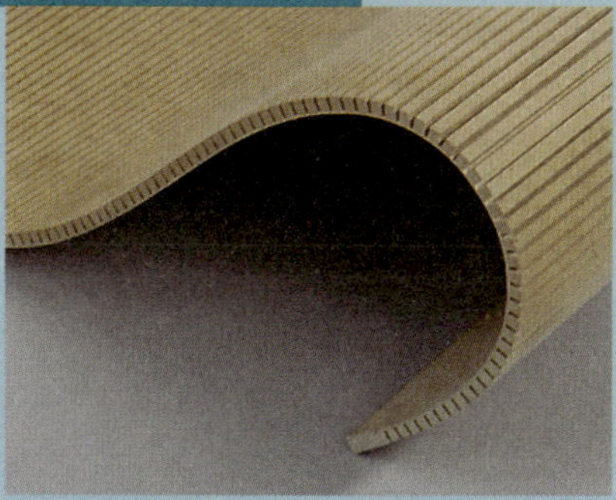

Es gibt MDF-Platten, die in exakten Abständen und Tiefen geschlitzt sind und dadurch flexibel sind. Die Platten sind 1.030 x 2.800 mm groß. Bei einer Stärke von 8 mm beträgt der Biegeradius 40 mm, bei 10 mm Stärke sind es 50 mm. Mit PU-Kleber lassen sich die Platten stumpf anleimen.

Eine Rippe und ihr Gegenstück werden, wie auf Bild 1 erkennbar, stets aus einem rechteckigen Spanplattenstück angefertigt. Ein Restbrett dient als Fräshilfe, um das erste Rippenpaar auszuschneiden. Die Fräshilfe kommt später auch noch einmal beim Zuschneiden der Böden zum Einsatz. Die weiteren Rippenpaare schneiden Sie mithilfe eines Bündigfräsers zu.

Arbeitsschritte

Zunächst die Biegeschablone anfertigen. Mit einer Fräshilfe stellen Sie die ersten beiden Formteile her. Für die weiteren Teile den Bündigfräser verwenden

Die Seitenwände der Schablone werden zugeschnitten und vorgebohrt. Die zuvor angefertigten Rippen verschrauben Sie anschließend mit den Seiten

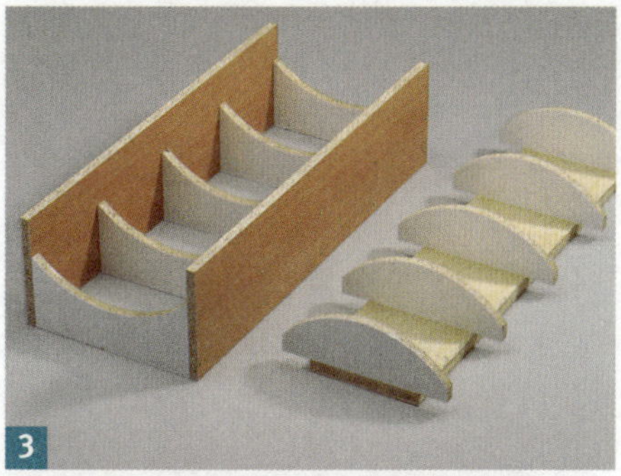

Haben Sie die Rippen mit den Seitenwänden verbunden, stellen Sie das Gegenstück her. Die fünf anderen Rippen werden mit einem Brett verschraubt

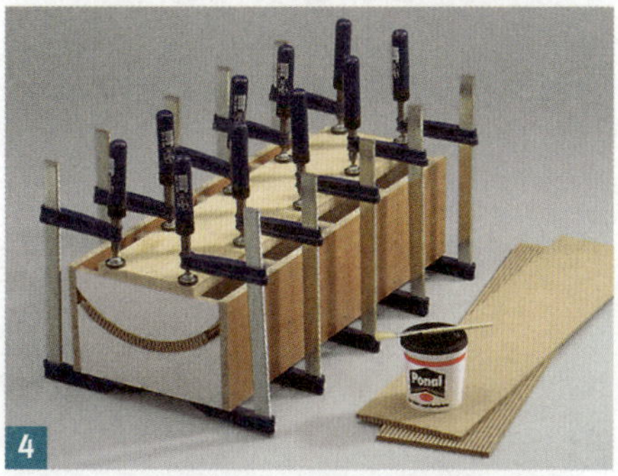

Das Formstück aus zwei miteinander verleimten Schichten biegsamer MDF wird nun zwischen die beiden Schablonenteile gelegt und festgespannt

Dann wird ein Hilfsbrett auf das Formteil gespannt, das an der einen Seite eine 40-, an der anderen eine 25-Grad-Kante besitzt. Formteil nachschneiden

Längen Sie das Formteil nun nach Maßangaben ab und füllen Sie Schlitze und Kanten mit einem Klebespachtel, den Sie aus Harz und Härter anmischen

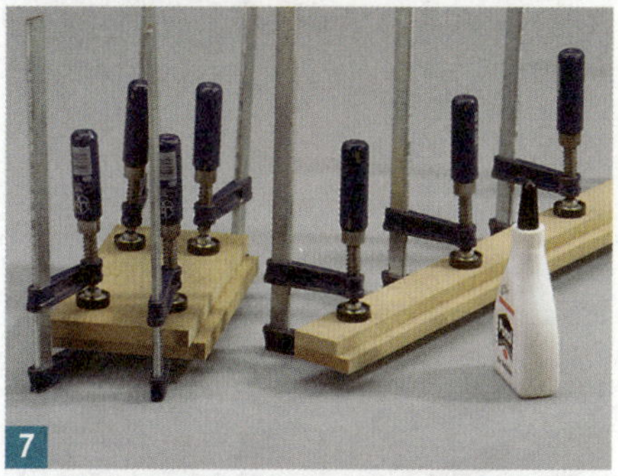

Der Rahmen, in den später die Plexiglasscheibe eingesetzt wird, besteht aus zwei Lagen. Leisten und Bretter werden verleimt und bilden einen Falz

Die Längsseiten erhalten je eine 40°-Kante, die sich an die zuvor angefertigten Formteile anschließen soll. Ein Stichsägetisch zum Festspannen ist hilfreich

Zur Herstellung der beiden gebogenen Formteile schneiden Sie jeweils zwei Stücke biegsame MDF zurecht, die Sie übereinander leimen. Achtung: Die MDF wird jetzt noch nicht passgenau zugeschnitten. Rechnen Sie also einige Zentimeter zu. Tragen Sie den Leim mit einem Pinsel auf. Läuft er in die Schlitze hinein, ist das nicht von Nachteil. Nach dem Leimauftrag legen Sie die Formteile in die Schablone ein.

Mithilfe von Zwingen wird das Ganze nun festgespannt. Am besten lassen Sie die Formteile jeweils über Nacht in der Schablone. Ist der Leim gut durchgetrocknet, sind die Formteile absolut stabil. Sie können sie nun nach den Maßangaben zuschneiden. An den Seiten stellen Sie schräge Kanten her: an einer Seite 40°, an der anderen 25°.

TIPP METALLSTANGEN

A

B

C

D

Für die hier vorgestellte Minibar wurden Metallstangen gebraucht. Man wählte Teile aus einer Produktserie, deren Teile vor allem in der Küche (A), aber auch im restlichen Wohnbereich Verwendung finden. Für die Füße und die Hauptsäule verwendete man ein 60-mm-Rohr, für die oberen Stützen dagegen ein Rohr von 40 mm Durchmesser (B). Man schraubt die Gewindestangen in Einschraubmuffen (C) oder kann sie alternativ durch Sechskantmuttern mit Scheiben ergänzen (D).

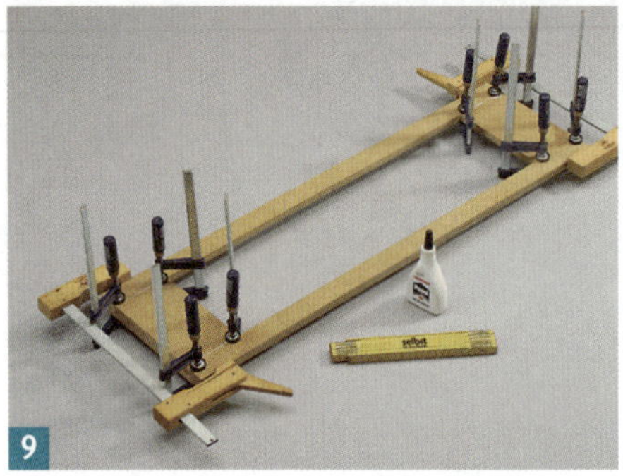
9

Verleimen Sie nun die vier Rahmenteile miteinander, und zwar so, dass der seitliche Überstand der Querteile in die Falzen der Längsteile greift. Festspannen

10

Mit dem Nutfräser sägen Sie einen Boden aus MDF und einen aus Multiplex heraus. Die weiteren Böden lassen sich mithilfe des Bündigfräsers herstellen

11

Jetzt können Sie alle angefertigten Bauteile miteinander verleimen. Gurte sorgen für den nötigen Druck. Die Stange wird als Abstandhalter eingesetzt

12

Schneiden Sie nun die Rückwand zu. Mit dem Forstner-Bohrer stellen Sie 20 mm breite Löcher her, die Sie für die Belüftung der Leuchten brauchen

13

Im nächsten Schritt werden die Stege angesetzt, die später die Leuchten halten sollen. Man verleimt sie mit der Rückwand und spannt sie dann fest

14

Fahren Sie mit der Arbeit an den runden Böden aus MDF und Multiplex fort. Diese müssen geschliffen werden. Verwenden Sie für die Kante einen Schleifteller

15 Mit einer Schleifhülse können Sie die Innenrundung des Thekenbretts schleifen. Sie erhalten Schleifhülsen im Handel auch als Bohrmaschinenaufsatz

16 Mit dem Forstner-Bohrer setzen Sie 25-mm-Sacklöcher von 12 mm Tiefe in die Böden. So können Sie die Sechskantmuttern oben und unten versenken

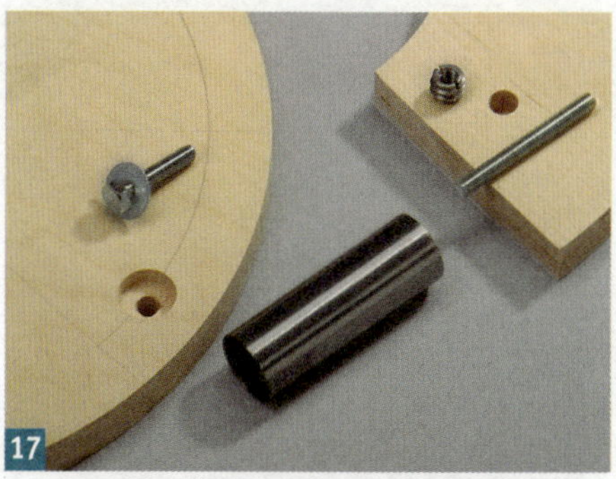
17 Drehen Sie die Einschraubmuffe für die Gewindestange an eine Sechskantschraube mit Mutter und Scheibe und drehen Sie sie dann senkrecht ein

18 Mit einer Ratsche können Sie das Ganze nun von oben unter Druck einschrauben. Das angehobene Holz wird am Schluss durch die Scheibe wieder angepresst

19 Mit dem Abrundfräser bearbeiten Sie nun die Kanten der Multiplex-Teile: Oberen Boden und Thekenbrett von beiden Seiten, unteren Boden nur oberseitig

20 Verschrauben Sie den Multiplex-Boden im Inneren des Leuchtkastens von oben, ansonsten von unten. Montieren Sie dann die Rückwand-Anschlagleisten

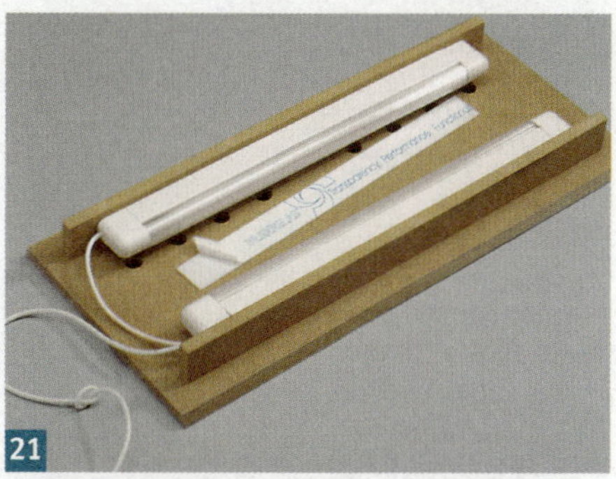
21 Verkabeln Sie die Leuchten. Dann an den Stegen verschrauben. Die Löcher der Rückwand bis auf die obersten und untersten mit Plexiglasstreifen bekleben

22 Geben Sie nun Montagekleber oder klares Silikon in den Rahmenfalz, jedoch nur so viel, dass beim Fixieren des Plexiglases nichts davon austritt

TIPP ELEKTROINSTALLATION

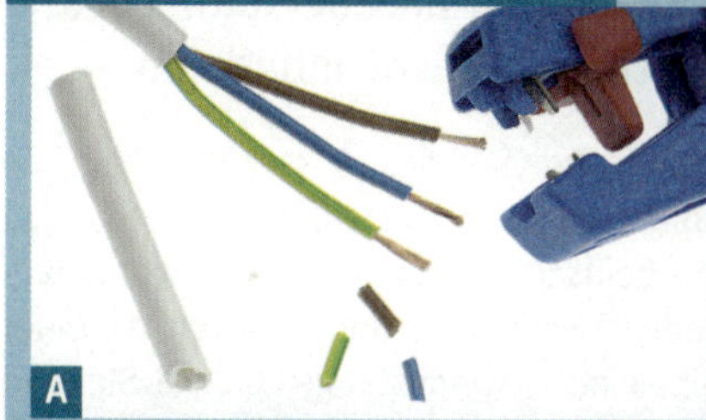
A Etwa 4 cm des dreiadrigen Kabels freilegen und die Leiter abisolieren

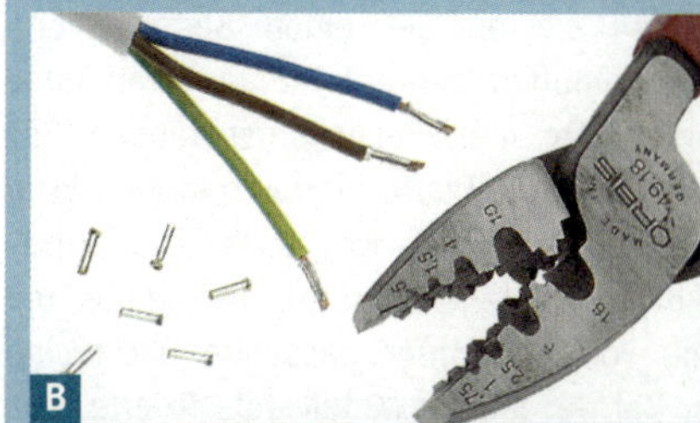
B Dann quetscht man Kabel-Endhülsen auf die zuvor freigelegten Drähte

C Trennen Sie die Phase (braun) durch, und montieren Sie sie am Fußschalter

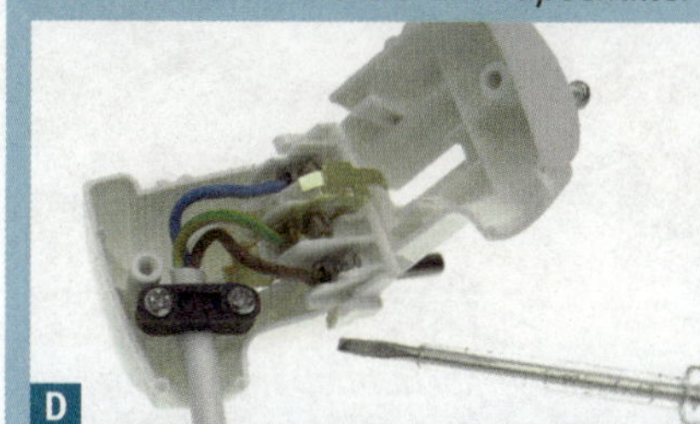
D Verschrauben Sie anschließend das eine Ende in einem Schukostecker

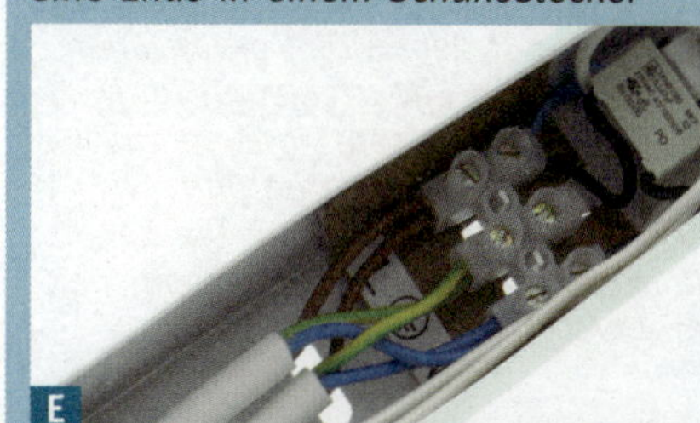
E Das andere Ende in die Leuchte führen. Oben der Abzweig zu Leuchte 2

Da die Leuchtstofflampen nur sehr wenig Wärme abgeben, reichen die vier Belüftungslöcher an der Rückwand völlig aus. Die Installation ist äußerst leicht. Befolgen Sie einfach die obige Anleitung. Damit spätere Reparaturen möglich sind, wird die Rückwand der Minibar mit Schrauben an den Stegen befestigt.

Metallsäulen im Edelstahl-Look lassen sich leicht montieren

Ein besonders edles Aussehen erhält die Minibar durch die Metallsäule. Die Stangen sind beidseitig innen mit einem Schraubgewinde ausgestattet und besitzen an einer Seite eine Gewindestange. Da die Stangen bei der Minibar jedoch stets von oben oder unten in Platten montiert werden müssen, wurden sie an der einen Seite in Einschraubmuffen gedreht. Am anderen Ende verwendete man Sechskantschrauben, die man durch die Platte hindurch in dem Rohr fixierte. Damit die Köpfe der Schrauben nicht hervorstehen, fertigte man vorher mit dem Forstner-Bohrer passende Sacklöcher an. Bei der langen Metallsäule fixierte man beide Enden mit Sechskantschrauben.

Das Plexiglas wird mit der Stichsäge zugeschnitten. Es handelt sich um ein milchiges Glas in einer Stärke von 4 mm. Lassen Sie beim Zuschnitt unbedingt noch den Schutzfilm auf der Fläche. Zum Schluss setzen Sie die Lampen ein. Aus Sicherheitsgründen sollten Sie Leuchtstofflampen wählen, da sie nicht so heiß werden wie herkömmliche Glühlampen. Doch auch bei wenig Wärmeproduktion ist eine leichte Belüftung notwendig. Aus diesem Grund bleiben die obersten und untersten Löcher in der Rückwand offen.

TIPP OBERFLÄCHENBEHANDLUNG

Für die Oberflächenbehandlung der Minibar verwendete man Hammerschlaglack. Es handelt sich dabei eigentlich um eine Metallschutzfarbe, die aber auf dem MDF-Korpus einen interessanten Effekt erzeugt. Da MDF stark saugt, müssen Sie zuerst mit Alkyd-Vorlack grundieren und zwischenschleifen. Die Innenseite der Rückwand wurde zweifach gestrichen und weiß gelassen.

Materialliste

Maße in mm

Multiplex 30 dick: 2 Böden Ø 450, 1 Thekenbrett Ø 550 x 150 breit (Halbring); Multiplex 18 dick: 1 Einlegeboden 360 (größte Breite) x 130 (Stirnseiten dem Radius anpassen); MDF 19 dick: 2 Böden Ø 380 (eine Seite um 40 abgeflacht), 1 Rückwand 798 x 365 (beide langen Seiten an Bogenwände anpassen), 2 Stege 750 x 55 (für die Lampen); MDF 10 dick: 2 vordere Rahmenleisten 838 x 36, 2 hintere Rahmenleisten 838 x 21, 2 vordere Rahmenbretter 176 x 100, 2 hintere Rahmenbretter 196 x 90; Biege-MDF 9,5 dick: 4 Bogenteile 838 x 250 (Rohmaß, nach dem Verleimen exakt anpassen); Kiefer 20 x 20: 2 Anschlagleisten 353 lang (Stirnseiten an Bogenwände anpassen); Montagerohre kpl. mit Befestigungsmaterial: 1x Ø 60 x 800, 4x Ø 60 x 60, 3x Ø 40 x 120; Acrylglas (opal) 4 dick: 1x 656 x 194; 2 Leuchtstoffröhren kpl.; 2 Bodenhalter; 3 Einschraubmuttern M 10; Spanplatten-Schrauben; Klebespachtel; Holzleim

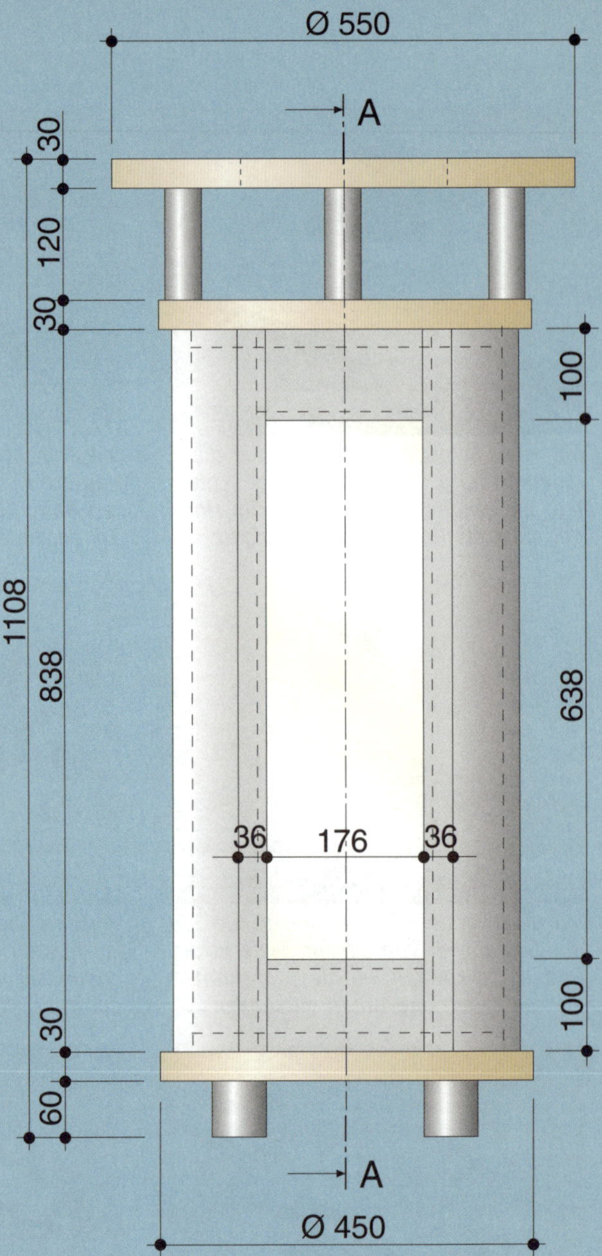

Vorderansicht

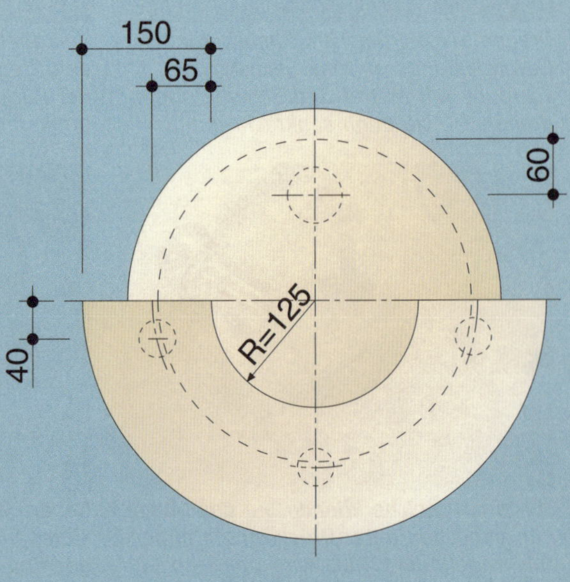

Draufsicht

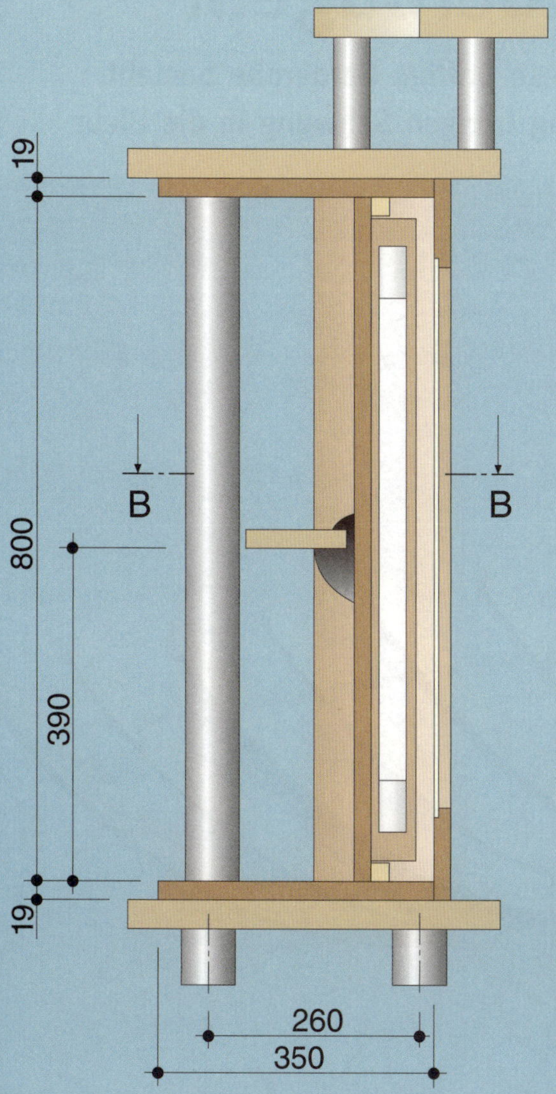

Schnitt A÷A

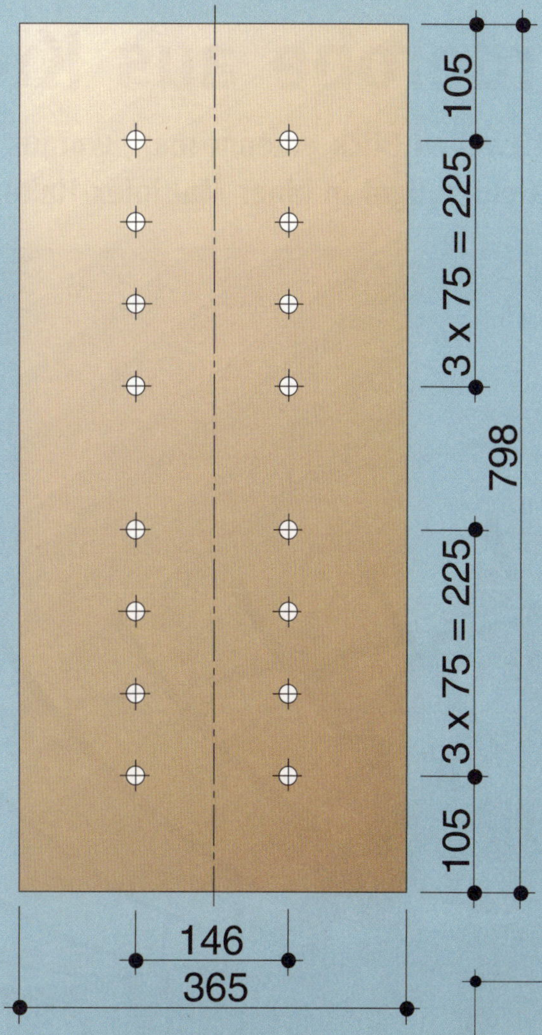

Rückwand

Restholz für die Biegeschablone: *Spanplatte 19 dick: 1 Anpressplatte 840 x 250 (für Bogenrippen); Spanplatte 16 dick: 2 Seitenwände 838 x 200; Spanplatte 13 dick: 5 Rippen 300 x 200 (entsprechend der Zeichnung auftrennen); Spanplatten-Schrauben.*

Biegeschablone *838 lang, 5 Rippen gleichmäßig über die Länge verteilt*

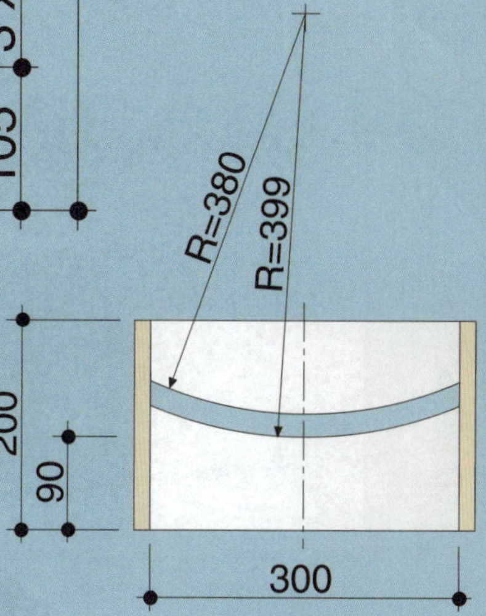

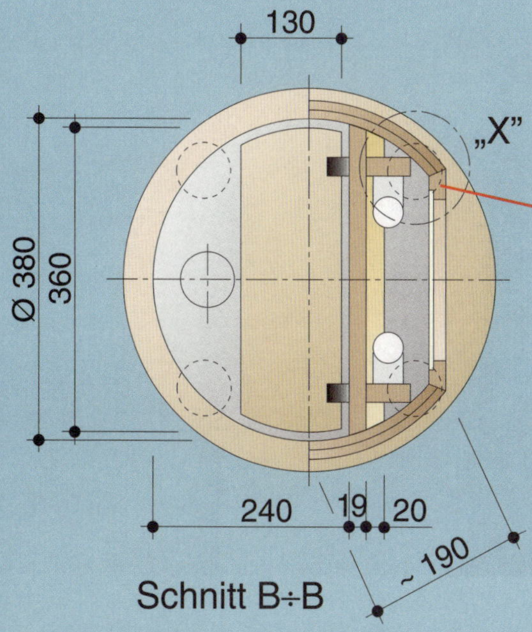

Schnitt B÷B

Detail X
Stellen Sie die Winkeleinstellung Ihrer Stichsäge auf 40°. So erhalten Sie einen Schnittwinkel von 20°

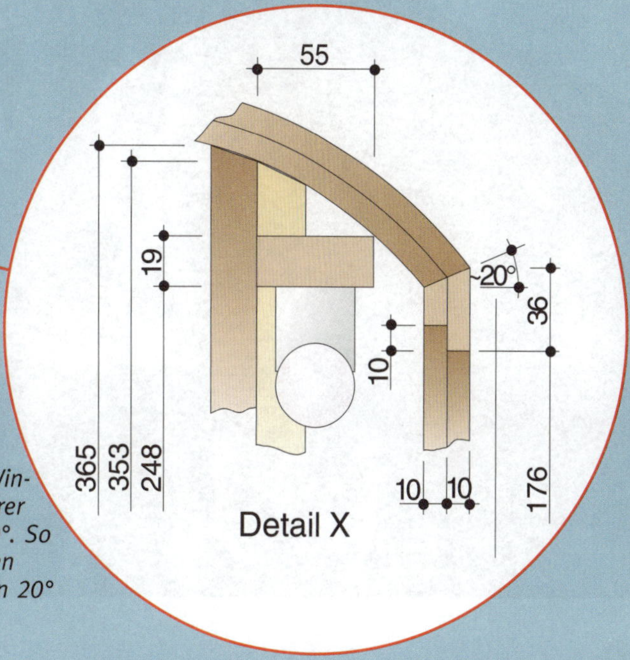

Garderobe aus Kleiderbügeln

Erst auf den zweiten Blick erkennt man, woraus diese pfiffige Garderobe besteht. Umgedrehte Kleiderbügel in einer Multiplex-Halterung bringen Schwung in die Diele

Beim Anblick dieser Garderobe werden Ihre Gäste verblüfft sein. Die Multiplex-Halterung mit den aufgereihten Kopf stehenden Kleiderbügeln stellt in der Diele ein absolutes Highlight dar. Dazu ist sie im Nu gebaut. Alle nötigen Teile erhalten Sie im Baumarkt. Die elf Kleiderbügel, die Sie für die Garderobe brauchen, bestehen aus Buchenholz. Die früher üblicheren Bügel ohne Quersteg sind heute nicht mehr so leicht zu bekommen. Sie können aber ebenso gut Modelle mit Steg kaufen. Wichtig ist jedoch, dass die Bügel keine Einkerbungen an der Oberseite besitzen. Das würde die Optik stören.

Die Querstange lässt sich in der Regel gut abtrennen. Sägen Sie sie dazu einmal in der Mitte durch und drehen Sie beide Seiten nach außen. Wenn Sie die Stegteile dann nach unten ziehen, löst sich die Verbindung. Die hervorstehenden Drahtstifte können Sie herausziehen. Schleifen Sie die Enden nun ab. Ein Klarlack sorgt für die nötige Versiegelung.

Bei sechs der Bügel müssen Sie zusätzlich zu den Stegen noch die Haken entfernen. Die Löcher können Sie mit Holzspachtel füllen. Wenn Sie die Bügel an den Enden mit Bohrlöchern versehen, arbeiten Sie am besten mit einem Bohrständer. Bohren Sie zunächst Löcher in einen Bügel und benutzen Sie diesen anschließend als Schablone für die weiteren. Sie können stets drei Bügel auf einmal bearbeiten, indem Sie die Enden mit doppelseitigem Klebeband miteinander verbinden.

Alurohrstückchen halten die Kleiderbügel auf Abstand

Wenn Sie die Gewindestange ablängen, sollten Sie vorher eine Mutter aufdrehen. Ist die Stange durchgesägt, drehen Sie die Mutter über das Schnittende ab. Auf diese Weise wird der Grat entfernt. Die Kleiderbügel können nun auf die Gewindestange aufgezogen werden. Beginnen Sie mit einem Bügel ohne Haken und wechseln Sie dann stets ab. Zwischen die Bügel werden 60 mm lange Alurohrstückchen gesetzt, die als Abstandhalter dienen.

Die Seitenteile der Multiplex-Halterung passen sich in ihrem Schwung den Kleiderbügeln an. Mit Edelstahl-Lack stimmt man die Halterung farblich auf das Aluminium ab.

Arbeitsschritte

Sie brauchen insgesamt elf Kleiderbügel. Lösen Sie aus sechs Bügeln die Haken heraus. Besitzen die Bügel Querstege, müssen Sie diese bei allen entfernen

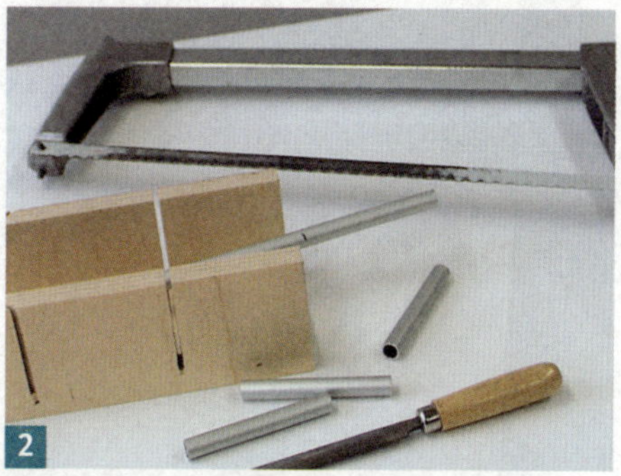

Das Alurohr zerteilen Sie mit der Metallsäge in 20 Abschnitte, die alle eine Länge von 60 mm besitzen. Mit einer Feile sollten Sie die Enden entgraten

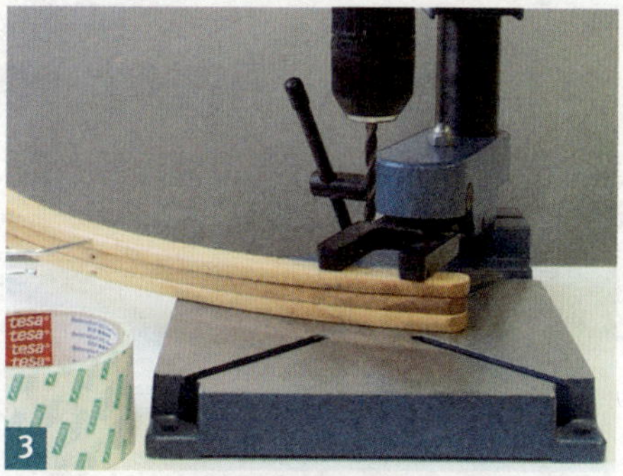

Legen Sie jeweils drei Bügel aufeinander und verbinden Sie sie an den Enden mit doppelseitigem Klebeband. Dann bohren Sie an beiden Seiten 6-mm-Löcher

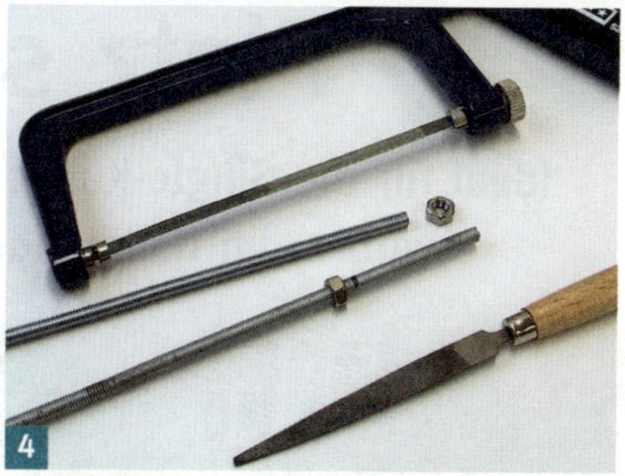

Längen Sie im nächsten Schritt die Gewindestange mit der Metallsäge ab. Das Gewinde wird beim Sägen durch eine zuvor aufgedrehte Mutter geschützt

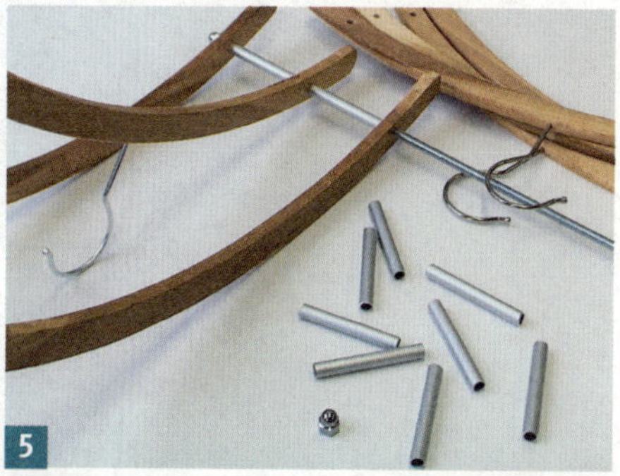

Reihen Sie nun die Bügel auf die Gewindestange, und zwar immer abwechselnd einen Bügel ohne und einen mit Haken. Stets ein Stück Alurohr zwischensetzen

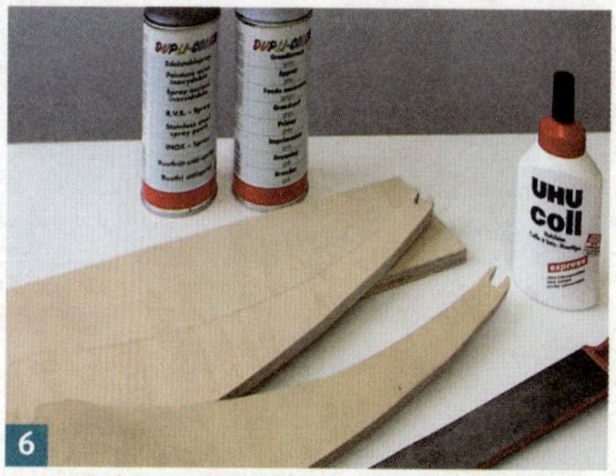

Zum Schluss schneiden Sie die Teile der Multiplex-Halterung zu. Wenn Sie sie mit einem Edelstahl-Lack einfärben, passt sie sich farblich dem Aluminium an

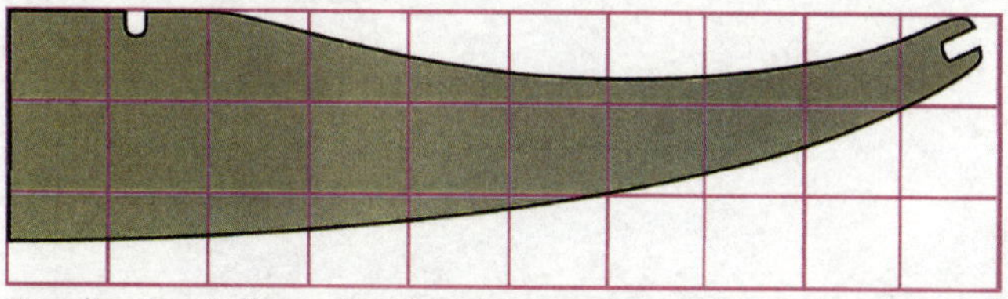

Für die Herstellung der Aussparungen an den Seitenteilen der Halterung verwenden Sie einen 8-mm-Bohrer. Löcher mit der Feile ausweiten. Ein Kästchen = 4 cm

Materialliste ***Maße in mm***

Multiplex 12 mm: *1 Rückenteil 423 x 100 mm, 2 Seitenteile 395 x 100 mm;*

dazu: 11 Bügel aus Buchenholz; 2 Gewindestangen M6, ca. 720 lang; 20 Alu-Rohrabschnitte Ø 8 x 60 mm; 4 Hutmuttern M6; Spanplattenschrauben; Holzleim, Metallic-Lackspray; 4 Holzschrauben mit Kopfblende

Platz sparender Klapptisch

Ideal für die Single-Küche ist dieser Klapptisch aus Kiefer-Leimholz. Kommen Gäste, wird er im Handumdrehen zu einem runden Esstisch mit doppelter Fläche

Arbeitsschritte

1 *Beginnen Sie mit der Herstellung der Aussparungen in den Tischbeinen. Mit der Oberfräse im Bohrständer setzen Sie in jedes Bein zwei parallele Schlitze*

2 *Auch beim Anfertigen der Zapfen an den Enden der Zargen kommt die Oberfräse zum Einsatz. Fertigen Sie die Zargen in zwei bis drei Gängen an*

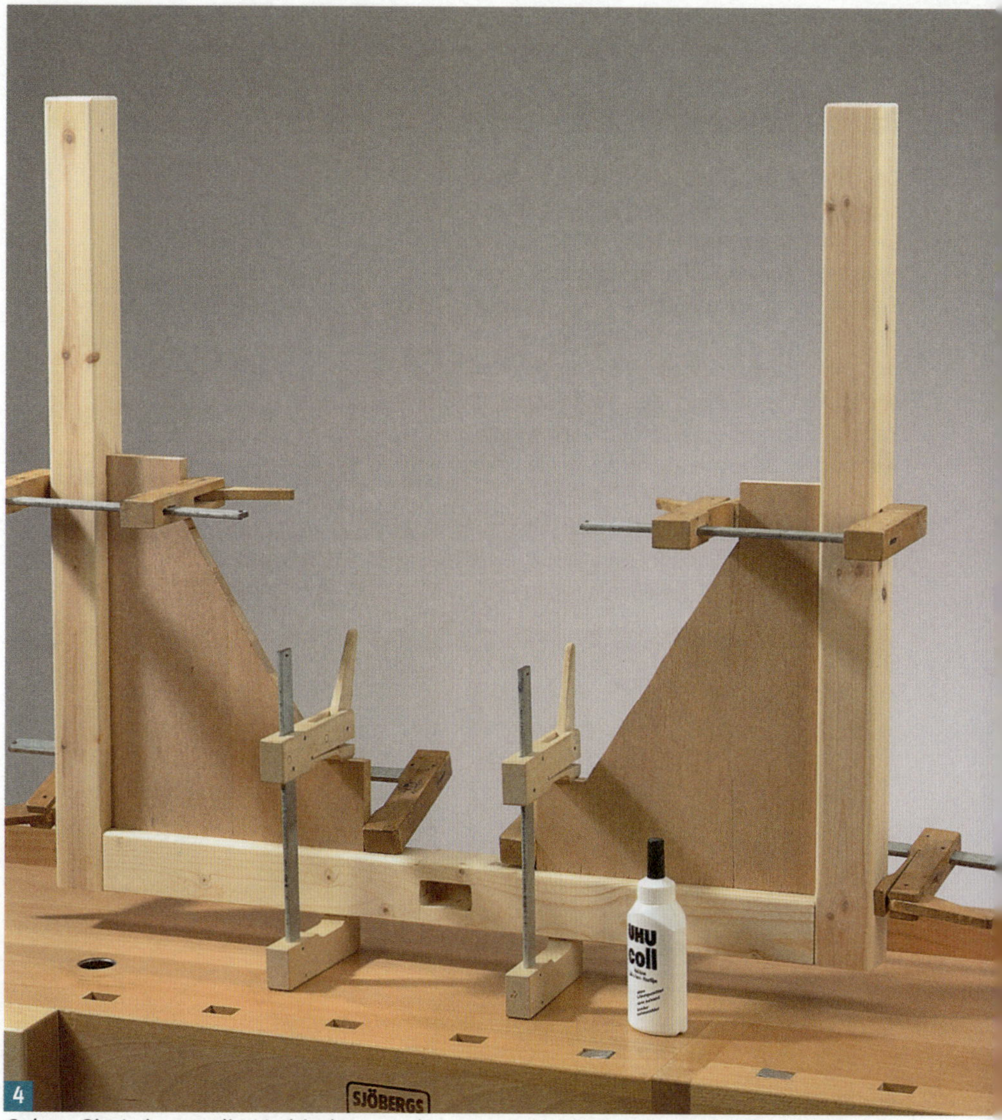

4 *Geben Sie Leim an die Verbindung und spannen Sie die Längszarge mit den zwei anschließenden Tischbeinen ein. Winkelstücke sorgen für exakte Rechtwinkligkeit*

3 *Stemmen Sie das Holz zwischen den beiden Schlitzen der Beine aus, sodass Sie einen breiten erhalten. Die Zapfen der Zargen führen Sie in die Schlitze*

5 *Im nächsten Schritt verbinden Sie die Längs- mit der Querzarge. Die Zargen unter der Platte verschrauben. Dann an der Platte die Scharniere anbringen*

Der runde Küchentisch aus Kiefer-Leimholz ist ein wahres Platzsparwunder. Er ist das ideale Möbelstück für die knapp bemessene Single-Küche. Im Alltag wird nur der halbe Tisch genutzt, die andere Hälfte hängt an der Wand herunter. Wird mehr Tischfläche gebraucht – etwa, wenn Gäste kommen, oder wenn man mehr Platz zum Arbeiten benötigt –, kann man die Platte mit wenigen Handgriffen auf die doppelte Größe bringen.

Das Material für den Bau des Tisches kaufen Sie im Holzfachhandel. Dort erhalten Sie bereits fertig zugeschnittene Tischplatten, die zwar etwas teurer, aber dafür qualitativ hochwertig sind. Für die Unterkonstruktion verwenden Sie massive Systemrahmen. An Werkzeug brauchen Sie neben dem Akkuschrauber nur eine Bohrmaschine mit Bohrständer, eine Oberfräse und einen Beitel.

Bau der Unterkonstruktion

Da die Plattenhälften schon fix und fertig sind, konzentriert sich die Arbeit auf den Bau der Unterkonstruktion. Schlitzen Sie zuerst die oberen Enden der Tischbeine ein. Setzen Sie mit dem Nutfräser zwei parallele Schlitze und stemmen Sie das Mittelstück mit dem Beitel heraus. Die Zargenenden versehen Sie mithilfe des Falzfräsers mit Zapfen. Fügen Sie Beine und Zargen dann wie in den Bildern gezeigt zusammen. Sie werden verleimt und dann festgespannt. Die Schwenkzarge erhält ein Kulissenscharnier. Befestigen Sie die Zarge mit einer Schlossschraube an der Führungsplatte.

8 *Die Querzarge kann zur Seite schwenken. Eine Karosseriescheibe und eine selbstsichernde Mutter sorgen für eine stabile, aber flexible Verbindung*

11 *Der fertige Klapptisch mit aufgesetzter Abdeckleiste: Sie bildet einen perfekten optischen Abschluss zur Wand, wenn der Tisch nur zur Hälfte genutzt wird*

6 *Ist der Leim getrocknet, wird die Führungsplatte auf die Längszarge geschraubt. In dieser Platte verankern Sie anschließend die Schlossschraube*

9 *Setzen Sie einen Dübel in die Tischplatte. Er ist für einen sicheren Anschlag zuständig. Die Zarge braucht plattenseitig eine Aussparung für das Scharnier*

7 *Befestigen Sie nun die Klappplatte. Die Verbindung erfolgt mit so genannten Kulissenscharnieren. Durch die beiden Hälften wird ein Splint gezogen*

10 *Setzen Sie zum Schluss die Abdeckleiste auf. Sie füllt den Winkel zwischen den beiden Plattenhälften. Zwei Einbohrmagnete sorgen für eine sichere Fixierung*

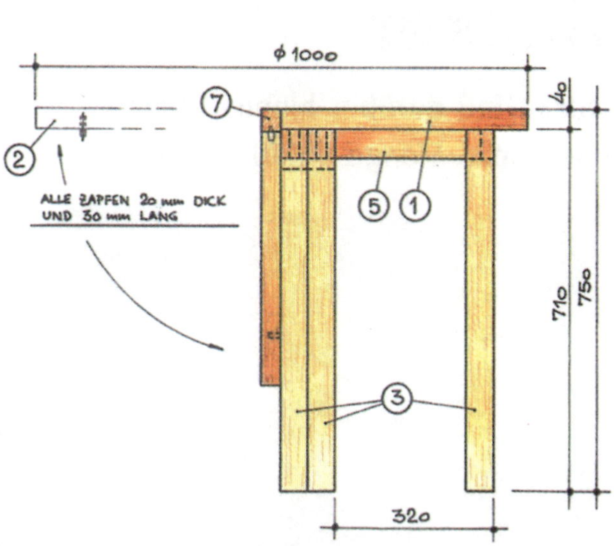

VORDERANSICHT

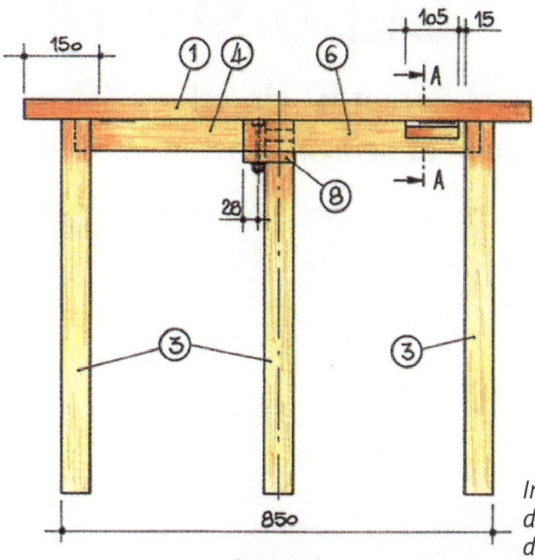

SEITENANSICHT (OHNE KLAPPE)

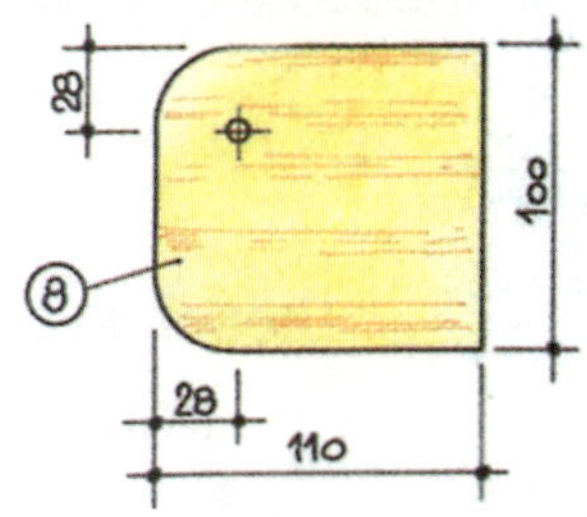

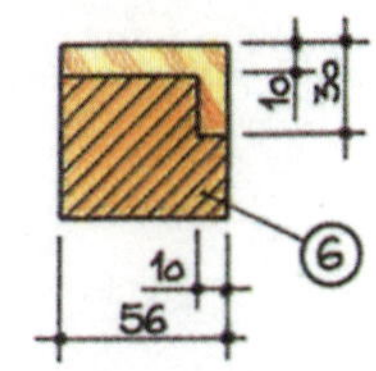

TEILSCHNITT A÷A

In Schnitt A-A sehen Sie die Aussparung, die das Kulissenscharnier beim Anklappen überbrückt

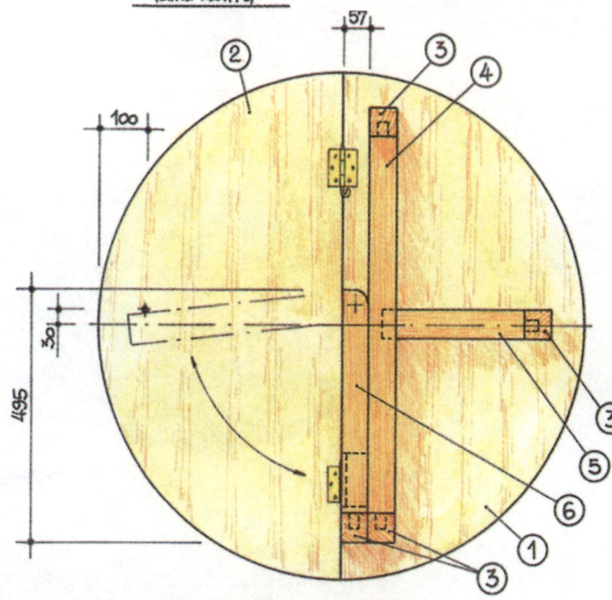

ANSICHT VON UNTEN (OHNE FÜHRUNGSPLATTE)

Mit einigen raffinierten Details wird der Klappklassiker noch praktischer. Als Basis dienen fertige halbrunde Kiefer-Leimholzplatten

Materialliste

Pos.	Anz.	Bezeichnung	Maße in mm	Material
①	1	halbe Tischplatte	1000 Ø	Kiefer-Leimholz
②	1	halbe Tischplatte	1000 Ø	40 mm dick
③	4	Tischbeine	710 lang	Systemrahmen
④	1	Längszarge	798 lang*	Kiefer
⑤	1	Querzarge	324 lang*	56 x 56 mm
⑥	1	Schwenkzarge	469 lang*	
⑦	1	Abdeckleiste	1000 lang	Kiefer 47 x 40 mm
⑧	1	Führungsplatte	110 x 100	Multiplex 21 mm

*Längenangabe einschließlich der erforderlichen Zapfen; 2 Kulissenscharniere 70 x 55 (geöffnet), gekröpft; 1 Schlossschraube M8 x 80 mit Karosseriescheibe und selbstsichernder Sechskantmutter; 2 Einbohrmagnete M10; Spanplattenschrauben; 1 Holzdübel Ø 10 x 40 (Anschlag Schwenkfuß); Holzleim.

Gepolsterter Hocker

Dieser gepolsterte Hocker ist ein echtes Schmuckstück. Und darüber hinaus überaus praktisch, denn in seinem Inneren lässt sich eine ganze Menge unterbringen

So schlicht und einfach dieser Kistenhocker daherkommt, so vielseitig ist er auch im täglichen Einsatz – Sie können ihn nicht nur als Sitzgelegenheit, sondern auch als Beistelltisch oder Fußschemel benutzen. Ein praktisches Plus: Der Hocker lässt sich öffnen. Im Innern können Sie jede Menge Kleinkram unterbringen.

Im ersten Schritt müssen Sie einen geschlossenen Holzkorpus herstellen. Verwenden Sie hierzu 16-mm-Tischlerplatte. Mit der Handkreissäge zerschneiden Sie den Korpus anschließend in Unterteil und Deckel. Arbeiten Sie dabei unbedingt mit einer vorgespannten Führungsschiene (siehe Tippkasten unten), damit Ihnen ein gerader Schnitt gelingt. An den Boden des Hockers setzen Sie Metallfüße. Der Handel bietet unzählige Modelle an. Alternativ können Sie auch Rollen montieren. Zwei angeschraubte Messingscharniere sorgen dafür, dass sich der Deckel komfortabel anheben und senken lässt.

Ein harter Holzhocker wird zur weichen Sitzgelegenheit

Damit der Hocker auch wirklich zum Sitzen einlädt, wird er mit einem Polsterüberzug versehen. Zuerst bekleben Sie Seiten und Deckel mit Schaumstoff. Tragen Sie den Sprühkleber auf das Holz und auf den Schaumstoff auf, lassen Sie ihn kurz anziehen und pressen Sie den Schaumstoff dann auf. Dann nähen Sie den Polsterbezug zu. Denken Sie beim Zuschneiden des Stoffes an etwas Zugabe für die Nähte. Die Befestigung des Polsterstoffs am Hocker erfolgt mithilfe eines Elektrotackers. In den Ecken schneiden Sie den Stoff etwas ein und trennen an beiden Seiten einen schmalen Keil heraus. Um an der Innenseite der Kiste saubere Abschlusskanten zu erhalten, können Sie ein doppelt gelegtes und vernähtes Stoffband auf den Übergang kleben. Im gezeigten Beispiel wurde das Innere des Hockers anthrazitfarben gestrichen. Alternativ können Sie das Innere aber auch mit Stoff auskleiden.

Korpus in Hocker umwandeln

1 *Fertigen Sie zunächst einen geschlossenen Korpus aus 16 mm starker Tischlerplatte an und sägen Sie dann das Deckelteil ab. Metallfüße anbringen*

2 *Die zwei Messingscharniere sind 70 x 50 mm groß und erlauben einen Öffnungswinkel von fast 180 Grad. So haben Sie später optimalen Zugriff*

3 *Ein Blick auf die Montage der Füße: Bohren Sie die Löcher vor, und setzen Sie die Zugmuttern auf. Dann die Leichtmetall-Möbelfüße einfach eindrehen*

TIPP KORPUS TEILEN

Teilen Sie den Korpus mit einer Handkreissäge. Eine vorn aufgespannte Führungsschiene hält die Säge in der richtigen Bahn. So gelingt ein rundum absolut gerader Schnitt.

Materialliste

Pos.	Anz.	Bezeichnung	Maße in mm	Material
①	2	Boden/Deckel	600 x 600	Tischlerplatte
②	4	Seitenwände	584 x 300	16 mm dick

4 Design-Möbelfüße Ø 85 x 135 mm hoch (einschl. Gewinde); 2 Scharniere 70 x 50 mm (geöffnet); Spanplatten-Schrauben; Nägel; Tacker-Klammern; Holzleim; Schaumstoff 5 mm dick, Dichte T20: je 1x 2400 x 205, 2400 x 90 und 610 x 610 mm (alles aus 1x 2000 x 1000 mm); Bezugsstoff (alle Maße plus 10 mm Nahtzugabe): 1x 610 x 610, 4x 610 x 320, 4x 610 x 150 mm und Abdeckband für Tacker-Klammern (alles aus 2 m Stoff bei 1,45 m Breite).

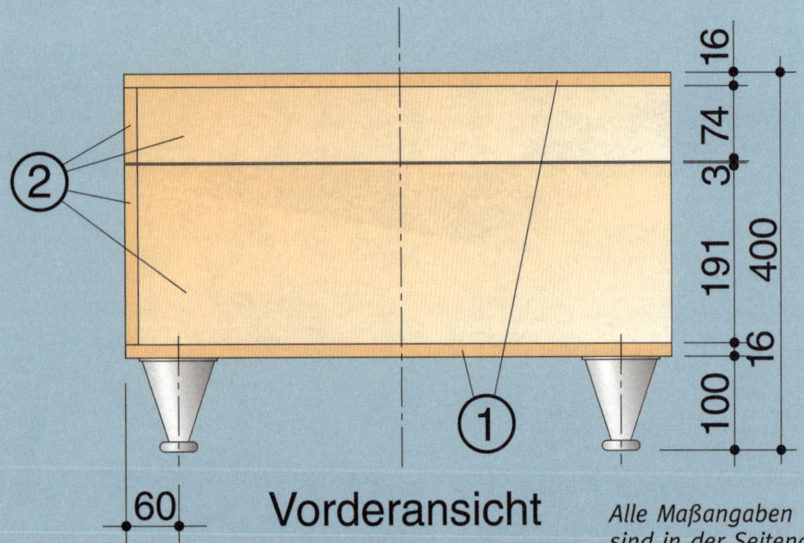

Alle Maßangaben sind in der Seitenansicht (oben) und der Draufsicht (unten) verzeichnet. Weitere Orientierung bietet die Materialliste

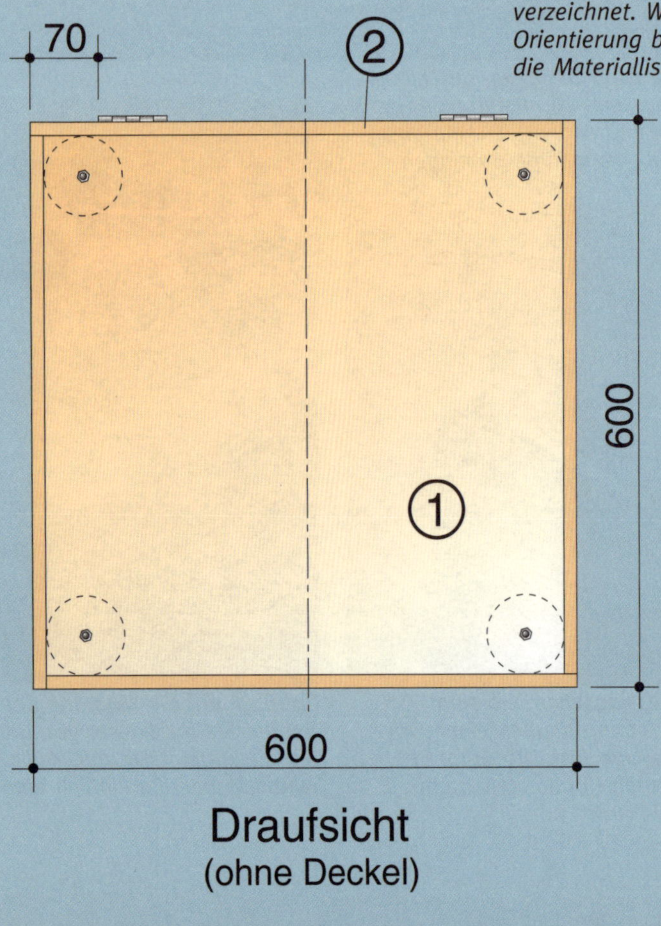

Hocker polstern

Das Material im Überblick: Neben Polster- und Schaumstoff brauchen Sie Kleber, Nadeln, Garn, Schere, einen Stift, ein Maßband und einen Elektrotacker

Schneiden Sie den Schaumstoff mit 10 mm Zugabe zu, und befestigen Sie ihn mit Sprühkleber in einem Stück an allen vier Seitenflächen des Hockers

Es folgt der Deckel. Sprühen Sie den Kleber auf die Holzoberfläche und auf den Schaumstoff, und lassen Sie ihn vor dem Aufeinanderpressen kurz anziehen

4 *Tragen Sie an allen Anschlussstellen noch einmal extra Kleber auf und drücken Sie den Schaumstoff fest. Dann können Sie den Polsterstoff überziehen*

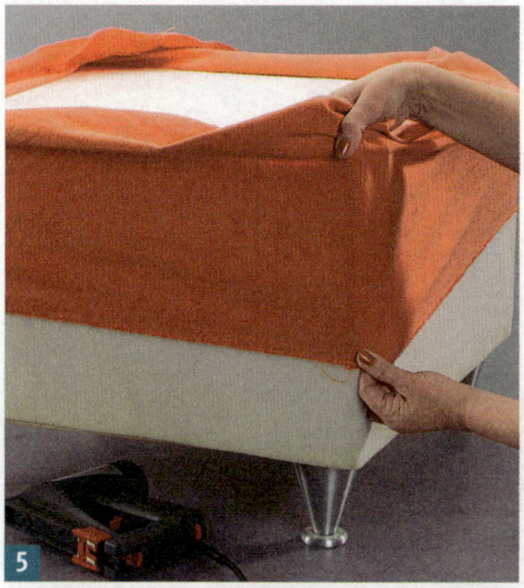

5 *Der Stoff wird nach Maßangaben zugeschnitten und zusammengenäht. Ziehen Sie den Stoff zunächst über das untere Hockerteil. Er muss stramm sitzen*

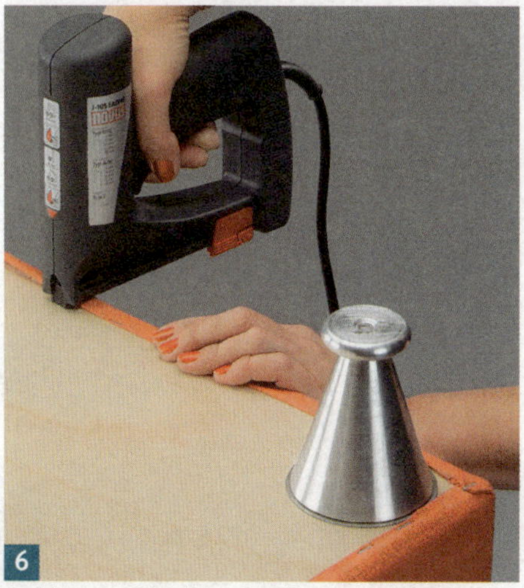

6 *Schlagen Sie den Stoff an der Unterseite um und befestigen Sie ihn mit dem Elektrotacker. Setzen Sie die Klammern im Abstand weniger Zentimeter*

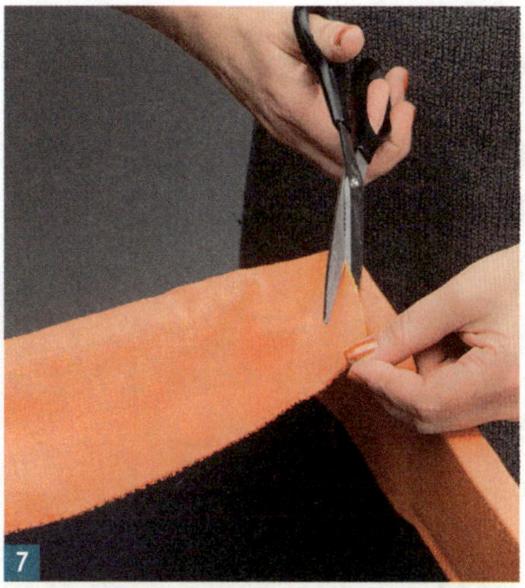

7 *An der Oberseite schneiden Sie den Stoff in den Ecken ein und nehmen beidseitig einen Keil heraus. Sie schneiden die Ecken sozusagen auf Gehrung*

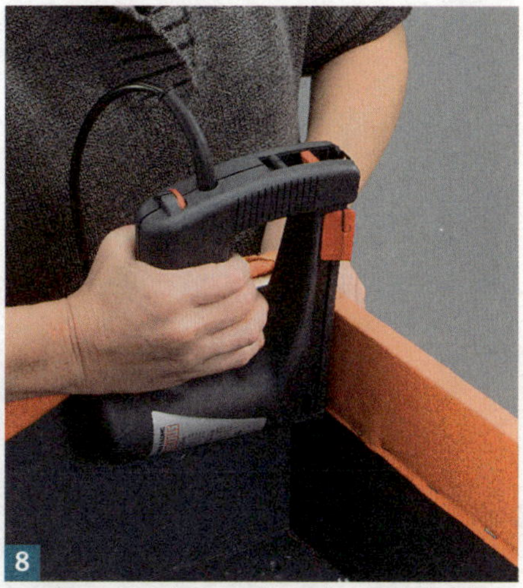

8 *Denken Sie daran, dass der Stoff sich unter der Spannung dehnt. Ziehen Sie ihn während des Tackerns an der Innenseite also immer wieder stramm nach*

9 *Trennen Sie in den vier Ecken nicht zu viel Stoff heraus. Es sollte noch genug übrig bleiben, dass Sie ihn vor dem Festtackern leicht einschlagen können*

10 *Ist der Polsterstoff am Unterteil komplett befestigt, kommt der Deckel an die Reihe. Hier können Sie den Stoff nur an der Innenseite antackern*

11 *Damit der Deckel sich auch mit Polsterbezug problemlos öffnen lässt, müssen Sie an den Scharnieren mit der Schere eine Aussparung herausschneiden*

12 *Eine perfekte Optik auch im Innern erhalten Sie, wenn Sie den Übergang vom Polsterstoff zum Holz mit einem aufgeklebten Stoffband versäubern*

Nostalgischer Konsoltisch

Ob in Diele, Wohnbereich oder Schlafzimmer: Der Konsoltisch im Romantik-Look ist überall ein Blickfang. Stilvoll dekoriert kommt er besonders gut zur Geltung

Wenn Sie sich ein wenig Romantik ins Haus holen wollen, ist der kleine Konsoltisch aus Buche-Leimholz mit Metallbeinen genau das Richtige. Zudem ist er eine praktische Ablage. Die Platte können Sie vorgefertigt beim Holzhändler kaufen. In wenigen Arbeitsschritten wird ein Tisch daraus.

Zunächst bringen Sie an der Unterseite der Tischplatte zwei parallele Gratleisten an. Sie verhindern, dass sich die Leimholzplatte im Laufe der Zeit – etwa infolge von Temperaturschwankungen – verbiegt. Schrägen Sie die Leisten zur Vorderkante hin an, damit sie unsichtbar bleiben. Die Befestigung erfolgt bei jeder Leiste mit acht Schrauben, immer zwei nebeneinander gesetzt (siehe Zeichnung).

Montage der Tischbeine

Nun müssen Sie nur noch die Beine montieren. Dazu senken Sie die Löcher der Montageplatten an. Setzen Sie die Beine dann auf der Tischplattenunterseite in richtiger Position auf und markieren Sie die Bohrlöcher. Entfernen Sie die Beine wieder und bohren Sie. Verwenden Sie dabei unbedingt einen Tiefenanschlag, damit der Bohrer sich nicht zu weit ins Holz gräbt und die Plattenoberseite beschädigt. Haben Sie alle Bohrlöcher gesetzt, können Sie die Tischbeine mit dem Akkuschrauber befestigen.

Für die Platte aus Buche-Leimholz kommen verschiedene Oberflächenbehandlungen in Frage. Sie können beispielsweise Acryl-Parkettlack verwenden. Die Platte bekommt damit einen dekorativen Glanz. Wollen Sie die natürliche Optik des Holzes erhalten, empfiehlt sich dagegen eine Behandlung mit Öl.

Arbeitsschritte

Die Buche-Tischplatte wurde vorgefertigt beim Holzhändler gekauft. Versteifen Sie die Platte mit zwei untergeschraubten, vorn abgeschrägten Gratleisten

Setzen Sie die Beine kopfüber auf eine Unterlage, und senken Sie die Löcher in den Montageplatten an. Alternativ können Sie Rundkopfschrauben verwenden

Richten Sie die Positionen der Montageplatten auf der Tischplattenunterseite genau aus, und markieren Sie die Bohrpositionen mit einem Bleistift

Entfernen Sie die Beine wieder, und bohren Sie an den markierten Stellen Löcher in die Tischplatte. Es empfiehlt sich, einen Tiefenanschlag zu verwenden

Jetzt kommt der Akkuschrauber zum Einsatz. Bringen Sie die Montageplatten wieder in Position, und verschrauben Sie sie von unten mit der Buche-Tischplatte

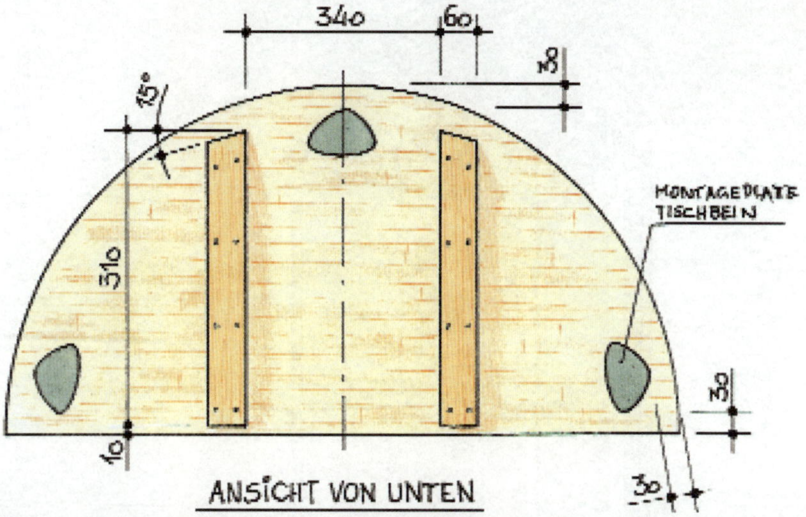

Mithilfe der Zeichnung können Sie Leisten und Montageplatten in Position bringen

Materialliste ***Maße in mm***

Buche-Leimholz 27 mm dick:
1 Halbrundplatte Ø 1200 mm;
Buche-Leimholz 19 mm dick:
2 Gratleisten 510 x 60 mm;

dazu: 3 Design-Tischbeine; jeweils aus 3 Metallstangen Ø 10 mm mit Montage- und Bodenplatte, in Schwarz, Stahl blank oder Hammerschlaglackierung, 720 mm lang; Spanplattenschrauben.

Stilvolle Pflanzenständer

Topfpflanzen machen Wohnräume lebendig. Auf einem dekorativen Pflanzenständer platziert kommen sie besonders gut zur Geltung

Die Topfpflanzen nebeneinander auf den Fensterbänken aufzureihen ist zwar praktisch, wirkt aber auch ein wenig langweilig. Mit den hier vorgestellten Pflanzenständern setzen Sie Ihre Lieblingspflanzen dagegen optimal in Szene. Als Materialien kamen dabei Holz, Kupferrohr und – in einem Fall – ein Kunststoffrohr zum Einsatz. Zum Anreißen der Bodenplatten verwenden Sie übrigens am besten einen Stangenzirkel. Wenn Sie keinen zur Hand haben, können Sie aber auch eine Schnur verwenden.

Pflanzenständer 1

Der erste Pflanzenständer wirkt in einer Umgebung mit modernen Möbeln besonders gut. Beginnen Sie mit dem Anzeichnen der Schnittlinien für die Böden. Den unteren

Vier verschiedene Pflanzenständer-Ideen

Ob klassische Säule oder moderner Materialmix in extravaganter Form – hier ist für jeden Geschmack etwas dabei. Lassen Sie sich von den auf den folgenden Seiten gezeigten Bauvorschlägen inspirieren.

Boden schneiden Sie zunächst genauso zu wie den oberen und sägen anschließend die Aussparungen aus. Für den oberen und unteren Abschluss der Kupferrohre versehen Sie Holzkugeln mit Bohrlöchern und verbinden sie mithilfe von Dübeln mit kurzen Rundhölzern. Die Kugeln und die beiden Böden werden mit Granitspray besprüht. Die Böden erhalten zusätzlich noch eine schützende Schicht aus Klarlack. Die Kupferrohre müssen Sie unbedingt mit Zapon-Lack bestreichen. Erhielten sie keine Lackschicht, würden sie sich nach einiger Zeit verfärben und unansehnlich werden.

Glätten Sie dann die Kanten der Böden. Das geht am einfachsten mit der Oberfräse. Haben Sie keine, verwenden Sie stattdessen einen Schleifklotz

Pflanzenständer 1

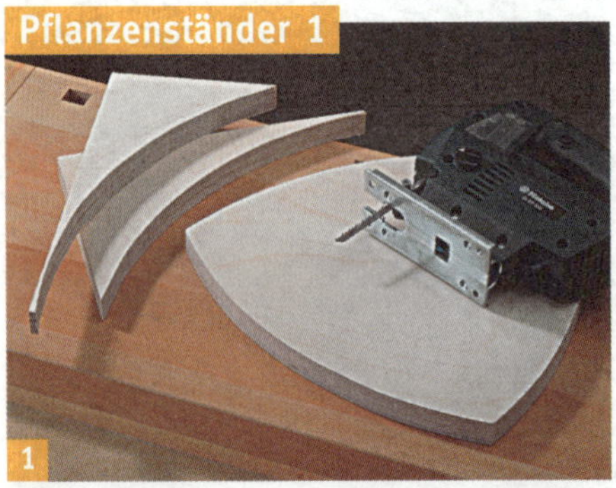

Schneiden Sie zuerst die beiden Böden aus der Multiplexplatte aus. Verwenden Sie dazu die Stichsäge. Die Konturen entnehmen Sie der Zeichnung rechts

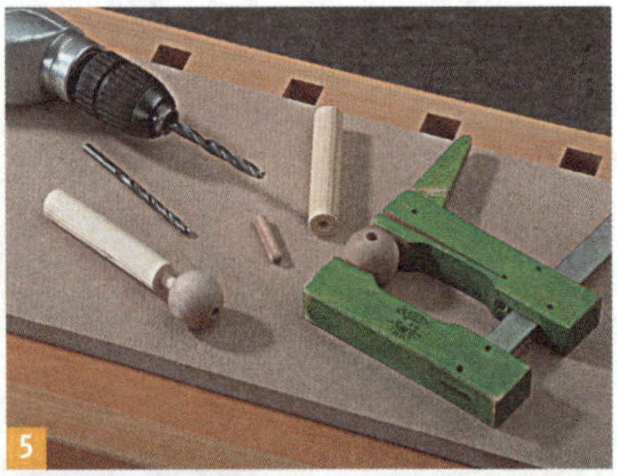

Bevor Sie die Bohrungen in die Holzkugeln setzen, fixieren Sie sie mit einer Klemme. Mithilfe von Dübeln verbinden Sie die Kugeln mit den Rundhölzern

Den unteren Boden schneiden Sie zunächst genauso zu wie den oberen. Danach erhält er an allen drei Seiten Ausschnitte, die Sie vorher anzeichnen

Zum Lackieren verwenden Sie Sprühlack. Stecken Sie die Kugeln zum Besprühen in ein vorgebohrtes Abfallholz ein und lassen Sie sie anschließend trocknen

Im nächsten Schritt versehen Sie die Böden mit jeweils drei Durchgangslöchern für die Kupferrohre. Hier kommt der Forstner-Bohrer zum Einsatz

Die Böden besprühen Sie wie die Kugeln mit Granitspray. Es folgt eine Klarlackschicht. Kupferrohre vor der Montage mit Zapon-Lack streichen. Fixieren Sie sie mit Schnellkleber

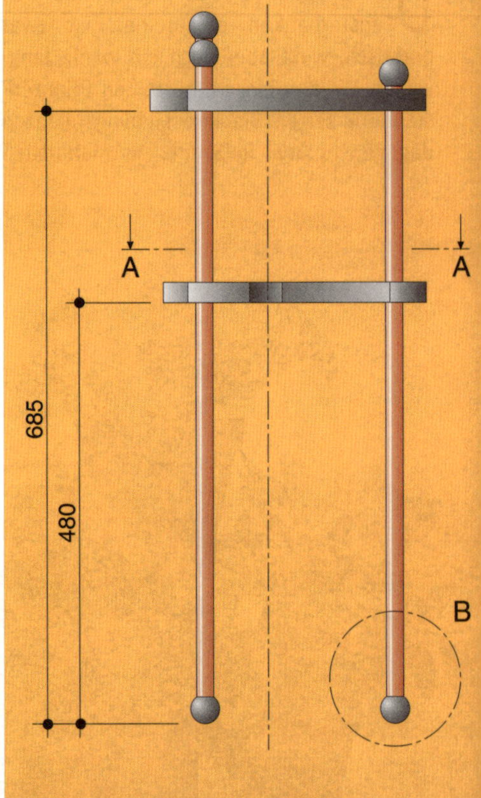

Vorderansicht

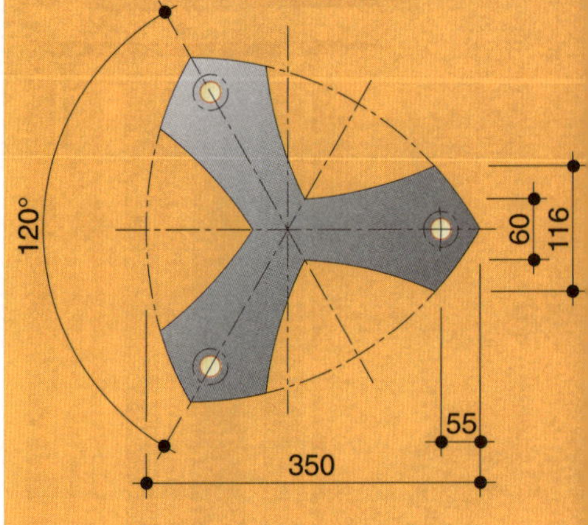

Schnitt A÷A

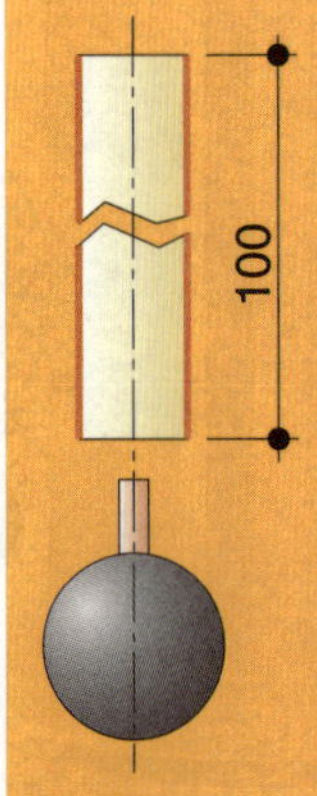

Detail B

Materialliste ***Maße in mm***

Multiplex 24 mm dick (wasserfest verleimt): 2 Trägerböden ca. 370 x 370 mm (Rohmaße, beide Böden bei Montage anpassen); Kupferrohre Ø 22 x 1: je 1x 685, 705 und 735 mm lang; 6 Rundhölzer Ø 20 x 100 mm; 6 Holzkugeln Ø 35 mm; 6 Holzdübel Ø 6 x 30 mm; PU-Leim.

Pflanzenständer 2

Die Pflanzensäule aus Fichte-Leimholz und Rundhölzern passt gut zu einer Einrichtung im klassischen Stil. Sie schneiden zuerst die Böden aus und versehen sie mit Bohrungen für die Rundhölzer. Dann verbinden Sie jeweils einen kleinen und einen großen Boden miteinander. Die Rundhölzer werden in den vorgebohrten Löchern verleimt und die gesamte Konstruktion mithilfe von Paketklebeband unter Druck gesetzt. Zum Schluss können Sie noch Gleiter anbringen und den Pflanzenständer klar lackieren.

Pflanzenständer 2

Zeichnen Sie die Umrisse der Böden auf die Leimholzplatte. Am besten geht dies mit einem Stangenzirkel. Haben Sie keinen, verwenden Sie eine Schnur

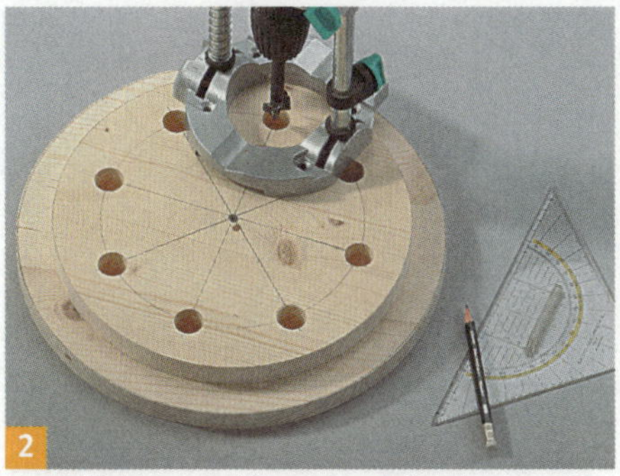

Bohrlöcher markieren und je eine große und eine kleine Platte konzentrisch übereinander fixieren. Die obere durchbohren, die untere erhält ein Sackloch

Verwenden Sie die kleinen Resthölzer als Distanzstücke und verschrauben Sie die Böden, nachdem Sie sie markiert haben, mittig miteinander

Jetzt wird verleimt. Geben Sie den aufschäumenden PU-Leim an die Löcherwandungen. Mit einer Schraube fixieren Sie die Platten übereinander

Stecken Sie nun die Rundstäbe zwischen das obere und das untere Bodenelement. Tragen Sie großzügig Leim auf, und fixieren Sie die Konstruktion dann mit Paketband

Die Säule erhält an der Unterseite drei Gleiter. Schrauben Sie die Basis aus Metall von unten an die Platte und stecken Sie den Kunststoffgleiter auf

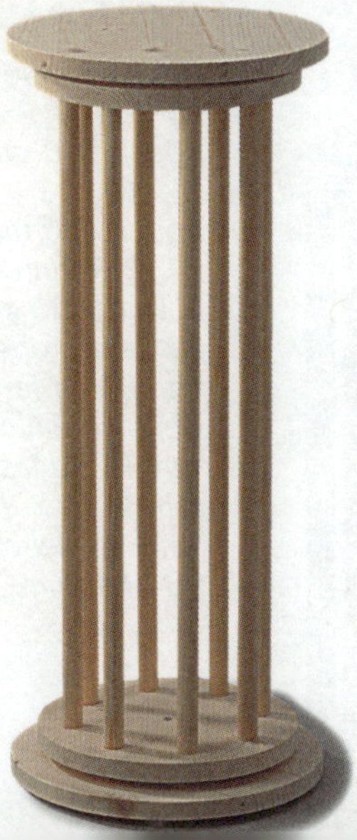
Streichen Sie die Pflanzensäule zum Schluss mit Klarlack. Rechts sehen Sie eine Bauvariante: Aus zwei Säulen und einer Deckplatte wird ein dekorativer Konsoltisch

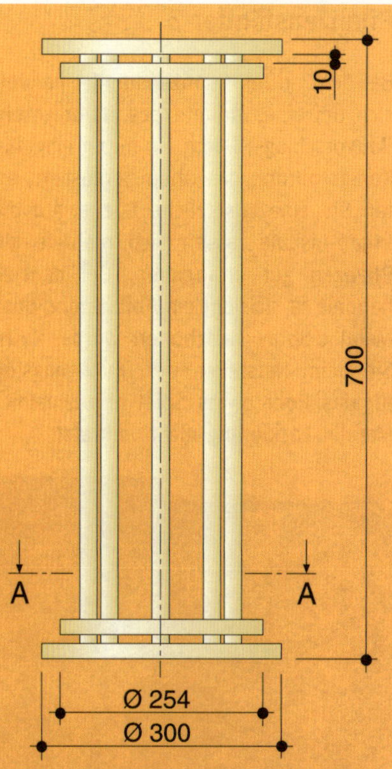

Vorderansicht

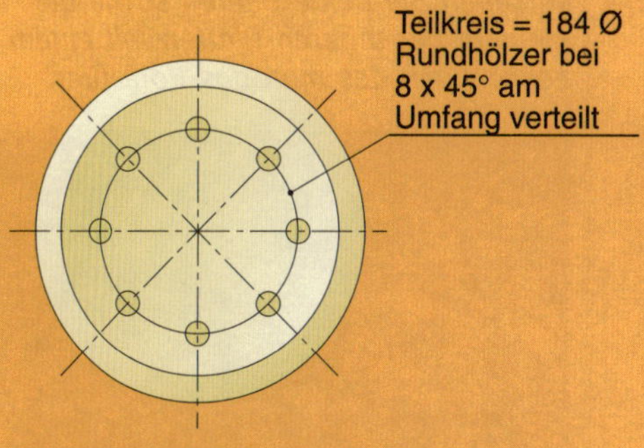

Schnitt A÷A

Materialliste ***Maße in mm***

Fichte-Leimholz 18 dick:
je 2 Böden 300 und 254 Ø; 8 Rundhölzer Ø 20 x 684 lang (oben und unten jeweils 10 einlassen); Gleiter; PU-Leim.

Pflanzenständer 3

Bei dem dritten Pflanzenständer handelt es sich um eine Variante des zuvor gezeigten Bauvorschlags. Durch ein mittig eingefügtes Kunststoffrohr, das oben herausragt, erhalten Sie eine zusätzliche Ebene. Auf dieser Pflanzensäule lassen sich mehrere kleine Pflanzen gut arrangieren. Bei dem Rohr handelt es sich um ein Abflussrohr, das mit Metallic-Spray verschönert wurde. Rechnen Sie beim Herstellen der Durchgangslöcher für das Rohr etwas Spiel hinzu, damit die Metallic-Lackierung nicht verkratzt.

Pflanzenständer 3

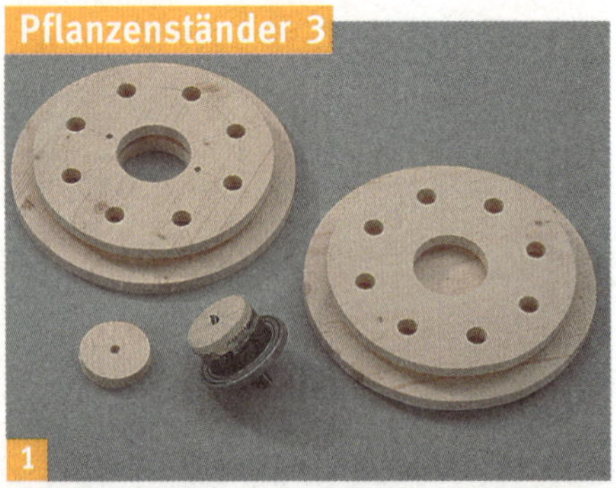

1 *Bei dieser Variante von Pflanzenständer 2 versehen Sie beide oberen sowie die kleinere der unteren Platten mit einem Loch, durch das man das Rohr führt*

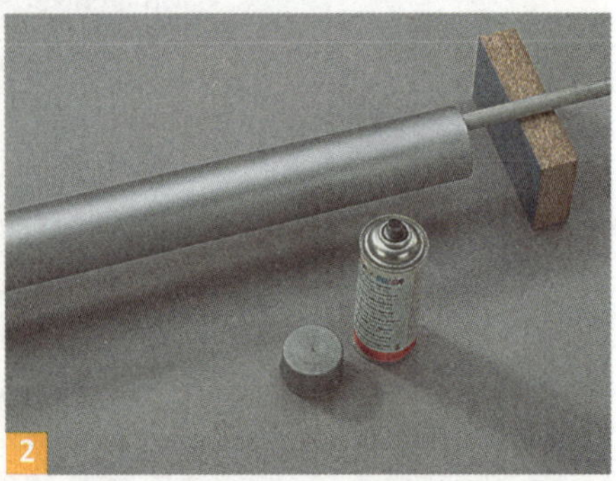

2 *Das Rohr erhält eine Metallic-Lackierung. Denken Sie daran, beim Herstellen der Durchgangslöcher 1–2 mm Spiel zu lassen, damit der Lack nicht verkratzt*

3 *Als oberen Abschluss des Rohrs können Sie ein Reststück aus der Lochsäge verwenden. Zusätzlich brauchen Sie eine Scheibe von 160 mm Durchmesser*

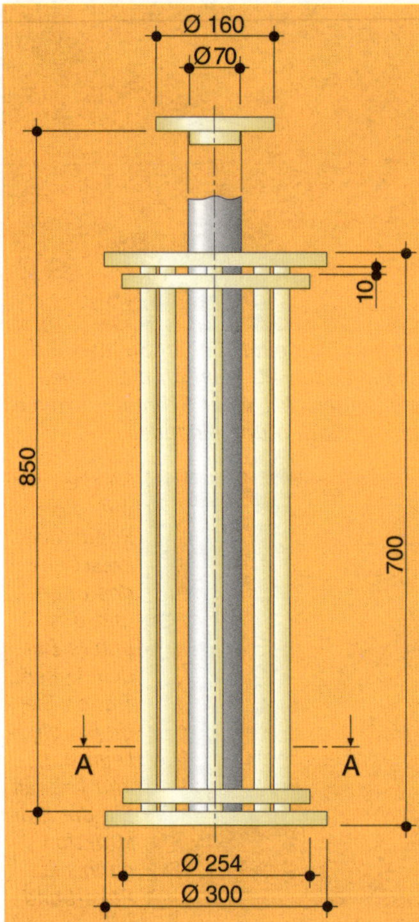

Vorderansicht

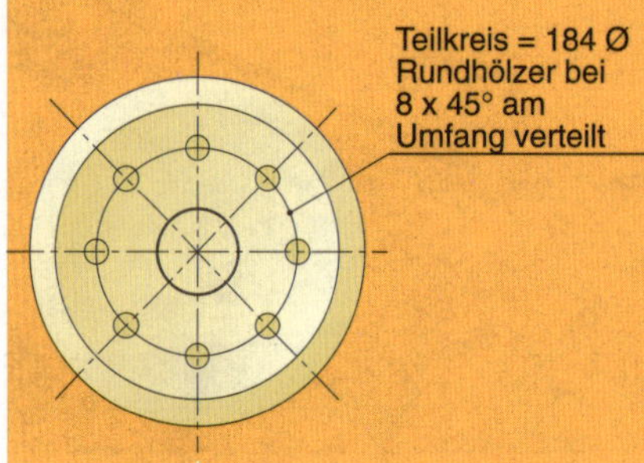

Schnitt A÷A

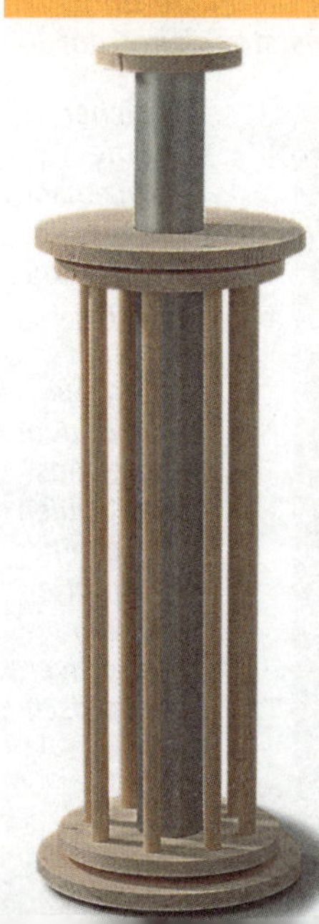

Materialliste

Maße in mm

Fichte-Leimholz 18 dick: je 2 Böden 300 und 254 Ø, je 1 Boden 160 und 70 Ø; 8 Rundhölzer Ø 20 x 684 lang (oben und unten jeweils 10 einlassen); 1 Abflussrohr Ø 75 x 850 lang; 3 Gleiter; PU-/Holzleim.

Pflanzenständer 4

Bei dem letzten Baubeispiel handelt es sich wieder um ein moderneres Modell. Besonders elegant wirken die gebogenen Beine aus Kupferrohr, die Sie mithilfe einer Biegeschablone herstellen (siehe Tippkasten rechts). Beachten Sie, dass die Rohre nach dem Biegen stets etwas zurückfedern. Die Verklebung von Böden und Rohren erfolgt mit Sekundenkleber. Hier müssen Sie nicht nur präzise, sondern auch schnell arbeiten, denn Korrekturen sind schon nach kurzer Zeit nicht mehr möglich.

Pflanzenständer 4

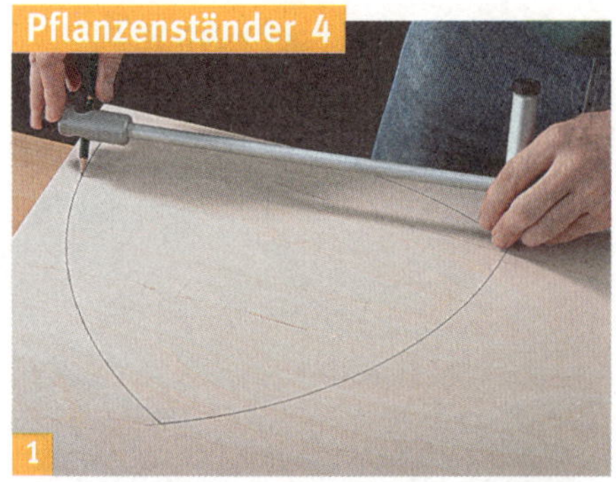

1 *Die Umrisse der Böden lassen sich besonders gut – wie hier gezeigt – mit einem Stangenzirkel anzeichnen. Alternativ kann man auch eine Schnur spannen*

2 *Schneiden Sie die Böden nach dem Anreißen der Linien aus. Hierbei kommt die Stichsäge zum Einsatz. Anschließend markieren Sie die Bohrpunkte*

3 *Sind die Punkte markiert, bohren Sie beide Platten in einem Arbeitsgang so, dass die kleinere durchbohrt wird und die größere darunter Sacklöcher erhält*

TIPP BIEGESCHABLONE

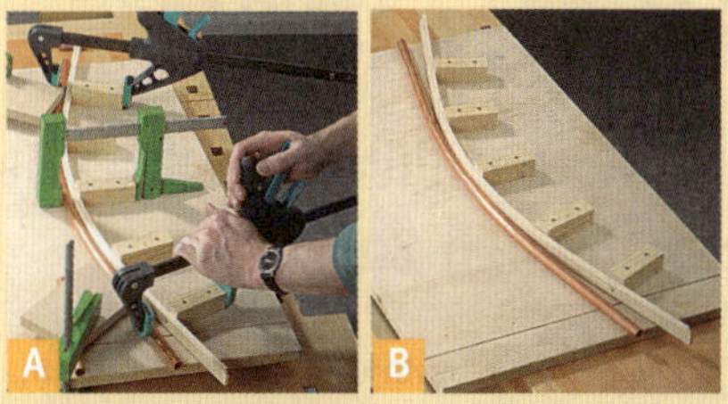

Schrauben Sie kleine Holzklötzchen auf eine Restholzplatte. Eine darüber gebogene Leiste mit den Endklötzchen verschrauben. Dann fixieren Sie die Kupferrohre mit Klemmen (A). Das Rohr federt leicht zurück (B).

Materialliste ***Maße in mm***

Multiplex 24 dick (wasserfest verleimt): 1 Trägerboden ca. 370 x 370, 1 Zwischenboden 220 x 220 (Rohmaße, beide Böden bei Montage anpassen); 3 Kupferrohre Ø 15 x 680 (oben 15 mm in Trägerboden einlassen, Längen bei Montage anpassen); 3 Rundhölzer Ø 12 x 100; 3 Holzkugeln Ø 25; PU-Leim. Für die Schablone: 1 Grundplatte (Spanplatte, MDF o.ä.) ca. 800 x 400; 5 Konturklötzchen 40 x 20 x 100 (Ca.-Maße); 2 Kieferleisten 5 x 20: ca. 1000 lang; Spanplatten-Schrauben; PU-Leim.

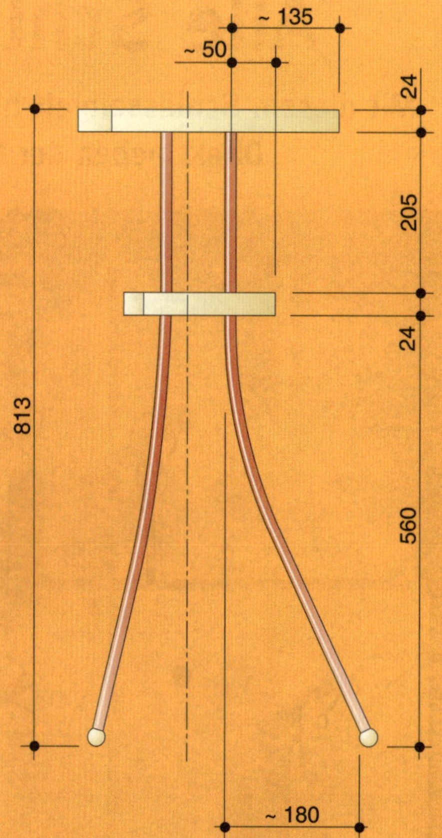

Vorderansicht

Schleifen Sie nun die Schnittkanten der Bodenplatten mit der Oberfräse. Alternativ können Sie natürlich auch einen Schleifklotz und Schleifpapier verwenden

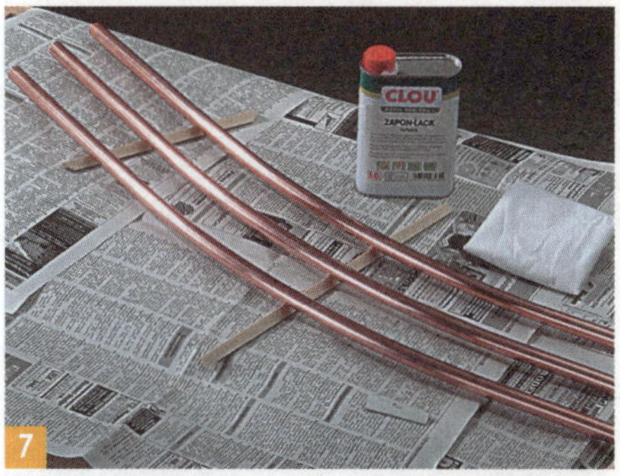

Die Kupferrohre werden zuerst vorsichtig gebogen. Dann säubern Sie die Rohre mit Stahlwolle. Streichen Sie Zapon-Lack in mehreren Schichten auf die Oberfläche

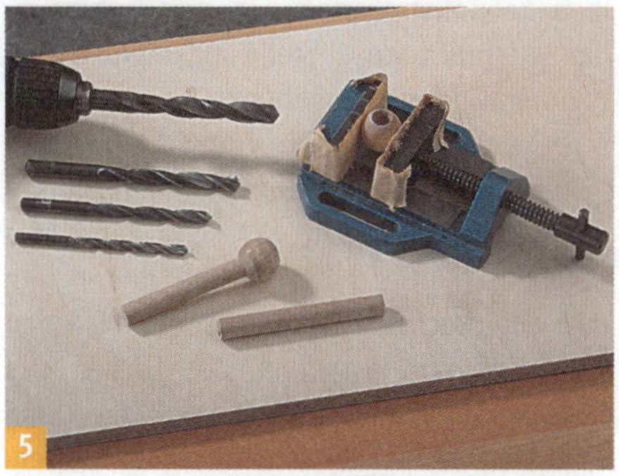

Setzen Sie nun Bohrlöcher in die Holzkugeln. Spannen Sie die Kugeln dazu in eine Zwinge oder – wie hier gezeigt – in einen Schraubstock ein

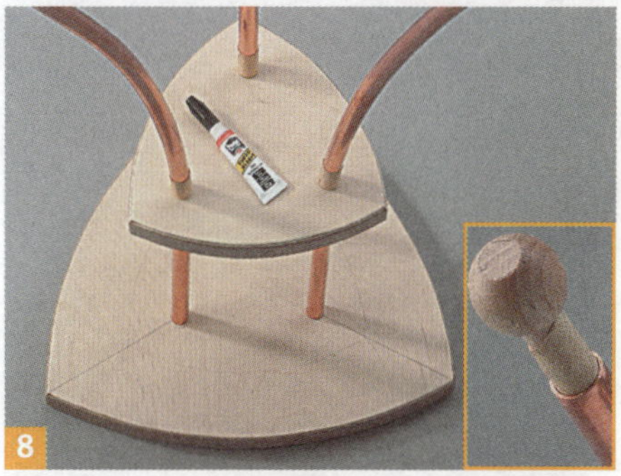

Führen Sie die Kupferrohre nun durch die Böden, und verkleben Sie sie in der richtigen Position. In die unteren Enden stecken Sie die Rundhölzer mit Kugeln

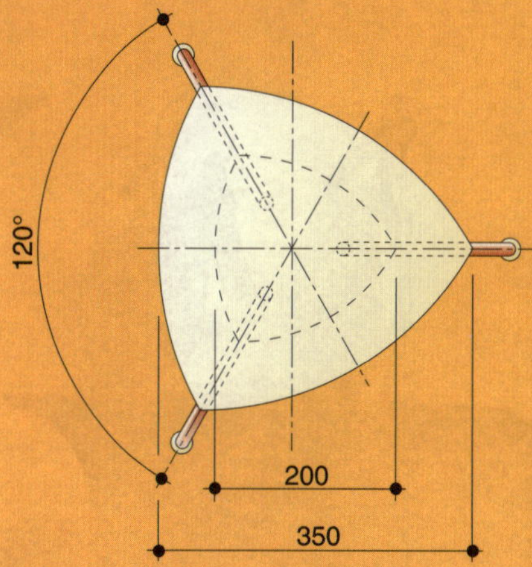

Draufsicht

Die Kugeln mithife von Dübeln auf die Rundhölzer stecken. Die Platten streichen Sie zweimal mit einem wasserverdünnbaren Holzlack. Zwischenschleifen!

Falls die Rundhölzer aus den Kupferrohren herausrutschen, umwickeln Sie sie mit etwas Papier. Dann können Sie den Pflanzenständer aufrichten

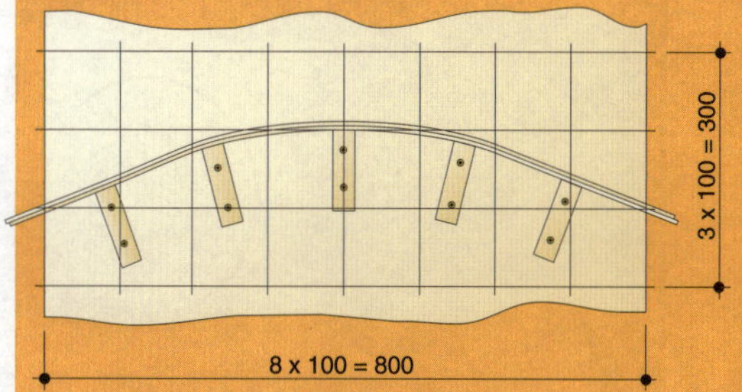

Die Biegeschablone für die Kupferrohre (vgl. Tippkasten oben links)

Alle Schlüssel unter einem Dach

Mit diesem Schlüsselbrett hat das ewige Suchen nach Haus- und Autoschlüsseln ein Ende. Direkt neben der Wohnungstür platziert garantiert er optimalen Zugriff

Jeder Schlüssel hat hier seinen festen Platz. Damit der Autoschlüssel sofort ins Auge fällt, wurde für ihn ein Extra-Aufsatz angefertigt

Es gibt wohl kaum Gegenstände, die man so häufig verlegt wie Schlüssel. Gut also, wenn sie einen festen Platz haben. An dem Schlüsselbrett in Hausform, das Sie am besten direkt neben der Wohnungstür montieren, haben Sie alle Schlüssel gut im Blick. Die Aufteilung des Bretts in sechs verschiedene Felder erlaubt ein Ordnen der Schlüssel nach verschiedenen Bereichen. Alternativ kann auch jedes Haushaltsmitglied sein eigenes Schlüsselfeld erhalten.

Schlüsselhalter aus Alustangen

Die Schlüssel hängen an 8-mm-Alustangen, die in die vorgebohrten Löcher gesetzt werden. Als Einfassung dienen 15 mm lange Alurohrstücke, die bündig mit der Holzoberfläche abschließen. Damit die Löcher die exakte Tiefe von 15 mm erhalten, verwenden Sie beim Bohren mit dem 9,5-mm-Bohrer einen Tiefenanschlag, den Sie ganz einfach herstellen, indem Sie den Bohrer an der entsprechenden Stelle mit einer Klebebandumwicklung versehen.

Aluröhrchen und -stangen sollten Sie vor dem Einsetzen leicht anfasen, damit die Teile anschließend besser Halt finden. Für die Oberflächenbehandlung des fertigen Schlüsselbretts empfiehlt sich Holzöl, das Sie in einer dünnen Schicht auftragen und einziehen lassen. Überschüssiges Öl nehmen Sie mit einem Tuch ab und lassen das Brett anschließend trocknen. Eventuell zwischenschleifen und Auftrag wiederholen.

Arbeitsschritte

Schneiden Sie aus dem Leimholz zuerst ein Rechteck von 360 x 240 mm aus. Dann wird die Platte mit dem V-Nutfräser in sechs gleiche Quadrate geteilt

Bevor der Giebel herausgeschnitten wird, bohren Sie in die oberen Kante noch ein Loch für den Schornstein. Verwenden Sie den 9,5-mm-Bohrer

Beim Bohren der übrigen Löcher müssen Sie einen Tiefenanschlag verwenden. Sparen Sie beim Fasen der Giebelkante den Bereich des Schornsteins aus

Die Alustangen werden mit der Metallsäge auf 40 mm abgelängt. Zum Herstellen der Bohrlöcher spannt man sie in einen Maschinenschraubstock ein

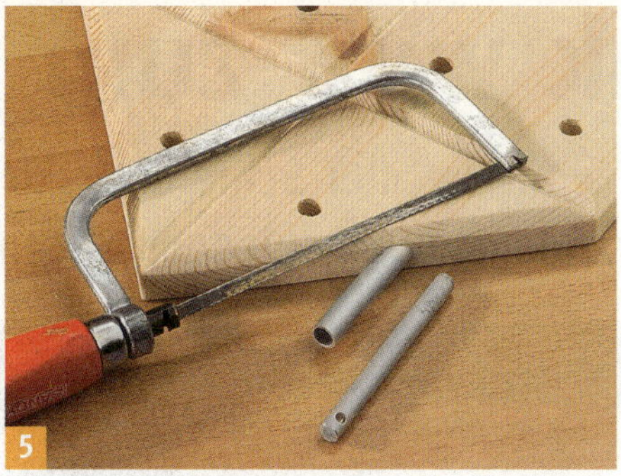

Die Stangen passen genau in die Alurohre, die man als bündig abschließende Einfassungen in die Bohrlöcher setzt. Nur der Schornstein ragt heraus

Die Alurohrstücke für die Einfassungen werden auf 15 mm abgelängt. Eine Zwinge hilft dabei, die Rohrstücke in die angefertigten Bohrlöcher einzudrücken

Sägen Sie dann das Auto aus. Mit einem Schnitzmesser werden die Autoräder leicht abgesetzt. Alternativ können Sie auch einen Beitel verwenden

Bestreichen Sie das Schlüsselbrett abschließend dünn mit Holzöl, damit die Oberfläche vor Gebrauchsspuren geschützt ist. Einziehen lassen

Materialliste

Maße in mm

Leimholz 18 dick: 1 Wandplatte 360 x 240, 1 Konturplatte 210 x 85; Alu-Rundstange Ø 8: 1x 85 und 12x 40 lang; Alu-Rohr Ø 10 x 1: 1x ca. 30 (der Schräge anpassen) und 12x 15 lang; Spanplatten-Schrauben.

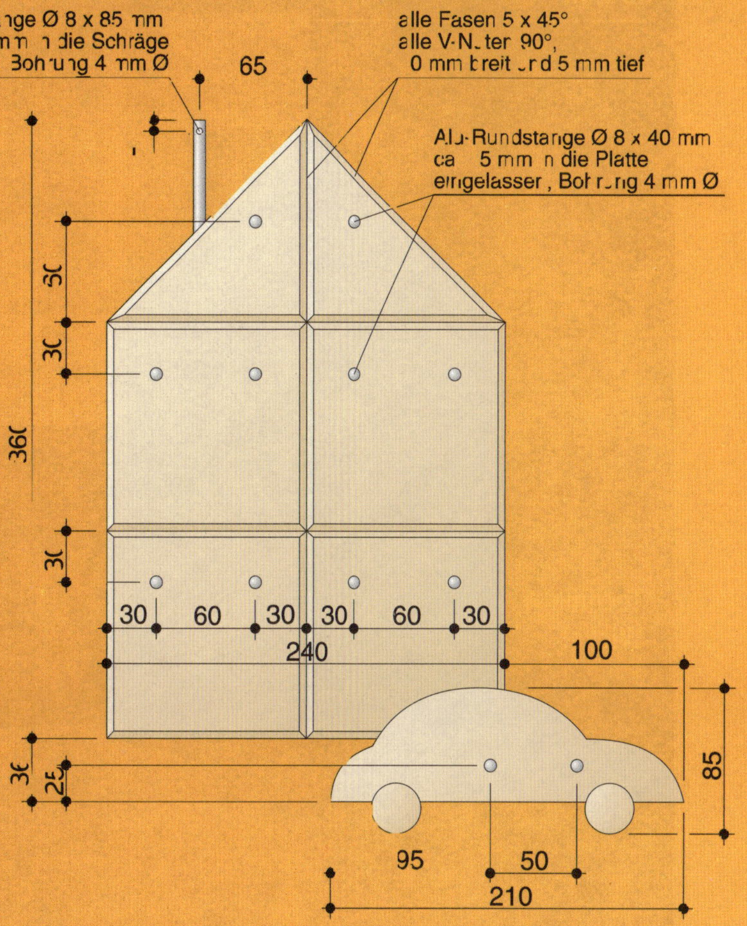

Ein Schrank wird zum Kunstwerk

Mithilfe farbiger Lasuren wird ein alter Schrank wirkungsvoll in Szene gesetzt. Beim Farbauftrag kommen verschiedene Techniken zum Einsatz

Der furnierte Schrank wirkte vor der Verschönerung sehr unscheinbar. Verschiedene Auftragstechniken machten aus ihm ein wahres Kunstwerk

Technik 2
SCHWAMM 1

Technik 5
SCHABLONE

Technik 3
SCHWAMM 2

Möbel mit großen furnierten Flächen können leicht etwas eintönig wirken. Hier schafft ein neuer Anstrich Abhilfe. Die Türen eines Kleiderschranks können Sie, wie in unserem Beispiel gezeigt, mit einem dekorativen Mix verschiedener Farben und Techniken verschönern.

Im ersten Schritt sollten Sie die zu bearbeitende Fläche genau ausmessen und eine maßstabgetreue Skizze anfertigen. Teilen Sie die Fläche in Rechtecke ein, und überlegen Sie sich, wo Sie welche Farbe und welche Technik einsetzen wollen. Um sich ein noch besseres Bild vom späteren Ergebnis zu machen, empfiehlt es sich, die einzelnen Felder der Skizze farbig auszumalen.

Vorbereitungen

Nachdem Sie die Schranktüren abgeschraubt und die Griffe entfernt haben, muss die Oberfläche angeschliffen (siehe auch S. 173) und anschließend entstaubt werden. Dann tragen Sie in zwei Schichten eine Dispersionsfarbe als Hintergrund auf. Für die farbige Gestaltung verwendet man Pigmentfarbe, die mit Wasser angemischt wird. Dann gibt man die Mischung in eine Farbwanne und fügt ein mit Wasser verdünntes Rein-Acrylat-Bindemittel hinzu. Zum Schluss kommt noch Verdicker hinzu.

Auftrag der Lasur

Kleben Sie das zu bearbeitende Feld mit Kreppband ab. Dann können Sie die Farbe mit Pinsel, Schwamm, Wickel, Kamm oder anderen Hilfsmitteln aufbringen. Sie sollten jede Technik zuerst auf einem Blatt Papier testen. Das Papier brauchen Sie auch, um Überschuss abzustreifen. Die fertig gestalteten Türen mit klarem Acryl-Lack streichen.

Grundieren

Schrauben Sie die Türen vom Schrankkorpus ab, und entfernen Sie die Griffe. Dann schleifen Sie die gesamte Oberfläche mit 100er Schleifpapier an

Der Schleifstaub muss gründlich entfernt werden. Die Türen werden dann mit einer transparenten Acryl-Grundierung bestrichen, die vorher verdünnt wurde

Die Farbe für den Hintergrund tragen Sie in zwei Schichten auf. Für den ersten Anstrich verdünnen Sie die Dispersionsfarbe mit einem Drittel Wasser

Nachdem der erste Anstrich gut angetrocknet ist, erfolgt der zweite. Verdünnen Sie die Dispersionsfarbe jetzt nur noch mit einem Zehntel Wasser

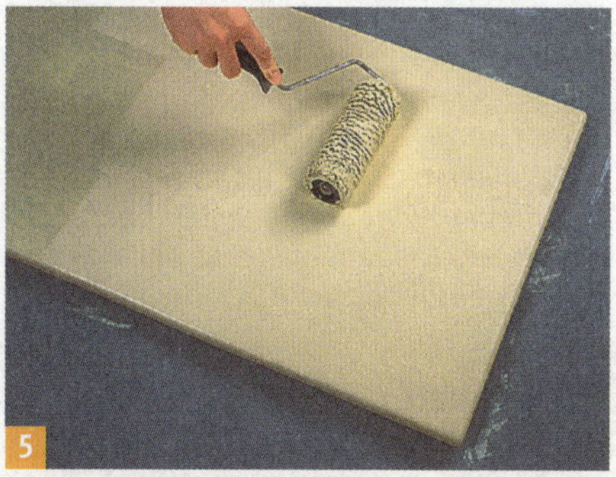

Ist die Farbe sehr dickflüssig, kann der Anstrich mit dem Pinsel ungleichmäßig werden. Verwenden Sie dann lieber eine Rolle, mit der es auch schneller geht

Technik 1: FOLIE

Wenn Sie die Folie mit den Fingern andrücken, wird die Farbfläche mit einem filigranen Linienmuster durchzogen

Die angemischte Lasur wird am besten mit einem Flächenpinsel aufgetragen. Auf die noch feuchte Farbe legen Sie dann ein ausreichend großes Stück Haushaltsfolie. Die feine Linienstruktur erzeugen Sie, indem Sie mit den Fingerkuppen leicht über die gesamte Folie streichen.

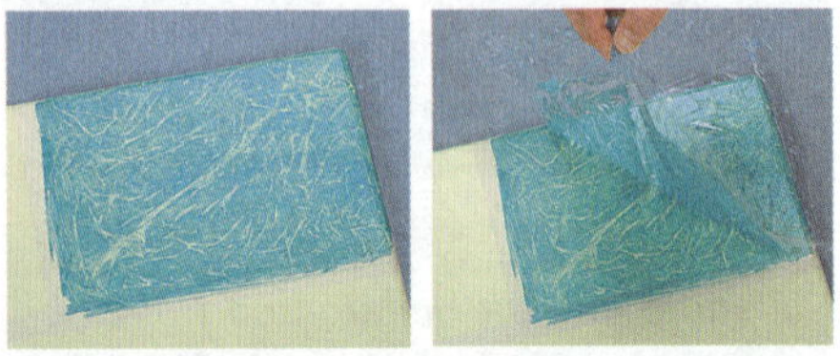

Nehmen Sie die Folie nach 30–60 Minuten ab und lassen Sie die Farbe trocknen

Technik 2: SCHWAMM 1

Betrachten Sie die betupfte Fläche aus einigen Metern Abstand, und überprüfen Sie die Wirkung aus der Distanz

Im ersten Schritt wird das ausgewählte Rechteck mit einer orangefarbenen Lasur bestrichen. Nehmen Sie dann einen Naturschwamm zur Hand, und tupfen Sie damit die noch feuchte Farbfläche ab. Bemühen Sie sich nicht, regelmäßig zu arbeiten. Eine unregelmäßig betupfte Fläche wirkt lebendiger und bekommt ein marmorähnliches Aussehen.

Materialliste

1 l transparente Acryl-Grundierung, 0,5 l weiße Voll- und Abtönfarbe, gelbe Seidenglanz-Latexfarbe, 100 g Verdicker (Tylose), je 100 g Pigment in Blau, Flieder, Orange, Grün, 1 l Rein-Acrylat-Bindemittel, Brennspiritus oder alternatives Netzmittel, Malerkrepp/ Abklebeband ca. 1–2 cm breit

Technik 3: SCHWAMM 2

Durch das leichte Auftupfen mit dem Schwamm entsteht eine wolkige Struktur. Sie können auch Farben kombinieren

Auch bei der hier gezeigten Technik arbeiten Sie mit einem Naturschwamm. Allerdings erfolgt vor dem Auftupfen kein Anstrich. Tauchen Sie den feuchten Schwamm leicht in die Lasur, die Sie vorher in kleiner Menge in eine Wanne gegossen haben, und tupfen Sie überschüssige Farbe auf einem Blatt Papier ab. Dann tupfen Sie mit dem Schwamm auf die Schranktür, wobei der Druck nicht zu stark sein darf. Um das Muster zu variieren, können Sie den Schwamm leicht hin und her drehen. Auch eine Kombination von verschiedenen Farbtönen ist möglich. In diesem Fall lassen Sie die erste Farbe trocknen und tupfen dann eine andere auf.

Technik 4: WICKEL

Wenn Sie den Baumwollwickel über die Oberfläche rollen, erzeugen die Falten im Tuch ein dekoratives Muster

Zuerst wird ein altes Baumwolltuch mit etwas Wasser angefeuchtet. Dann dreht man den Lappen zu einer wurstartigen Rolle zusammen. Die Oberfläche dieser Rolle muss nun gleichmäßig mit Lasur benetzt werden, indem Sie sie einmal durch die Farbwanne wälzen. Wie bei der Schwammtechnik sollten Sie den Wickel zuerst über ein bereit gelegtes Blatt Papier rollen, dann erst erfolgt der Auftrag auf die Schrankfläche.

Das Baumwolltuch nur leicht mit Farbe benetzen. Überschuss auf einem Papier abstreifen

Technik 5: SCHABLONE

Tupfen Sie die Farbe vorsichtig auf. Wird der Pinsel dabei leicht schräg gehalten, läuft keine Farbe unter die Schablone

Tragen Sie zunächst eine Hintergrundfarbe auf und lassen Sie diese trocknen. Die ausgewählte Schablone fixieren Sie mit Kreppband über dem ausgewählten Rechteck. Mit einem Schablonierpinsel tupfen Sie im nächsten Schritt die weiße Farbe auf. Wichtig ist, dass sie nicht gestrichen wird. Halten Sie den Pinsel ein wenig schräg, sodass keine Farbe unter die Schablone gelangt. Wenn Sie glänzende Effekte mögen, können Sie anschließend noch etwas Gold- oder Silberglitzer auf die noch feuchte Farbe auftupfen. Im Baumarkt erhalten Sie eine umfangreiche Auswahl an Schablonen, Sie können sie aber auch mit einem Cutter aus Karton ausschneiden.

Technik 6: KAMM

Ist das Muster beim ersten Versuch nicht gelungen, streichen Sie einfach mit dem Pinsel noch einmal darüber

Zuerst wird die Lasur mit einem Pinsel vollflächig aufgetragen. Dann nehmen Sie einen Kamm und führen ihn in der noch feuchten Farbe hin und her. Achten Sie auf eine durchgehende Bewegung. Der Kamm sollte stets senkrecht stehen. Je nach Geschmack können Sie gerade Linien ziehen oder den Kamm in Kurven oder im Zick-Zack führen. Sie erhalten Kämme in verschiedenen Materialien, z. B. Metall, Pappe oder Gummi.

Ist ein Feld fertig gestaltet, wird das Kreppband wieder abgezogen

Zusatz-Info Holzoberflächen schleifen

Beim Schleifen handelt es sich um eine feinstmögliche Materialabnahme. Die dabei anfallenden Späne sind nur staubkorngroß. Der Abtrag erfolgt durch kleine scharfkantige Schleifkörner, die auf einem Träger sitzen und so das entsprechende Schleifmittel (Schleifpapier, Schleifvlies, Schleifscheiben) bilden.
In den meisten Fällen wird Schleifpapier als Schleifmittel eingesetzt. Dieses Papier besitzt eine Oberflächenbekörnung aus Korund, einem natürlichen Mineral. Die Körner sind mit einem Bindemittel auf der Oberfläche verleimt. Höherwertige Schleifpapiere sind zusätzlich mit Metalloxyden veredelt. Bei sehr teuren Papieren klebt das Mineral in einer Kunstharzeinbettung auf dem Schleifgewebe.

Maschinen sollte man prinzipiell einsetzen, wenn der Schliff großflächig ist und viel Material herunter soll. Beim Abtragen alter Farbanstriche oder beim Ebnen roher Holzflächen sollte man die Maschine die Schwerarbeit erledigen lassen, bevor man sich per Hand um die Feinheiten kümmert. Der Vorteil beim Handschliff ist, dass Sie die Wirkung des Schleifpapiers sehr genau dosieren können. Soll eine große Fläche fein geschliffen werden, kann aber auch wieder eine Maschine helfen: der Schwingschleifer.

Der Schleifpapierwechsel ist bei Maschinen mit flacher Papierführung heute in wenigen Sekunden erledigt. Das Papier wird durch eine Klettfläche gehalten, muss also einfach nur angedrückt werden. Nach Gebrauch zieht man es dann wieder ab. Für manche Geräte gibt es aber auch passende Papiere mit einer Klebbeschichtung.

A *Unterschiedliche Schleifpapiersorten haben verschiedene Farben*

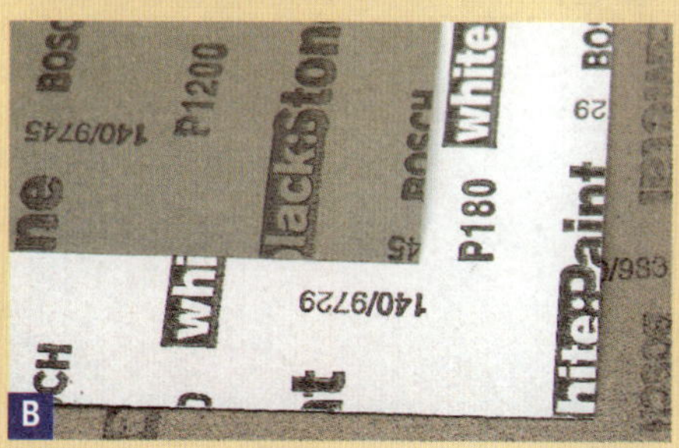

B *Als Trägermaterial werden Papiere und verschiedene Gewebearten eingesetzt*

C *Schleifklotz aus Kork (oben) und aus Kunststoff (unten) mit Spannvorrichtung*

D *Mit Klettflächen wird das Papier hier an einem Schwingschleifer befestigt*

E *Für größere Tellerschleifer gibt es allerdings auch oft selbstklebende Papiere*

F *Schleifzylinder bestehen aus gummiertem Schaumstoff oder sind luftgefüllt*

G *Bandschleifer arbeiten sehr effizient. Im Wechsel schräg auf der Fläche ansetzen*

H *Kleinere Werkstücke bearbeiten Sie dagegen am stationären Bandschleifer*

I *Für die Kantenbearbeitung eignet sich ein Mini-Bandschleifer besonders gut*

J *Mit Schleifband versehene elektrische Feilen gelangen in enge Zwischenräume*

K *Der Schwingschleifer erledigt den Feinschliff. Der Materialabtrag ist minimal*

L *Mit einem Deltaschleifer erreichen Sie problemlos alle Ecken und Winkel*

Neuer Pfiff für alte Rahmen

Gibt es in Ihrem Haushalt alte, unansehnlich gewordene Bilderrahmen? Mit ein wenig Farbe und Spachtelmasse verhelfen Sie den betagten Stücken zu neuem Glanz

VORHER

Unansehnlich

Nach Jahrzehnten wirken diese Bilderrahmen matt und langweilig. Hier kann ein neuer Anstrich helfen

Ob alte Gemälde, Fotos oder auch ein Spiegel – eigentlich ist es das Innere des Rahmens, das im Vordergrund stehen soll. Ein dekorativer Rahmen bringt das Innenleben aber erst richtig zur Geltung. Vielleicht befinden sich in Ihrem Haushalt ja noch alte Rahmen, die nur einen neuen Anstrich oder ein paar Ausbesserungen brauchen, um wieder in neuem Glanz erstrahlen zu können. Werfen Sie alte Holz-Bilderrahmen aus diesem Grund nicht voreilig auf den Müll.

Kleine Schäden

Oft sind es nur winzige Schadstellen, die das Erscheinungsbild des Rahmens stören. Meist lassen sie sich leicht reparieren

Bilderrahmen streichen

Hier sehen Sie das Material, das Sie für die Restaurierung der Bilderrahmen brauchen, auf einen Blick: Farben und Pinsel, Stahlwolle und Schleifpapier

Zuerst muss der Rahmen gründlich gereinigt werden. Sie können mit einem weichen Tuch und Seifenlauge arbeiten, alternativ eignet sich Stahlwolle

Die Farbe wird mit einem breiten Pinsel locker aufgetragen. Je nachdem, welche Optik gewünscht ist, können Sie den Rahmen auch mehrfach grundieren

Jetzt erfolgt ein Auftrag mit Acrylfarbe. Verdünnen Sie die Farbe mit Wasser, und pinseln Sie sie in dünner Schicht auf. Sie können auch Farben mischen

Mit frischen Farben wird ein alter Rahmen umgestaltet

Was tun, wenn man einen alten goldenen Bilderrahmen besitzt, der partout nicht zum eigenen Einrichtungsstil passen will? Hier hilft nur eine farbliche Umgestaltung. Reinigen Sie die Rahmenoberfläche zunächst gründlich mit Stahlwolle und entstauben Sie das Holz anschließend. Zum Grundieren verwenden Sie am besten einen Pinsel mit harten Borsten. Die Farbe sollte locker aufgetragen werden, sodass sie zwar die komplette Fläche bedeckt, aber an einigen Stellen stärker abdeckt als an anderen. Im gezeigten Beispiel wurde weiß grundiert und danach mit Acrylfarbe abgetönt. Einen besonders interessanten Effekt erzielen Sie, wenn Sie das Profil des Rahmens durch verschiedene Farbaufträge deutlicher hervorheben. Ist die Farbe getrocknet, erfolgt der Wachsauftrag. Mit einem weichen Tuch wird der Rahmen schließlich poliert, wodurch er einen matten Glanz erhält. Außerdem bildet das Wachs eine Schutzschicht. Wenn Sie möchten, können Sie jetzt mit goldener Acrylfarbe noch ein paar glänzende Akzente setzen. Danach erneut polieren.

Für die Hervorhebung des Dekorprofils tupfen Sie mit einem weichen Tuch eine Goldpaste auf, die Sie sparsam verwenden sollten. Anschließend nachpolieren

Arbeiten Sie das Profil des Rahmens besser heraus, indem Sie einige Abstufungen mit weißer Farbe hervorheben. Der Pinsel sollte trocken sein

Tragen Sie im nächsten Schritt Wachs auf, und polieren Sie anschließend. Der Rahmen wird durch das Wachs geschützt und erhält einen matten Glanz

Mit Gold können Sie den Rahmen jetzt noch veredeln. Man reibt die Farbe mit einem Stück Stoff auf das gewachste Holz und poliert die Fläche erneut

Spiegelrahmen restaurieren

Kümmern Sie sich zunächst um den beschädigten Bereich. Mit Acrylspachtelmasse füllen Sie den Riss und glätten die Reparaturstelle mit dem Spachtel

Lassen Sie die Spachtelmasse trocknen. Dann die Stelle vorsichtig mit Schleifpapier glätten. Am besten eignet sich Papier mit einer 240er Körnung

Beschädigungen der Farbschicht bessern Sie mit einem spitzen Pinsel aus. Mischen Sie für den punktuellen Farbauftrag eine im Ton passende Lasur an

Die getrocknete Oberfläche wird nun patiniert. Aus Acrylfarbe wird eine wässrige Lasur hergestellt, die man mit einem Borstenpinsel dünn aufträgt

Da die künstliche Patina nur die Vertiefungen einfärben soll, wischen Sie die Lasur direkt nach dem Auftrag wieder ab. Dann erfolgt ein Wachsauftrag

Besitzt der Rahmen weder Rückwand noch Halteleisten, befestigen Sie den eingesetzten Spiegel mit Dreiecken aus Hartfaser-Platte. Mit Nägeln fixieren

Originalgetreue Restauration

Bei manchen Rahmen lohnt es sich, das alte Erscheinungsbild zu erhalten. Mögen stark profilierte Rahmen in Kombination mit Bildern heute etwas altmodisch wirken, so kommen Sie dagegen als Spiegelumrahmung ganz groß raus. Oft weisen alte Rahmen, die lange im Keller oder auf dem Speicher gelegen haben, kleine Schadstellen auf. Diese können Sie mit Acrylspachtelmasse ausbessern. Ist auch das Profilmuster beschädigt, so versuchen Sie es mit der Spachtelmasse so gut wie möglich nachzubilden. Übermalen Sie dann Schäden in der alten Farbschicht. Ist der Rahmen getrocknet, tragen Sie mit einem Lappen ein Wachs mit Goldpigmenten auf, und zwar so, dass nur die erhabenen Teile mit Gold bedeckt werden. Lassen Sie den Rahmen anschließend zwölf Stunden trocknen. Dann geht es ans Patinieren. Die dünnflüssige Lasur wird dünn aufgetragen und sofort danach mit Küchenkrepp wieder abgerieben, sodass sie nur in den Vertiefungen verbleibt. Zum Schluss wird der Rahmen gewachst, wodurch die Oberfläche geschützt wird. Zum Schluss polieren Sie.

Materialliste

Material für beide Rahmen:
Wachs

Material für den blauen Rahmen:
weiße Grundierung,
Acrylfarben in Blau, Ocker und Rot,
Studio Bronze (Acrylfarbe in Gold)

Material für den goldenen Rahmen:
Acrylspachtelmasse,
Acrylfarbe in Braun,
Treasure Gold (Wachs mit Goldpigmenten)

Bilderrahmengestaltung mit goldenem Schlagmetall

Wollen Sie Freunde und Bekannte einmal mit einem ganz außergewöhnlichen Geschenk beeindrucken? Dann gestalten Sie selbst einen Bilderrahmen mit Bastelfarben und Schlagmetall. Der Aufwand ist gering, und das Ergebnis kann sich sehen lassen.

Alles was Sie brauchen, ist ein preiswerter Bilderrahmen aus Holz, Schleifpapier, Bastelfarben, Pinsel, Schlagmetall und Anlegeöl. Nachdem Sie die Rahmenoberfläche gut abgeschliffen haben, tragen Sie die Bastelfarbe in zwei Schichten auf. Wählen Sie am besten einen dunklen kräftigen Farbton, mit dem das Gold gut harmoniert. Ist die Grundfarbe des Rahmens dunkel, sollten Sie ihn zuerst weiß grundieren, damit die Farbe mehr Leuchtkraft erhält. Ist die Farbe getrocknet, streichen Sie das Anlegeöl auf. Sobald es fingertrocken ist, beginnen Sie mit dem Auftrag des Schlagmetalls. Dieses ziehen Sie Blatt für Blatt auf eine Papierunterlage, wo Sie es zuschneiden oder -reißen. Unregelmäßig aufgebracht wirkt der Goldauftrag besonders dekorativ. Wer möchte, kann noch mit Klarlack überstreichen.

Das brauchen Sie für die Gestaltung der Rahmen: preiswerte Holzrahmen, Schleifpapier, Bastelfarben, Pinsel, goldenes Schlagmetall und Anlegeöl

Schleifen Sie den Rahmen ab, und streichen Sie ihn zweimal mit Bastelfarbe an. Hat der Rahmen eine dunkle Farbe, vorher weiß grundieren

Streichen Sie die Flächen dann mit Anlegeöl, und warten Sie, bis es fingertrocken ist. Dann Stück für Stück das Schlagmetall aufbringen

Der unregelmäßige Schlagmetallauftrag gibt dem Rahmen ein edles Aussehen. Zum Schutz können Sie anschließend noch Klarlack auftragen

Mehr Licht unterm Dach

Dachgeschosse bleiben oft ungenutzt, weil die Räume dunkel sind und dadurch unfreundlich wirken. Ein großes Dachflächenfenster verwandelt den Speicher in eine helle Oase

Dachflächenfenster lassen viel Licht ins Dachgeschoss. Ein Klappmechanismus, den man mit einem Griff an der Fensterunterseite bedient, sorgt für frische Luft

Ist Ihr Dachgeschoss ein dunkler, zugiger Raum, der nur als Rumpelkammer genutzt wird? Das muss nicht so bleiben. Mit den heutigen Dämmtechniken, die ab Seite 182 vorgestellt werden, können Sie die Dachetage mit überschaubarem Aufwand in einen gemütlichen Wohnraum umwandeln. Unverzichtbar für eine freundliche Atmosphäre ist natürlich eine ausreichende Menge Licht. Für einen nachträglichen Einbau eignen sich große Dachflächenfenster besonders gut.

Beim Ausbau des Dachgeschosses hat nicht selten das Bauamt ein Wörtchen mitzureden. Fragen Sie also bei Ihrer zuständigen Behörde nach, ob Sie für die geplanten Baumaßnahmen an Ihrem Haus eine Baugenehmigung brauchen. Sind diesbezüglich alle Unklarheiten aus dem Weg geräumt, können Sie mit der konkreten Planung beginnen. Überlegen Sie sich schon frühzeitig, welche Arbeiten Sie selbst übernehmen möchten und an welchen Stellen Sie einen Fachmann einsetzen wollen oder müssen.

Wer einen handwerklichen Beruf erlernt hat, kann den Einbau eines Dachfensters vielleicht komplett selbst übernehmen. Der Heimwerker sollte sich aber lieber einen Fachmann zu Hilfe holen, dem er dann eventuell zuarbeiten kann. Nicht zuletzt sind Arbeiten auf dem Dach auch stets mit einem Sicherheitsrisiko verbunden. Man muss schon absolut schwindelfrei sein, wenn man auf die Dachfläche hinaussteigt.

Das Dachflächenfenster muss witterungsfest eingebaut werden

Der Dachfenstereinbau ist zwar im Grunde nicht besonders kompliziert, es muss jedoch sehr präzise gearbeitet werden. Vor allem der Einbau des Eindeckrahmens erfordert Maßarbeit, bei der sich die Erfahrung eines Fachmanns bezahlt macht. Wird bei der Abdichtung der Fensterumrandung geschlampt, kann sich das beim nächsten Regenguss bitter rächen. Da Dachflächenfenster der Witterung in extremem Maße ausgesetzt sind, führt hier schon die kleinste Undichtigkeit zu massiven Schäden.

Eine Dachfensterkonstruktion muss zum einen guten Schutz gegen das von oben abfließende Regenwasser bieten. Zum anderen darf aber auch kein vom Wind hochgedrücktes Wasser die Dichtungsbarrieren überwinden. Dachflächenfenster werden von den Herstellern auch gegen starke Temperaturschwankungen gerüstet. Bei der

TIPP KLAPP-/SCHWINGFENSTER

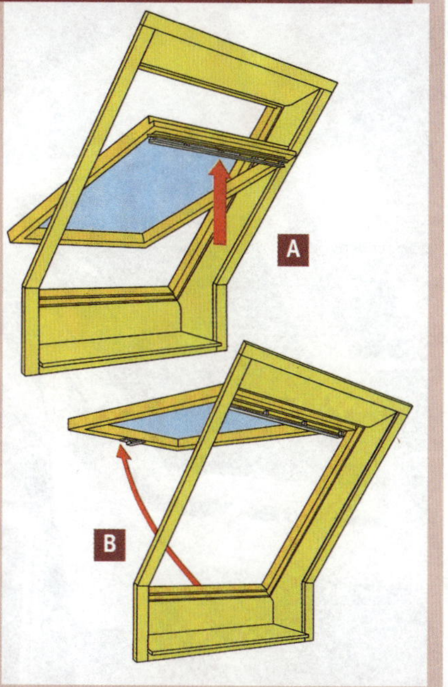

Man unterscheidet bei Dachflächenfenstern zwischen Schwingfenstern (A) und Klappfenstern (B). Während sich Schwingfenster beim Öffnen um ihre Mittelachse bewegen, sind Klappfenster an der Oberkante verankert. Es gibt auch Fenster, die Schwing- und Klappfunktion besitzen.

Genaues Ausmessen

Überlegen Sie, wo Sie die Dachflächenfenster platzieren möchten und wie groß sie werden sollen. Möglichst wenige Sparren sollten die Flächen kreuzen

Messen Sie die Flächen dann genau aus und zeichnen Sie die Umrisse an. Um das Heraustrennen einzelner Sparren kommt man nur äußerst selten herum

Zeichnen Sie an, wo Sparren durchtrennt und durch Wechsel ersetzt werden müssen. Die Tragfähigkeit des Daches bleibt durch den Austausch unbeeinträchtigt

Die Fenster sollten nicht zu hoch angebracht werden, damit man noch bequem hinausschauen und auch den Kippmechanismus problemlos bedienen kann

Dach vorbereiten

Haben Sie den Fensterumriss genau angezeichnet, können Sie beginnen, die Dachziegel von innen auf der betreffenden Fläche abzunehmen

Die nun frei liegenden Dachlatten lassen sich mit einem Fuchsschwanz heraussägen. Das elektrische Werkzeug ist dem Handgerät bei dieser Arbeit vorzuziehen

An dem mittleren Sparren dagegen sägen Sie die Latten nicht seitlich ab, sondern ziehen sie mitsamt den Nägeln aus dem darunter liegenden Sparren heraus

Nun wird der frei liegende mittlere Sparren herausgetrennt. Da Sie damit in die Statik des Daches eingreifen, sollten Sie das einem Fachmann überlassen

5 Das Sparrenstück wird mit der Säge herausgetrennt. Anschließend werden an der oberen und unteren Kante des hergestellten Fensterausschnitts Wechsel eingesetzt

6 Die Wechsel montieren Sie mit Kammnägeln und Metallwinkeln – so genannten Balkenschuhen. So wird die Stabilität des Dachstuhls wiederhergestellt

auf der Südseite starken Erhitzung des Daches darf sich der Fensterrahmen nicht verziehen. Die Scheiben müssen auch sehr belastbar sein. Im Sommer müssen sie eventuellen Hagelschlägen standhalten, im Winter den Schneelasten.

Das bei diesem Einbaubeispiel verwendete Fenster stammt aus dem Baumarkt, wo Sie Dachflächenfenster in verschiedenen Standardformaten erhalten. Mit Spezialwünschen müssen Sie einen Fensterbauer beauftragen. Wer sich ein Luxusdachgeschoss mit großen Fensterflächen oder gar einem verglasten First wünscht, wird zusätzlich zu einem Dachdecker noch einen Statiker bemühen müssen, der ihm sagen kann, was möglich ist und was nicht.

Nicht zu hoch und nicht zu tief

Dachflächenfenster werden meist so angebracht, dass die Rahmenunterkante in einer Höhe von 90 Zentimetern liegt, die Scheibenunterkante demnach entsprechend bei 105 Zentimetern. Hält man sich an diesen Richtwert, ist gewährleistet, dass man auch im Sitzen noch nach draußen schauen kann

Fenster-Montage

1 Um das Fenster anzubringen, müssen Sie zunächst den Flügel herausnehmen. Setzen Sie zur Verbindung mit den Sparren Metallwinkel in den Ecken an

2 Zum Lieferumfang eines Dachflächenfensters gehören neben den Metallwinkeln auch lange Schrauben. Mit dem Akkuschrauber befestigen Sie die Winkel

TIPP SPARRENABSTÄNDE VERÄNDERN

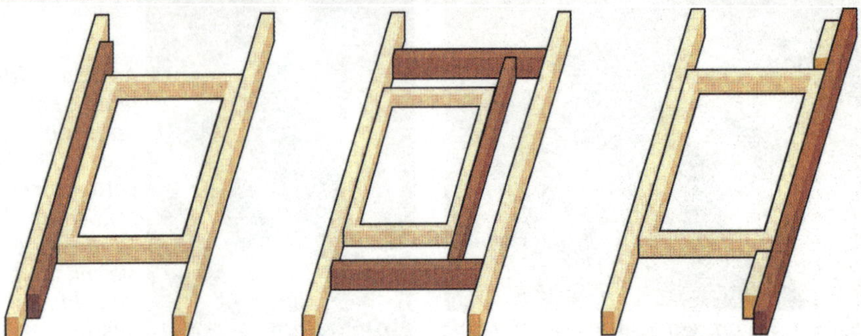

A B C

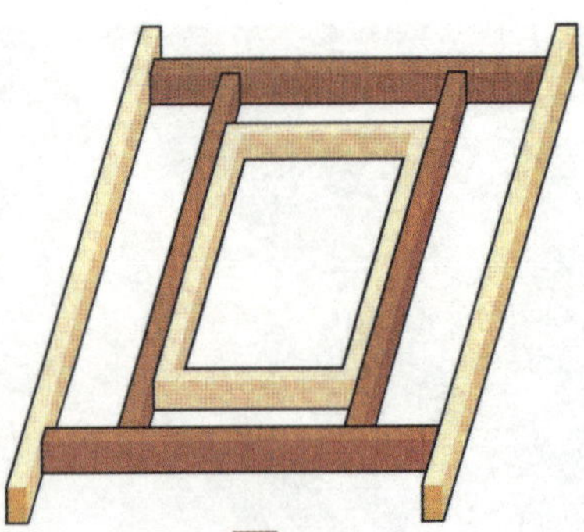

D

Prinzipiell lässt sich jedes Fensterformat in eine Dachfläche einpassen. Der Arbeitsaufwand kann jedoch recht unterschiedlich ausfallen. Müssen Sparrenstücke herausgetrennt werden, sollte dies ein Fachmann übernehmen. Kleine Dachfenster lassen sich meist zwischen zwei Sparren setzen. Eventuell müssen diese seitlich aufgedoppelt werden (A) oder man fügt einen Wechsel- oder Hilfssparren ein (B). Ist das Fenster etwas breiter als ein Sparrenzwischenraum, kann man von außen einen Hilfssparren aufsetzen (C). Bei größeren Fenstern kommt man um eine komplexe Wechselkonstruktion nicht herum (D).

3 Sind die Metallwinkel montiert, kann der Fensterrahmen in den vorbereiteten Ausschnitt eingesetzt werden. Dann müssen Sie den Rahmen gut ausrichten

4 *Der Fensterrahmen wird mit Holzkeilen fixiert. Prüfen Sie mit der Wasserwaage die Position, und verändern Sie sie ggf. durch ein Verschieben der Holzkeile*

8 *Jetzt ist der Fensterrahmen endgültig montiert, und der Flügel kann wieder eingesetzt werden. Mit der inneren Seite nach außen und auf dem Kopf stehend wird er eingeschoben und dann herumgedreht*

und dabei mehr sieht als nur den Himmel. Ein Dachflächenfenster darf auch nicht zu hoch angebracht werden, weil dann unter Umständen an der Oberkante befindliche Griffe von kleineren Personen nicht mehr erreicht werden. Die Oberkante eines Fensters sollte bei einem solchen Bedienungsmechanismus nicht höher als 200 cm liegen. Im umgekehrten Fall kann es natürlich auch unbequem sein, wenn das Fenster zu niedrig installiert wurde und man sich für die Bedienung eines an der Fensterunterkante liegenden Klappmechanismus ständig bücken muss. In diesem Fall empfiehlt es sich, die Position der Fensterunterkante auf 120 cm anzuheben.

Wer einen schönen Blick nach draußen genießen möchte, sollte aber nicht nur an eine möglichst niedrig Einbauhöhe denken. Entscheidend ist auch die Fenstergröße. Dies gilt vor allem für sehr flache Dächer. Ein Fenster, das in einem Dach mit starker Neigung für einen schönen Panoramaausblick sorgt, bietet bei der Montage in ein flaches Dach oft nur Blick auf einen kleinen Landschaftsausschnitt. Also: Je flacher das Dach, desto größer muss das Fenster sein.

5 *Ist der Rahmen perfekt ausgerichtet, kann man ihn befestigen. Die Metallwinkel liegen auf den seitlichen Dachlatten auf und werden von oben verschraubt*

9 *Wenn der Flügel sicher in der Halterung eingerastet ist, können Sie den Eindeckrahmen – hier aus Kupferblech – an der Außenseite des Fensters anbringen*

6 *Schließen sich im oberen und unteren Bereich des Fensterausschnitts keine Latten an, müssen Sie welche aufnageln und die Winkel nachher darauf setzen*

10 *Die Eindeckung wird rund um den Fensterrahmen aufgebracht. Sie gewährleistet den Schutz vor Wind und Regen. Arbeiten Sie hier deshalb sehr präzise*

12 *Der Eindeckrahmen wird oben durch eine Ziegelschicht verdeckt. Das Fenster sollte so sitzen, dass die Ziegel oben bündig mit dem Rahmen abschließen*

7 *Neben den vier Winkelstücken an den Ecken des Fensterrahmens werden an der linken und rechten Seite mittig noch zwei Metalllaschen angebracht*

11 *Arbeitet man im oberen Bereich des Fensters, muss man meist auf das Dach hinaussteigen. Sorgen Sie für eine Sicherung durch Stützen oder ein Seil*

Wohlige Wärme durch gut gedämmte Dachflächen

Die Dämmung der Dachschrägen ist von jedem Heimwerker problemlos zu leisten. Neben der bekannten Mineralwolle bietet der Handel auch natürliche Dämmstoffe an

Bevor man die Dachflächen von innen beplankt, muss eine Dämmung zwischen die Sparren gesetzt werden. Auf diese Weise wird gewährleistet, dass die Dachetage im Winter nicht zu stark auskühlt und im Sommer nicht überhitzt. Hat man in der Vergangenheit oft nur ein Auge darauf gehabt, wie leistungsfähig Dämmstoffe sind, so schaut man heute auch kritisch darauf, ob ein Material Gesundheitsrisiken birgt. Natürliche Materialien wie Hanf oder Holzfasern sind auf dem Vormarsch. Die heute erhältlichen Mineralfasermatten sind jedoch auch unbedenklich, sofern sie das RAL-Gütezeichen besitzen.

Beim Ausbau des hier gezeigten Dachgeschosses wurden Hanfmatten eingesetzt, die sehr weich sind und keine Hautirritationen verursachen. Man braucht bei der Verarbeitung also keine Handschuhe zu tragen. Ein weiterer Vorteil dieses Materials ist, dass beim Zuschneiden nur sehr wenig Staub anfällt. Die dem Dämmstoff zugefügten Flammschutzmittel sind laut Herstellerangabe unbedenklich.

Hanfwolle zeichnet sich durch eine hohe Diffusionsfähigkeit aus. Sie kann viel Feuchtigkeit aufnehmen und nach und nach wieder abgeben. Die Dämmwerte entsprechen denen anderer natürlicher Dämmstoffe. Hochwertige Mineralwolle erreicht hier zu-

TIPP SCHNEIDEHILFEN

Für jeden Dämmstoff gibt es Schneidehilfen, die meist vom entsprechenden Dämmstoffhersteller angeboten werden. Sie erhalten die Schneidewerkzeuge, ebenso wie das Dämmmaterial, im Baumarkt. Wenn Sie einen bestimmten Dämmstoff im Baumarkt kaufen, können Sie die dafür benötigten Werkzeuge dort auch oft ausleihen. Verwenden Sie ein Dämmstoffmesser aber wirklich nur für das angegebene Material.

Dämmstoffdicken

Bauteil	Konstruktion	k-Wert (w/m^2K) WLG 035	Dämmdicke nach EnEV (in mm) WLG 040	WLG 035	zukunftsweisende Dämmdicke in mm
Altbau-Steildach	Dämmung zwischen und unter den Sparren, Aufsparrendämmung	0,30	140	160	160 + 50
Neubau-Steildach	Dämmung zwischen und unter den Sparren, Dämmung zwischen und auf den Sparren, Aufsparrendämmung	<0,17	200 + 50	220 + 50	160 + 140

Zwischensparrendämmung

1 *Manchmal sind die Sparren nicht tief genug, um die Stärke des Dämmmaterials fassen zu können. In diesem Fall muss man die Sparren aufdoppeln*

2 *Handelt es sich um ein älteres Haus, kann es sein, dass die Sparren nicht genau gleichmäßig verlaufen. Messen Sie den Abstand in mehreren Höhen*

3 *Nachdem die Dämmstoffbreiten ausgemessen wurden, können Sie das Material nun entsprechend zuschneiden. Hier wird Hanfwolle verwendet*

4 *Schneiden Sie die Platten ein wenig breiter zu, sodass Sie stramm zwischen den Sparren sitzen und allein durch den seitlichen Druck in ihrer Position bleiben*

gegebenermaßen bessere Werte, ist aber auch teurer. Wenn Sie sich für Mineralwolle entscheiden, beachten Sie, dass es bei diesem Material Qualitätsunterschiede gibt.

Alternative: Hartschaumplatten

Die preiswerteste Möglichkeit, ein Dachgeschoss zu dämmen, ist die Verwendung von Hartschaum wie Styropor. Diese Variante bietet sich aber nur an, wenn Sie sich nicht gegen Außenlärm abschirmen müssen. Die Schalldämmung dieser Platten ist nämlich sehr schlecht, was mit der geringen Rohdichte zusammenhängt. Ob ein Material eine geringe oder hohe Rohdichte hat, lässt sich ganz einfach am Gewicht feststellen. Für Baustoffe aller Art gilt im Prinzip: Je schwerer, desto schallundurchlässiger.

Wohnen Sie also in einer Gegend, in der der Außenlärm besonders stark ist, sollten Sie bei der Dämmung des Dachgeschosses ganz bewusst einen schwereren Dämmstoff auswählen. Die Verarbeitung ist dann zwar nicht so leicht, aber ein guter Schallschutz zahlt sich später aus. Für die Schalldämmung gilt natürlich, dass auch die Fenster so verarbeitet sein müssen, dass sie den Außenlärm abhalten. Sonst ist die beste Dämmschicht nur die Hälfte wert.

DACHAUFBAU IM SCHNITT

Kaltdachkonstruktion

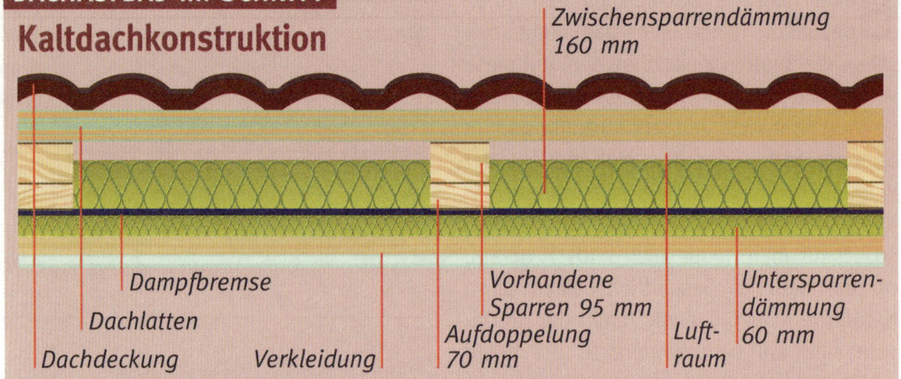

Wird bei sehr steilen Dächern keine Unterspannbahn eingelegt, ist stattdessen dafür zu sorgen, dass ein Luftspalt zwischen Dämmung und Eindeckung besteht

Warmdachkonstruktion

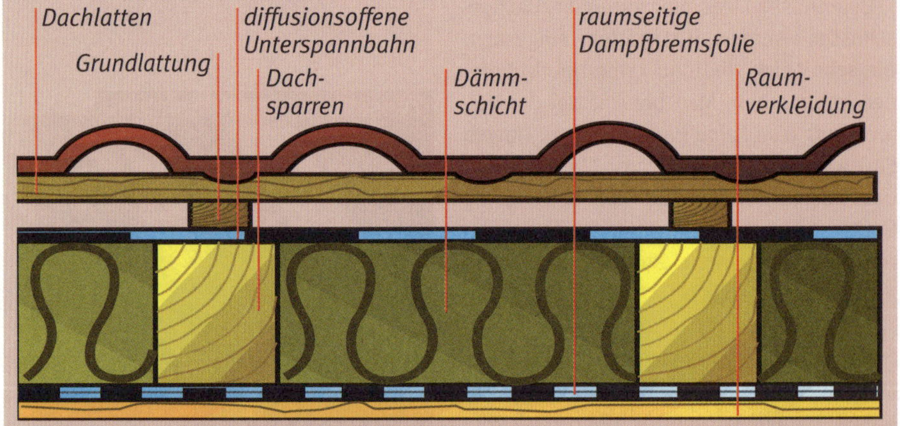

Hier wurde auf den Luftraum verzichtet; die volle Sparrentiefe ist gedämmt

TIPP DÄMMSTOFFE FÜRS DACH IM ÜBERBLICK

Dämmmaterial	*Wärmeleitfähigkeitsgruppe*	*Brandverhalten (Baustoffklasse) heute*	*früher*	*Diffusionswiderstand*	*Quadratmeterpreis (Ca.-Preis in Euro)*	*Hauptanwendung*
Hanfwolle	*045*	*D/E*	*B1*	*diffusionsoffen*	*10 bis 18*	*Dach, Trennwände*
Glaswolle	*035 bis 040*	*A1/A2/B*	*A1/A2/B1*	*diffusionsoffen*	*5 bis 20*	*Dach, Wände, Boden, Decke*
Steinwolle	*035 bis 050*	*A1/A2/B*	*A1/A2/B1*	*diffusionsoffen*	*5 bis 20*	*Dach, Wände, Boden, Decke*
Holzfaserplatten	*040 bis 055*	*D/E*	*B2*	*gering bis offen*	*24 bis 25*	*Dach, Trennwände, Boden, Decke*
Zelluloseplatten	*040 bis 045*	*B/C/D/E*	*B1/B2*	*diffusionsoffen*	*10 bis 15*	*Dach, Trennwände, Boden, Decke*
Baumwolle	*040*	*B/C/D/E*	*B1/B2*	*diffusionsoffen*	*12 bis 16*	*Dach, Trennwände*
Schafwolle	*040*	*D/E*	*B2*	*diffusionsoffen*	*15 bis 20*	*Dach, Trennwände*
Flachs	*040*	*D/E*	*B2*	*diffusionsoffen*	*12 bis 16*	*Dach, Trennwände*

Bei der Dämmung des Dachgeschosses wird das Material stets zwischen die Sparren gesetzt. Man verwendet meist flexible Matten oder Platten, die aus gepressten, oft wollartigem Stoff bestehen und sich deshalb gut zwischen die Balken klemmen lassen. Über die Qualität eines Dämmstoffes informiert die Wärmeleitfähigkeitsgruppe (WLG), der ein Stoff zugeordnet wird. Je kleiner der Wert ist, desto besser dämmt das Material.
Neben der Dämmfähigkeit ist, wie bei jedem Baustoff, auch das Brandverhalten von Bedeutung. Mit A1 und A2 werden nicht brennbare, mit B und C schwer entflammbare und mit D und E normal entflammbare Stoffe gekennzeichnet. Die früher mit B3 gezeichneten leicht entflammbaren Stoffe gehören jetzt zur Gruppe F.

TIPP ALTE MINERALWOLLE

Künstliche Mineralfasern, die vor 1996 verbaut wurden, sind nach heutiger Erkenntnis als gesundheitsgefährdend einzustufen. Sollten sich in Ihrem Haus Dämmstoffe dieser Art befinden, sollten Sie sie austauschen. Bei einer Fläche von weniger als 20 m² können Sie das bei Verwendung von Handschuhen und Staubmaske selbst erledigen. Muss mehr Material entfernt werden, beauftragen Sie besser einen Fachbetrieb. Wie Sie altes Dämmmaterial ordnungsgemäß entsorgen, teilt Ihnen Ihre zuständige Behörde mit.

Hanfwolle

Ein großer Vorteil von Hanf gegenüber anderen Naturfasern besteht darin, dass die Pflanze kein Eiweiß enthält, was sie für Schädlinge völlig uninteressant macht. Das zahlt sich sowohl beim Anbau als auch bei der Weiterverarbeitung der Fasern aus. Auf Schädlingsbekämpfungsmittel kann bei Hanf grundsätzlich verzichtet werden. Da Hanf schnell wächst, kann man mit ihm sehr wirtschaftlich arbeiten. Innerhalb von 120 Tagen hat eine Hanfpflanze eine Höhe von vier Metern erreicht. 90 % der geernteten Fasern lassen sich für die Dämmstoffproduktion nutzen.

Zellulose/Holzfasern

Der Handel bietet zwar schon seit längerer Zeit Zellulose- und Holzfaserdämmplatten an, sie waren aber bisher immer sehr steif und ließen sich aus diesem Grund nicht so gut für die Dachgeschossdämmung verwenden. Heute gibt es jedoch Platten mit Beimischungen von Polyolefin, was sich positiv auf die Flexibilität der Stoffe auswirkt. Der damit verbundene ökologische Rückschritt wird laut Hersteller durch einen insgesamt umweltfreundlicheren Produktionsablauf wieder wettgemacht. Die Verbesserung der Umweltverträglichkeit wurde auch vom Österreichischen Institut für Baubiologie bestätigt.

Neue natürliche Dämmstoffe

Heute setzt man bei Dämmstoffen wieder vermehrt auf natürliche Materialien. Die aus Hanfwolle hergestellten Dämmplatten lassen sich auch ohne Handschuhe verarbeiten

Mittlerweile gibt es im Handel auch flexible Holzfaserdämmplatten (links) und Zelluloseplatten (rechts). Beide bieten neben der Wärmedämmung einen guten Schallschutz

So wird das Dachgeschoss wohnlich

Optimale Wärmedämmwerte erhalten Sie, wenn Sie zwei Dämmschichten aufbringen. Dazwischen legen Sie eine vor Feuchtigkeit schützende Dampfbremsfolie ein. Den unteren Abschluss bilden Gipsplatten, auf denen direkt tapeziert werden kann

Mit der gängigen Zwischensparrendämmung erreichen Sie bei Altbauten meist die gesetzlich geforderten Wärmedämmwerte. Wer aber nicht nur die Mindestanforderungen erfüllen will, setzt zusätzlich eine Untersparrendämmung auf, die den k-Wert noch einmal deutlich verbessert

Bis auf wenige Ausnahmen können alle Arbeiten, die beim Dachausbau anfallen, in Eigenleistung erbracht werden. Im Folgenden zeigen wir Ihnen alle Schritte von der Demontage einer alten Dachluke über die Dämmung bis zur Beplankung der Dachschrägen mit Gipsplatten.

Werden heute Dächer neu eingedeckt, kommt in der Regel eine Unterspannbahn außen auf die Sparren. Dachlatten und Ziegel werden anschließend darauf gesetzt. Besitzt Ihr Haus diese Schutzschicht nicht, muss dies bei der Dämmung des Dachgeschosses mit beachtet werden. Während man bei einem bespannten Dachstuhl das Dämmmaterial so weit wie möglich in die Vertiefungen zwischen den Sparren hineindrückt, muss bei fehlender Bespannung ein kleiner Luftspalt zwischen Dämmung und

TIPP FACHBEGRIFFE

Was ist eine Wärmebrücke?
Ein Problem, das bei vielen Hauskonstruktionen auftaucht, sind so genannte Wärmebrücken. Damit werden Stellen in der Haushülle bezeichnet, durch die übermäßig viel Innenwärme nach außen entweicht. Wärmebrücken entstehen beispielsweise durch eine lückenhafte Dämmung oder undichte Anschlussstellen. Natürlich bedeuten Wärmebrücken immer einen gewissen Verlust an Heizenergie, was noch zu verschmerzen wäre. Zum Problem werden Wärmebrücken allerdings, wenn sich an diesen in der Regel auch kühleren Wandstellen Kondenswasser niederschlägt und so die Bildung von Schimmel begünstigt wird.

Was steckt hinter den Zahlen?
Den k-Wert, mit dem die Dämmleistung einer Baukonstruktion in Zahlen gefasst wird, bezeichnet man heute zuweilen auch als U-Wert. Er wird in der Einheit W/m^2K angegeben. Um den k-Wert eines Bauteils zu bestimmen, misst man die Menge an Energie, die bei einem Kelvin Temperaturunterschied in einer Stunde durch einen Quadratmeter strömt. Die Wärmeleitfähigkeit dagegen wird in W/mK angegeben. Sie bezeichnet den Wärmestrom in Watt durch eine 1-Quadratmeterschicht bei einem Grad Kelvin Temperaturunterschied. Ein gut gedämmtes Bauteil weist hier kleine Werte auf. Bei der in kJ/m^2 angegebene Wärmespeicherfähigkeit ist dagegen ein hoher Wert von Vorteil.

Demontage einer Dachluke

1 *Alte Dachluken leiten zwar etwas Licht ins Dachgeschoss, stellen aber auch eine Kältebrücke dar. Deshalb sollte man sie vor dem Dachausbau demontieren*

2 *Dachluken sind meist nur mit Metalllaschen an den seitlichen Sparren befestigt. Ziehen Sie die Nägel aus den Laschen heraus, um sie zu lösen*

3 *Die umliegenden Dachziegel werden abgenommen. Hat man alle Nägel herausgezogen, lässt sich die alte Dachluke ganz einfach aus der Lücke herauslösen*

4 *Als die Dachluke in der Vergangenheit eingesetzt worden ist, hat man an dieser Stelle eine Dachlatte herausgesägt. Diese muss nun ersetzt werden*

5 *Haben Sie das Dachlattenstück angenagelt, können Sie die Lücke mit Dachsteinen oder -ziegeln eindecken. Dabei sollten Sie Arbeitshandschuhe tragen*

6 *Eine Lücke im Dach lässt sich gut von innen eindecken. Man muss die umgebenden Steine oder Ziegel nur leicht anheben und die neuen zwischenschieben*

TIPP SCHORNSTEIN-DEMONTAGE

A

B

C

Die Demontage eines ungenutzten Schornsteinschachts beginnt oben (A). Schlagen Sie die Steine vorsichtig ab, damit sie nicht auf die Straße herunterfallen (B). Fehlende Dachlattenstücke müssen ergänzt werden (C). Dann kann man die Lücke eindecken.

Montage der Dampfbremse

1 *Die 160 mm starke Zwischensparrendämmung wurde bereits eingebracht. Zwischen Dämmung und Dacheindeckung verbleibt ein kleiner Luftspalt*

2 *Befestigen Sie nun die so genannte Dampfbremsfolie. Man tackert sie an die aufgedoppelten Sparren. In Anschlussbereichen leicht überlappend fixieren*

3 *Die Dampfbremsfolie schützt den Innenraum vor Wind und Feuchtigkeit von außen. Daher ist es wichtig, dass bei der Montage keine Lücken verbleiben*

4 *Die Dampfbremse wird bis zum Giebel verlegt. Hier trägt man Dichtstoff auf und verklebt die Folie darauf. So dringt auch seitlich keine Feuchtigkeit ein*

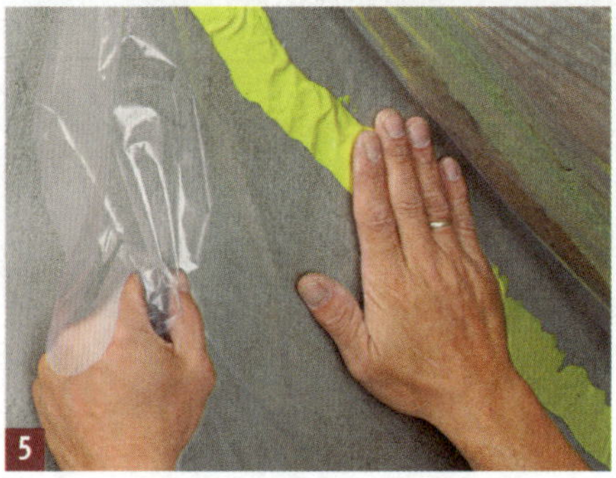

5 *Der Spezialschaum wird parallel zur Giebelwand auf die Dachschräge aufgetragen. Anschließend drückt man die Folie über die ganze Länge sorgfältig an*

6 *Der Dichtstoff lässt sich nicht nur am Giebel, sondern auch an anderen Stellen einsetzen. Schwer zugängliche Anschlüsse lassen sich ebenfalls gut abdichten*

7 *An Stellen, wo zwei Folienstücke aufeinander treffen, werden diese mit Dichtband verbunden. Auf diese Weise entsteht eine große luftdichte Fläche*

8 *Da die Folie mit einem Tacker an den Sparren befestigt wird, entstehen hier winzige Löcher. Diese dichten Sie ab, indem Sie Dichtband darüberkleben*

TIPP GIPSKARTON/GIPSFASER

Man unterscheidet zwischen Gipskarton- und Gipsfaserplatten. Erstere bestehen aus einem reinen Gipskern und sind beidseitig mit Karton beschichtet. Gipskartonplatten für Feuchträume besitzen eine spezielle Imprägnierung. Man erkennt sie an der grünlichen Farbe. Gipsfaserplatten stellt man dagegen aus einem Gips-Papierfaser-Gemisch her. Sie werden bei der Produktion so stark gepresst, dass sie die Gipskartonplatte noch an Stabilität übertreffen.

Lattung und Untersparrendämmung

1 *Ist die Dampfbremse montiert, bereiten Sie die Montage der Untersparrendämmung vor. Bringen Sie hierfür eine 60 mm starke Horizontallattung an*

2 *Die Latten legen Sie auf einen Sägebock und längen sie mit einer Handkreissäge ab. Dann schrauben Sie die zugeschnittenen Latten von unten an den Sparren fest*

3 *Wie bei der Zwischensparrendämmung werden auch jetzt Hanfwolleplatten verwendet. Sie werden passend zugeschnitten und zwischen die Latten geklemmt*

Dacheindeckung verbleiben. Dieser Spalt bewirkt, dass bei schlechter Witterung eventuell eindringende Feuchtigkeit infolge der Luftzirkulation wieder nach draußen abgeführt werden kann. Kann die Luft unter den Ziegeln nicht zirkulieren, könnte die Feuchtigkeit in das Dämmmaterial ziehen und dort Schäden verursachen. Neben dem nötigen Luftspalt ist aber auch noch wichtig, dass bei Ihrem Haus die Regeldachneigung (eindeckungsabhängig 20 oder 30 Grad) bei der Konstruktion des Dachstuhls eingehalten wird.

Vorgaben zum Wärmeschutz

Der Gesetzgeber schreibt für Neubauten und nachgedämmte Altbauten bestimmte k-Werte (vgl. Kasten S. 187) vor, die darüber Auskunft geben, wie es um die Wärmedämmeigenschaften der Bauteile bestellt ist. Bei Neubauten sind die Vorgaben der so genannten Wärmeschutzverordnung natürlich strenger als bei alten Gebäuden. Während bei neuen Häusern ein Wert von 0,17 W/m²K vorgeschrieben ist, reichen bei Altbauten 0,30 W/m²K aus. Da im gezeigten Beispiel ein Altbau mit einer Wärmedämmung nachgerüstet wurde, hätte es genügt, diesen Wert zu erreichen.

Die Zwischensparrendämmung aus Hanfwolle garantiert einen Wert von mindestens 0,30 W/m²K, womit man die gesetzlichen Forderungen erfüllt hätte. Dennoch kann eine zusätzliche Untersparrendämmung nicht schaden. Ein Blick auf die stetig steigenden Energiepreise zeigt, dass für Dämmmaterial ausgegebenes Geld gut angelegt ist. So wurde noch eine weitere 60 mm star-

Montage der Gipsplatten

Jetzt kommen die Gipsfaserplatten zum Einsatz. Sie werden mit Schnellbauschrauben an der Horizontallattung montiert und verdecken die Dämmung

Am besten lässt sich die handliche Ein-Mann-Platte (150 x 100 mm) verarbeiten. Müssen Passstücke zugeschnitten werden, zeichnen Sie die Schnitte vorher an

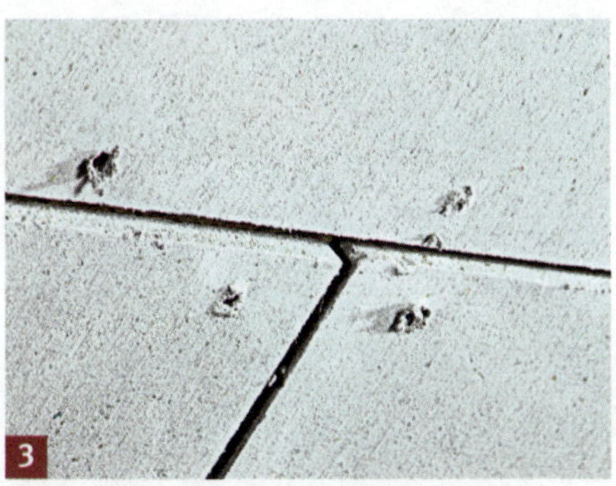

Achten Sie bei der Montage darauf, dass keine Kreuzfugen entstehen. Der Abstand zwischen zwei Fugen sollte stets mindestens 5 mm betragen

Bearbeitung von Gipsplatten

Gipsplatten lassen sich sehr leicht durchtrennen. Zuerst legt man ein Lineal aus Metall an der Markierung an und zieht die Linie mit einem Cutter

Legen Sie die angeritzte Platte dann auf eine erhöhte Kante, und brechen Sie den Überstand nach unten ab. Anschließend müssen Sie die Gipsplatte wenden

Wenn Sie nun von der Gegenseite noch die Kartonschicht durchtrennen, ist das Passstück einsatzbereit. Eine Nachbearbeitung der Kanten ist meist unnötig

Material zur Verarbeitung

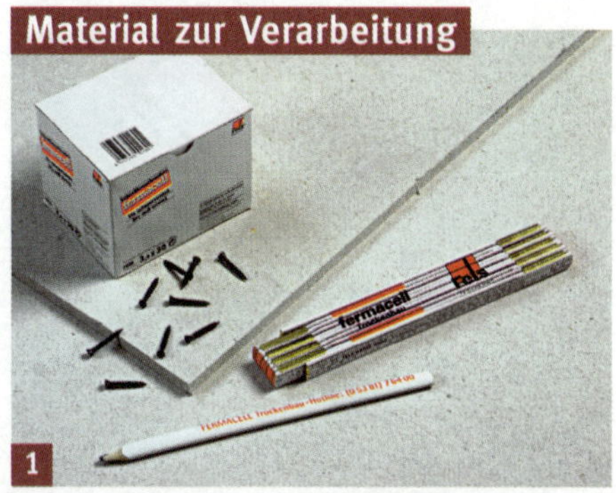

Die Hersteller von Gipsplatten bieten in ihrem Sortiment meist auch Zusatzprodukte an, zum Beispiel passende Schnellbauschrauben und Hohlkopfnägel

Gipsfaserplatten erhalten Sie in unterschiedlichen Formaten und Stärken. Im gezeigten Beispiel wählte man eine 10-mm-Platte im Format 150 x 100 mm

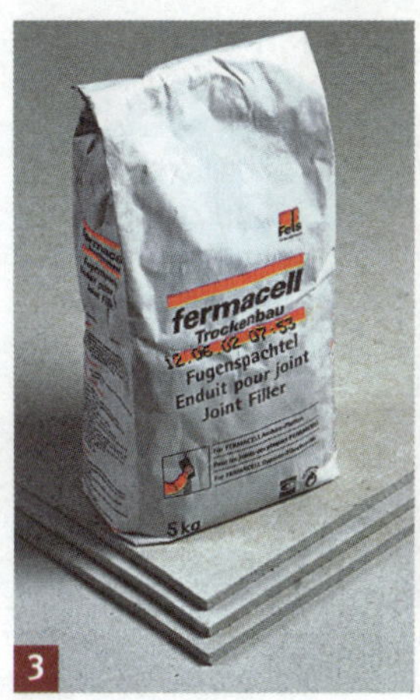

Gipsplatten-beplankte Flächen müssen anschließend stets verfugt und verspachtelt werden. Hierfür bieten die Hersteller geeignete Spachtelmassen an

Montage des Innenfutters

1 *Sobald die Dachschrägen komplett verkleidet und auch verspachtelt sind, kann man sich um die Innenabdichtung des Dachfensterrahmens kümmern*

2 *Beim Kauf des Innenfutters erhalten Sie folgenden Lieferumfang: Holzfaserplatten für den Rahmen, Abschlussleisten, Dichtband, Clips, Folie und Schablone*

3 *Kleben Sie zunächst Dichtband in die äußerste Rille des Fensterrahmens. In dieselbe Rille wird anschließend die beigefügte Folie gesetzt und angedrückt*

4 *An der Folie befinden sich Clips, die beim Eindrücken in die Rille einrasten. Das zuvor eingelegte Dichtband sorgt dafür, dass der Anschluss luftdicht verschlossen ist*

5 *Die Folie wird nun umgeschlagen und über die Innenseite des Fensterausschnitts gezogen. Die Folienenden werden mit Klebeband sorgfältig fixiert*

6 *An den Seiten werden zusätzliche Clips angebracht, die später das Innenfutter halten sollen. Die Clips ermöglichen eine komfortable Montage sowie Demontage*

7 *Legen Sie nun die mitgelieferte Schablone an der Seite des Rahmens an und ermitteln Sie so die Dachneigung. Die Schablone wird anschließend an die Innenfutterplatten angelegt*

8 *Übertragen Sie nun mithilfe der Schablone die Dachneigung auf die Holzwerkstoffplatten. Setzen Sie entlang der angezeichneten Linie Bohrlöcher*

9 *Legen Sie die Platten auf einen Sägebock auf, und schneiden Sie mit einer Stichsäge entlang der Linie, wobei Sie die Bohrlöcher mittig durchkreuzen*

10 *Halten Sie die zugeschnittenen Seitenteile nun probeweise an. Als Nächstes müssen Sie die Platten noch an der Längsseite der Dachdicke anpassen*

11 *Haben Sie die Seitenteile auf die Dachdicke abgestimmt, folgen die Breitenteile, also die Ober- und Unterseite. Hier sehen Sie das komplette Innenfutter*

12 *Auch die Abdeckleisten müssen vor der Montage passend zugeschnitten werden. Sind alle Zuschnittarbeiten erledigt, können Sie das Innenfutter einsetzen*

13 *Zum Schluss schraubt man die Abdeckleisten an, wodurch ein sauberer Übergang vom Innenfutter zur Dachflächenbeplankung entsteht*

ke Schicht Hanfwolle aufgebracht, wodurch sich der k-Wert auf 0,22 verbesserte.

Dampfbremsfolie dichtet ab

Sind die Sparrenzwischenräume mit Dämmmaterial gefüllt, wird die Dampfbremsfolie angebracht, die einen sicheren Schutz vor Feuchtigkeit bildet. Sie muss bis in die Randbereiche der Dachschrägen sauber verlegt und an den Rändern und Verbindungsstellen luftdicht verklebt werden. Am Anschluss zur Giebelwand bringt man Dichtstoff auf. Stoßen zwei Bahnen aneinander, verbindet man sie mit Dichtband.

Die Dampfbremse wird mit einem Tacker an den Sparren befestigt. Da auf diese Weise kleine Löcher in der Folie entstehen, muss auch hier mit Dichtband überklebt werden. Um die Untersparrendämmung anzubringen, muss man eine 60 mm starke Querlattung montieren. Die Latten sollten höchstens 40 cm auseinander liegen. Haben Sie die Hanfwollplatten zwischen die Latten geklemmt, können Sie die Gipsplatten montieren. Die 150 x 100-cm-Platten sind sehr handlich. Zum Schluss dichten Sie noch den Bereich rund um das Fenster ab.

Elektro-Kabel

1 *Kabel können Sie elegant hinter der Dachverkleidung verschwinden lassen. Man verlegt sie zwischen Dampfbremse und Untersparrendämmung, damit sie vor Feuchtigkeit geschützt sind*

2 *Damit Sie nicht den Überblick verlieren, wo Sie welche Elektroleitungen verlegt haben, ist es ratsam, die einzelnen Kabel mit einer Beschriftung zu versehen*

Ein neues Bad im Handumdrehen

Für eine Neugestaltung des Bades brauchen Sie keine Handwerker. Kleben Sie Fliese auf Fliese, tragen Sie neuen Putz auf und bringen Sie dekorative Accessoires an

Viele Haus- und Wohnungseigentümer schrecken vor einer Neugestaltung des Bades zurück, weil sie Kosten und Aufwand scheuen. Der Gedanke an Lärm und den Schmutz, der beim Abstemmen alter Fliesen entsteht, erstickt die Umgestaltungspläne meist schon im Keim. Dabei ist es gar nicht nötig, die alten Fliesenbeläge zu entfernen. Kleben Sie einfach Fliese auf Fliese. Der Handel bietet heute Fliesenkleber und Fugenmörtel an, die durch spezielle Kunststoffzusätze auch auf Fliesenuntergründen haften. Achten Sie beim Kauf der Produkte darauf, ob sie sich für eine Fliese-auf-Fliese-Verklebung eignen. Wichtig ist allerdings, dass die alte Fliesenschicht absolut sauber ist. Ansonsten würde die Klebekraft des Fliesenklebers beeinträchtigt.

Neue Fliesen an die Wand kleben

Bordüren liegen im Trend. Deshalb wurde auch hier bei der Neugestaltung der Badwände Platz für eine Bordüre aus farbigen Fliesen eingeplant. Zeichnen Sie die Unterkante der Bordüre auf den alten Fliesen an,

Wandfliesen aufkleben

1 Bevor Sie ans Werk gehen, müssen die Fliesen gründlich gereinigt werden. Wollen Sie eine Bordüre setzen, markieren Sie deren Breiten mit einem Stift

2 Haben Sie den Verlauf der Bordüre angezeichnet, versehen Sie den oberen Abschluss des normalen Fliesenwandbelags rundherum mit Klebeband

3 Der flexible Fliesenkleber wird im nächsten Schritt abschnittweise auf die Wand aufgetragen und anschließend mit einem Zahnspachtel durchgekämmt

4 Ziehen Sie oberhalb des bearbeiteten Bereichs nun das Klebeband ab. Sie erhalten auf diese Weise eine saubere und gerade obere Abschlusskante

5 An der entstandenen Linie entlang kleben Sie jetzt die Fliesen an. Sie müssen fest ins Klebebett gedrückt werden. Bei großen Fliesen breitere Fugen frei lassen

6 Verfahren Sie nach diesem Prinzip Abschnitt für Abschnitt. Fugenkreuze gewähren immer gleiche Abstände. In Anschlussbereichen Fliesen zuschneiden

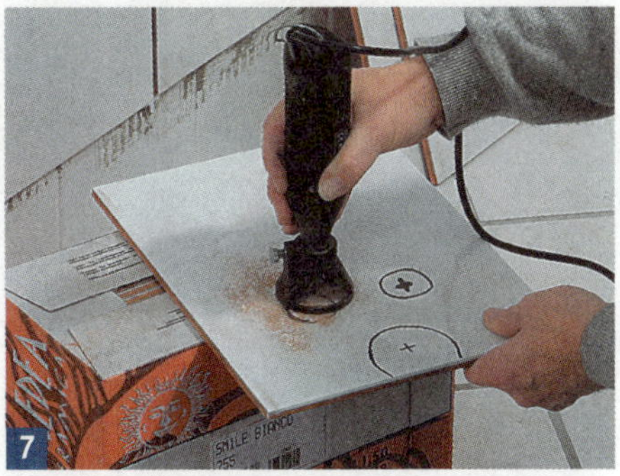

7 Für den Fliesenzuschnitt bietet der Handel verschiedene Werkzeuge an. Hier sehen Sie einen elektrischen Dremel, mit dem sich Löcher herstellen lassen

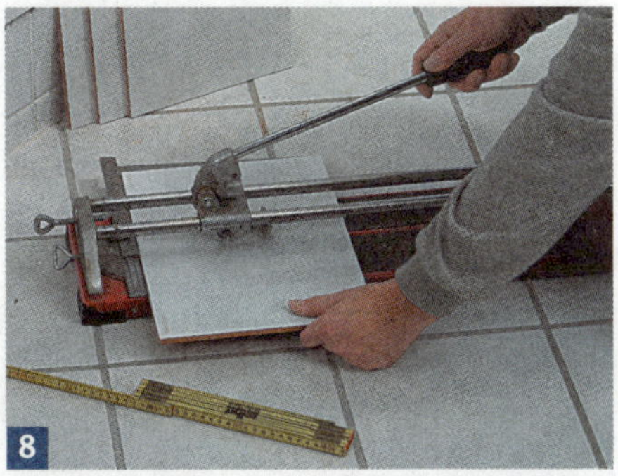

8 Unverzichtbar ist die Fliesenschneidemaschine, mit der Sie saubere Schnitte herstellen können. Nützlich sind außerdem Fliesenzange und Fliesenlochgerät

9 Für den unteren Abschluss zum Boden hin mussten Passstücke zugeschnitten werden. Fliesenkleber aufstreichen, gut durchkämmen und Fliesen andrücken

10 Zum Schluss wird die Bordüre aufgesetzt. Um hier sauber zu arbeiten, streicht man den Kleber auf die Fliesen auf und drückt sie anschließend an

11 Jetzt wird der Fugenmörtel aufgebracht. Mit Gummiwischer und Schwammbrett reibt man den Mörtel diagonal zum Fugenverlauf in die Fugen ein

12 Sind alle Fugen mit Fugenmörtel verfüllt, wischen Sie den überschüssigen Mörtel mit einem Schwamm ab. Beachten Sie die Herstellerhinweise genau

sodass Sie genau wissen, auf welcher Höhe Sie die neuen weißen Fliesen ansetzen müssen. Die Oberkante der zu bearbeitenden Fläche wird nun mit Klebeband versehen. Tragen Sie dann den Fliesenkleber abschnittweise auf und durchkämmen Sie ihn mit einem Zahnspachtel. Anschließend ziehen Sie das Klebeband ab. Setzen Sie die Fliesen vorsichtig an die Wand und drücken Sie sie gut fest. Die Breite der Fugen richtet sich übrigens nach der Größe der Fliesen. Damit Sie zwischen den Fliesen immer gleiche Abstände haben, sollten Sie unbedingt Fugenkreuze verwenden.

Wenn Sie alle Fliesen eines Abschnitts angedrückt haben, nehmen Sie den überschüssigen Fliesenkleber an den Rändern ab, solange er noch feucht ist. Dann können Sie mit dem nächsten Abschnitt beginnen. Meist müssen Sie für die letzte Reihe über dem Boden Passstücke anfertigen. Glatte Schnitte stellen Sie am besten mit der Fliesenschneidemaschine her. Um runde und unregelmäßige Ausschnitte anzufertigen, brauchen Sie weitere Werkzeuge, wie z. B. eine Fliesenzange, einen Dremel und ein Fliesenlochgerät.

Bodenfliesen verlegen

Wie der alte Fliesenbelag soll auch der neue diagonal verlaufen. Legen Sie die Fliesen zunächst trocken aus, und markieren Sie den Verlauf mit Klebeband

Bestreichen Sie dann den ersten mit Klebeband umrahmten Abschnitt mit Fliesenkleber, und durchkämmen Sie ihn. Dann wird das Klebeband abgezogen

Legen Sie nun die Fliesen auf, indem Sie sie mit einer Kante am Boden ansetzen und dann vorsichtig ins Klebebett fallen lassen. Anschließend andrücken

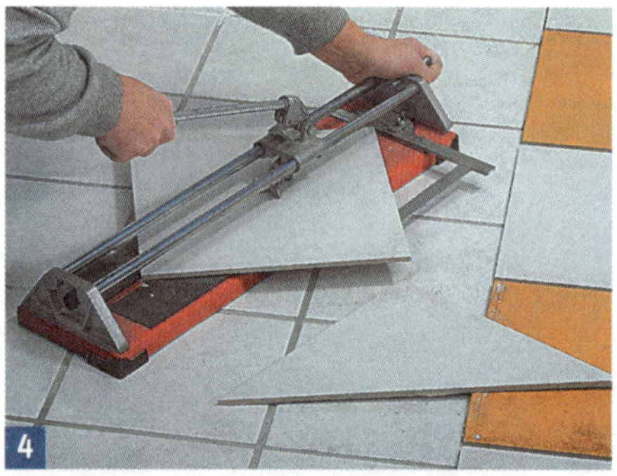

Für den Zuschnitt der diagonalen Randstücke kommt die Fliesenschneidemaschine zum Einsatz. Lücke ausmessen und Schnittlinie auf die Fliese zeichnen

Bei den Randstücken verfahren Sie wie bei den Bordürenfliesen. Geben Sie den Kleber hier nicht auf den Boden, sondern auf die Rückseite der Fliese

Arbeiten Sie sich nun abschnittweise durch den gesamten Raum. Wenn Sie die Abschnitte nicht mit Klebeband abtrennen, Kleber am Rand abnehmen

Ist die Bodenfläche komplett mit Fliesen belegt, wird der Fugenmörtel angerührt. Geben Sie Wasser zu der Trockenmischung, und verrühren Sie die Masse

Um den Fugenmörtel einzubringen, greifen Sie wieder zum Gummiwischer. Man führt ihn stets diagonal zum Fugenverlauf über die Fliesen

Anschließend reiben Sie den Mörtel mit dem Schwammbrett fest in die Fugen hinein. Auch bei diesem Arbeitsgang diagonal zum Fugenverlauf arbeiten

Nehmen Sie den überschüssigen Mörtel mit einem feuchten Schwamm ab. Arbeiten Sie gründlich, denn der Mörtel lässt sich später nur schwer entfernen

Was Fliesenkleber leisten

Klebstoffart	*Vorteile*	*Nachteile*
Zementär, kein Flexzusatz	*Ist preiswert und genügt auf starrem Untergrund*	*Kein Bewegungsausgleich, nicht für große Fliesen, nicht für Feinsteinzeug*
Zement-Flexkleber	*Universell für fast alle Untergründe und Fliesen verwendbar, klebt auch auf glattem Fliesenuntergrund*	*Aufgrund aufwändiger Kunststoffbeimischung sind Produkte teurer*
Fließbettkleber	*Für große Fliesen auf planem Untergrund gut geeignet, hohlraumfreie Verklebung, einfache Anwendung, schnelle Aushärtung*	*Nur für Bodenbereich anwendbar*
Ausgleichskleber	*Für große Fliesen auf leicht unebenem Untergrund geeignet, eine dickere Kleberschicht ist zulässig*	*Üblicher Fliesenkleber ist wesentlich preiswerter*
Dispersionen	*Ohne zuvoriges Anmischen verwendbar, Konsistenz ist nicht fehlerhaft, Haftung auch auf alten Fliesen*	*Nur für Wandbereich, nur innen. Spezialprodukte für Feuchträume sind teurer als vergleichbare zementäre Produkte*
Reaktionsharzklebstoffe (2K)	*Optimale Haftung auch auf Kunststoffen*	*Verarbeitung ist aufwändig, Produkte sind teuer*

So erkennen Sie den geeigneten Kleber

Beispiel für die Klassifizierung nach EN 12004:

C 1 F T

Bezeichnung der Kleberart
C = Zementprodukt
D = Dispersionskleber
R = 2K-Reaktionskleber

Kennzahl der Anforderungsklasse
1 = normale Anforderung
2 = erhöhte Anforderung (doppelte Haftfestigkeit)

Optional: Symbole für besondere Eigenschaften
F = schnell härtend
T = Kleber für verringertes Abrutschen
E = Klebstoff mit verlängerter Offenzeit (nur bei C2 und D2)

Den neuen Buchstaben-/Zahlencode lesen Sie folgendermaßen: Dieses Produkt ist ein zementärer Kleber für normale Anforderungen, der besonders abrutschsicher ist und schnell abbindet.

Beachten Sie beim Kauf von Fliesenklebern, dass Bezeichnungen wie „kunststoffvergütet“ oder „Flexkleber“ nicht zuverlässig sind, denn es gibt keine genaue Definition dieser Begriffe. Die 2001 eingeführte europaweite Norm EN 12004 dagegen bietet Ihnen Sicherheit. Sie schreibt vor, dass entsprechend gekennzeichnete Gebinde nach einer bestimmten Klassifizierung getestet worden sind. Ein Buchstaben- bzw. Zahlencode auf der Packung informiert über wesentliche Produkteigenschaften wie Haftfestigkeit (vgl. Beispiel oben).

Die Bordürenfliesen werden zum Schluss aufgesetzt. Tragen Sie den Kleber hier nicht auf die Wand auf, sondern auf die Fliesenrückseite. Den Fugenmörtel bringen Sie mit Gummiwischer und Schwammbrett in die Fugen ein. Die Werkzeuge stets diagonal zum Fugenverlauf führen.

Bodenfliesen verlegen

Legen Sie die Bodenfliesen zunächst trocken aus und markieren Sie mit Klebeband zwei rechtwinklig zueinander liegende Verlaufslinien. Dann verlegen Sie die Fliesen, wie zuvor an der Wand, abschnittweise. Der Fliesenkleber wird aufgebracht und durchkämmt – dann setzt man die Fliesen an einer Kante ins Klebebett und lässt die andere Seite sanft fallen. Mit der Fliesenschneidemaschine lassen sich die Diagonalstücke für die Ränder gut zuschneiden. Zum Schluss wird wieder der Fugenmörtel aufgebracht. Reiben Sie ihn mithilfe von Gummiwischer und Schwammbrett in die Fugen hinein. Dann entfernen Sie mit einem Schwamm die Mörtelreste.

TIPP SILIKONFUGE ZIEHEN

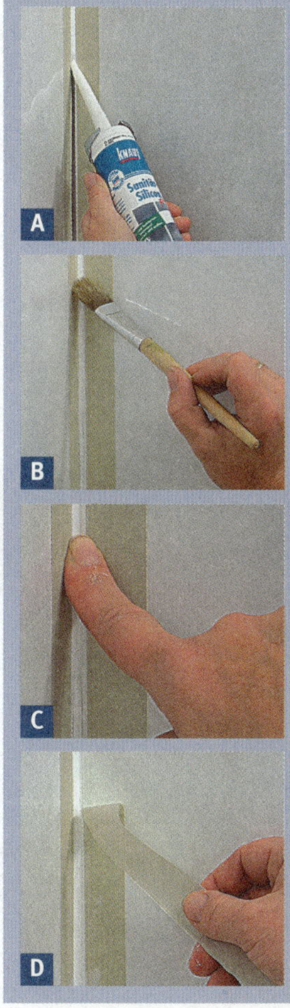

Kleben Sie die Fuge zuerst beidseitig mit Kreppband ab. Dann spritzen Sie das Silikon in die Fuge (A). Anschließend aufgepinseltes Seifenwasser macht die Oberfläche geschmeidig (B). Formen Sie die Fuge nun mit dem Finger oder einem Glättwerkzeug aus (C). Denken Sie daran, das Klebeband direkt danach abzuziehen (D). Wartet man zu lange, kann das Silikon ausfransen.

Die alte Tapete soll einer Schicht aus Dekorputz weichen

Die hellblaue Tapete passt farblich nicht zu den neuen braunen Bordürenfliesen. Sie wird aus diesem Grund entfernt. Reißen Sie die Tapetenbahnen, soweit möglich, trocken herunter. Hartnäckige Reste bestreichen Sie mit Tapetenlöser und entfernen sie nach Ablaufen der Einwirkzeit mit dem Finger oder einem Spachtel.

Ist die Tapete komplett abgelöst, wird eine Grundierung aufgestrichen. Brächten Sie den Putz direkt auf die Gipsplatten auf, würde der Untergrund dem Putz einen Großteil der Flüssigkeit entziehen und so die Haftung beeinträchtigen.

Tapeten entfernen und verputzen

Um die neu verlegten Fliesen zu schützen, werden sie mit Folie abgedeckt. Der Handel bietet mittlerweile auch Folie mit integriertem Klebeband an

Versuchen Sie zunächst, die Tapete – soweit wie möglich – trocken von der Wand abzureißen. Je nach Untergrund gelingt dies besser oder schlechter

Die übrig gebliebenen Tapetenreste müssen Sie mithilfe von Tapetenlöser entfernen. Streichen Sie den Tapetenlöser auf, und lassen Sie ihn einziehen

Ist die Einwirkzeit verstrichen, können Sie die Tapete mit den Fingern ablösen. Besonders hartnäckigen Kleisterresten rücken Sie mit dem Spachtel zu Leibe

Befindet sich unter der Tapete ein saugender Untergrund, wie zum Beispiel Gipsplatten oder auch Putz, müssen Sie die Wand vollflächig grundieren

Ist die Grundierung getrocknet, mischen Sie den Dekorputz an. Sie erhalten im Handel Fertigmischungen, die Sie nur einmal kurz aufrühren müssen

Bringen Sie den Dekorputz mit einer Kelle auf die Wand auf. Bewegen Sie die Kelle dabei in halbkreisförmigen Bewegungen von unten nach oben

Beachten Sie, dass der Putz nur eine begrenzte offene Zeit hat, in der Korrekturen oder eine Strukturierung mit Kelle oder Rolle erfolgen muss

Beim Verputzen sollten Sie sich höchstens eine Wand auf einmal vornehmen. Der Putz hat eine bestimmte offene Zeit, in der man ihn verarbeiten kann und in der noch Korrekturen vorgenommen werden können. Sind die Wandflächen groß, sollten Sie sie daher in Abschnitte unterteilen, die Sie nach und nach verputzen. Das anschließende Strukturieren des Putzes kann mit verschiedenen Hilfsmitteln erfolgen. Im gezeigten Fall verwendete man eine Rolle. Auch die Strukturierung muss man noch in der offenen Zeit vornehmen.

Ist der Putz gut durchgetrocknet, können Sie ihn noch mit einem farbigen Anstrich versehen. Wer Farbe an der Wand haben möchte, kann auch von vornherein auf bunten Putz zurückgreifen (vgl. Tippkasten unten). Die Farbauswahl ist hier allerdings sehr begrenzt.

Waschbecken montieren

Das hier gezeigte Waschbecken soll mit einer Dreiloch-Armatur ausgestattet werden. Nicht jedes Waschbecken ist hierfür geeignet. Sie brauchen entweder eins, das bereits drei Löcher besitzt, oder eins, das rechts und links neben dem Mittelloch Stellen mit einer dünneren Keramikschicht besitzt. Mit dem Fliesenhammer lassen sich diese Stellen zu Löchern ausschlagen. Nach dem Einsetzen von Wasserauslauf und Griffen die Schläuche anschließen. Die Fixierung an der Wand erfolgt mit Stockschrauben.

Waschbecken und Armatur montieren

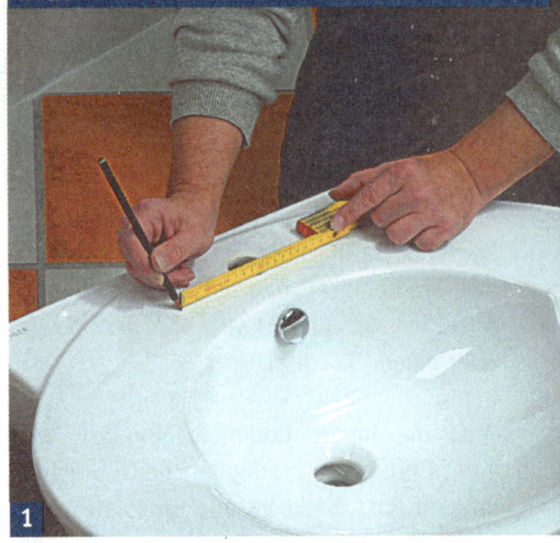

1 *Da es sich bei der ausgewählten Armatur um ein Dreiloch-Modell handelt, erhält das Becken zwei zusätzliche Löcher. Mit dem Zollstock ausmessen*

2 *Haben Sie die Lochpositionen ermittelt, markieren Sie sie und körnen diese Stellen leicht an. Schlagen Sie behutsam, um ein Abrutschen zu vermeiden*

3 *Danach kommt der Fliesenhammer zum Einsatz. Mit vorsichtigen Schlägen können Sie mit diesem Werkzeug Schritt für Schritt die Löcher ausschlagen*

TIPP FARBIGER PUTZ

A

C

B

Der Wandbereich über dem Fliesenbelag wird in der Regel weiß verputzt. Wem die weiße Fläche nicht gefällt, kann sie natürlich anschließend farbig anstreichen. Diesen Arbeitsgang können Sie sich jedoch sparen, wenn Sie auf farbigen Putz zurückgreifen. Die Farbauswahl ist hier zwar eingeschränkt, wer aber beispielsweise blaue oder gelb-braune Töne (C) mag, wird mit Sicherheit fündig. Die Farbintensität des Putzes können Sie selbst bestimmen. Je nachdem, wie viel Paste Sie zumischen, wird er heller oder dunkler. Auf 20 kg Putz können Sie 250 ml bis 750 ml Farbpaste mischen. Wie weißer Putz lassen sich auch die farbigen Produkte auftragen (A) und mit den gewohnten Hilfsmitteln strukturieren (B). Nach 14 Tagen erreicht der Putz seine Endfestigkeit.

4

Hier sehen Sie den Kalt- und Warmwassergriff. Der linke ist bereits zusammengebaut, der rechte ist dagegen noch in seine Einzelteile zerlegt

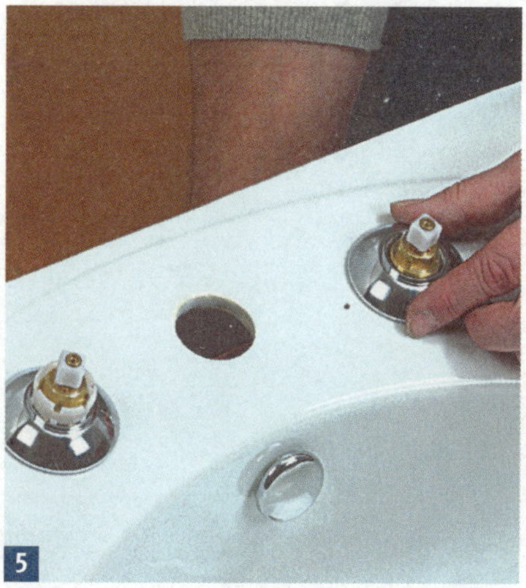

5

Nachdem Sie auch bei dem zweiten Griff Dichtung und Rosette über das Ventil gestülpt haben, stecken Sie die beiden Ventile lose in die vorbereiteten Löcher

6

Erst dann steckt man das obere Griffelement auf, mit dessen Hilfe sich später die Ventile öffnen und schließen lassen. So wird der Wasserdurchfluss geregelt

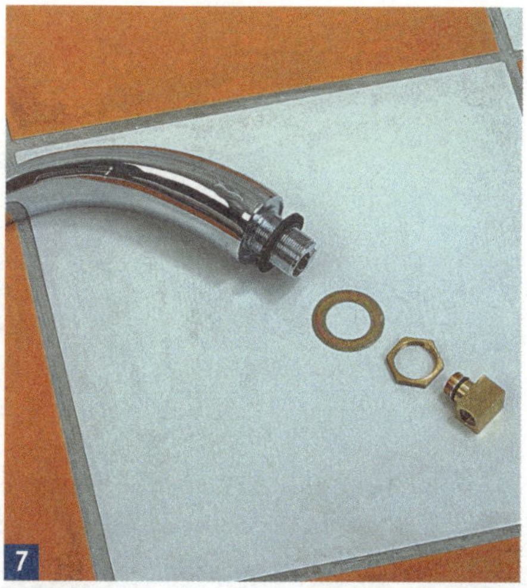

7

Jetzt kommt der Wasserdurchlauf an die Reihe. Er wird von oben in das mittlere Loch gesteckt. Dann schraubt man von unten das Anschlussstück dagegen

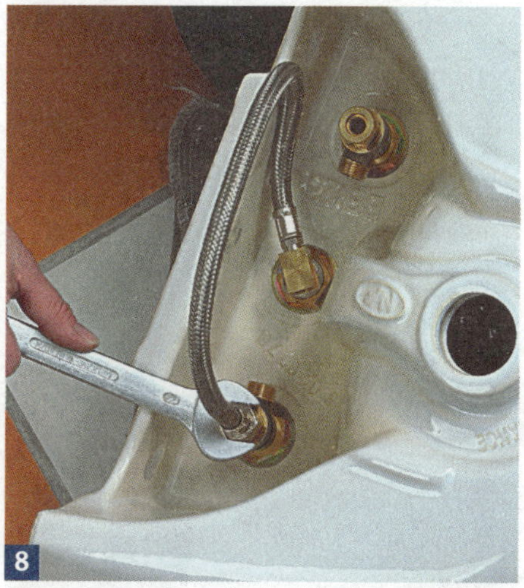

8

Danach werden die Verbindungsschläuche zwischen Griffen und Wasserauslauf montiert. Kaltes und warmes Wasser werden von zwei Seiten zugeleitet

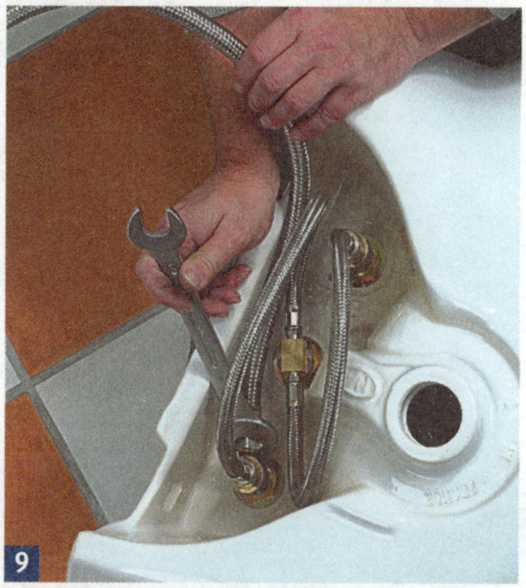

9

Im nächsten Schritt verlegen Sie die Wasserzulaufschläuche, die von den Eckventilen in der Wand zu je einem der beiden Griffe führen. Gut festschrauben

10

Das Becken kann nun an die Wand gehängt werden. Die Befestigung erfolgt mithilfe von Stockschrauben und Muttern. Mit der Wasserwaage ausrichten

11

Bringen Sie jetzt noch den Siphon an. Damit Ventile und Wasserablauf nicht sichtbar sind, wird eine Verkleidung in Form einer Halbsäule aufgesetzt

Tapete streichen und Schablonen-Bordüre auftupfen

Oberhalb der Fliesen wurde in diesem Bad tapeziert. Soll die Tapete einen farbigen Anstrich bekommen, so schützen Sie den Fliesenbelag vorher mit Folie. Besonders praktisch ist Folie, die bereits mit einem Klebestreifen versehen ist. Kleben Sie die Folie, wie in den Bildern gezeigt, an der Oberkante der Wandfliesen fest, und breiten Sie die Folie dann so aus, dass sie auch die Bodenfliesen komplett bedeckt.

Die Farbe kann nun mit Rolle und Pinsel aufgetragen werden. Ist sie gut angetrocknet, wird noch eine Bordüre aufgetupft. Schablonen mit hübschen Motiven erhalten Sie im Baumarkt. Fixieren Sie die Schablonen mit Kreppband an der Tapete, und tupfen Sie dann mit einem Pinsel weiße Farbe in die Aussparungen. Verwenden Sie die Farbe äußerst sparsam, damit nichts hinter die Schablonen läuft.

Leuchtenhalterung bauen

Der Spiegel soll oben eine Leuchtenhalterung bekommen. Diese stellen Sie aus vier Holzteilen her. Schneiden Sie die Front und die beiden Seiten auf Gehrung und verleimen Sie sie. Mit Paketklebeband setzen Sie die Konstruktion unter Druck, bis der Leim getrocknet ist. Die Unterseite wird nun mit den Seitenteilen vernagelt. Bohren Sie dann die Löcher für die Halogenstrahler.

3 *Für Küchen und Bäder bietet der Handel spezielle Feuchtraumfarbe an. Da im Bad oft Wasserdampf entsteht, sollten Sie unbedingt darauf zurückgreifen*

An Stangensystemen findet vom Seifenspender bis zum Badetuch alles Platz

Ein System – viele Einsatzmöglichkeiten. Diese Sanitärserie ist gut durchdacht. Sie können an den Stangen eine Vielzahl von dekorativen Accessoires anbringen. Alle Elemente sind optimal aufeinander abgestimmt. Gerade für knapp bemessene Bäder, die kaum Abstellmöglichkeiten bieten, eignen sich die Stangensysteme gut.

Wände streichen

1 *Wie beim Verputzen sollten Sie auch beim Streichen der oberen Wandhälfte die Fliesen mit Folie abdecken. Besonders praktisch: Folie mit Klebeband*

4 *Mithilfe von Schablonen soll nun noch eine Bordüre aufgemalt werden. Geben Sie etwas Farbe auf eine Leiste, von der Sie sie mit dem Pinsel aufnehmen*

2 *Ist die Folie am oberen Fliesenrand fixiert, können Sie sie nach unten hin auseinander ziehen. Auch der Boden sollte mit Folie bedeckt sein*

5 *Wenn Sie die Schablonen mit Kreppband an der trockenen Wand fixiert haben, können Sie die weiße Farbe mit dem Pinsel vorsichtig auftupfen*

Der Holzkranz erhält nun einen zur Farbe des Spiegel passenden Anstrich. Anschließend schrauben Sie den Rahmen an der oberen Seite des Spiegels fest. Klemmen Sie die Halogenstrahler in die Aussparungen, und verlegen Sie die Elektroleitungen.

Wenn Sie den Spiegel an der Wand montieren wollen, so legen Sie ihn zuerst mit der Rückseite nach oben auf den Tisch. Dann legen Sie eine Wasserwaage an und übertragen die Positionen der Befestigungspunkte auf ihre Seitenkante. Halten Sie die Wasserwaage jetzt an die Wand an, und übertragen Sie die Positionen in gewünschter Höhe. Im nächsten Schritt werden Bohrlöcher gesetzt und Wandhaken eingeschraubt. Dann den Spiegel aufhängen.

Leuchtenhalterung bauen

1 *Für die Leuchtenhalterung über dem Spiegel brauchen Sie vier Holzteile. Schneiden Sie zuerst die beiden Seitenteile mit der Feinsäge auf Gehrung*

2 *Nachdem Sie auch das Frontteil zugeschnitten haben, werden Front und Seiten miteinander verleimt. Mithilfe von Klebeband die Konstruktion pressen*

3 *Jetzt wird das Unterteil mit den Seitenteilen vernagelt. Anschließend bohren Sie zwei Löcher in die Platte. In die Aussparungen setzt man die Halogenstrahler*

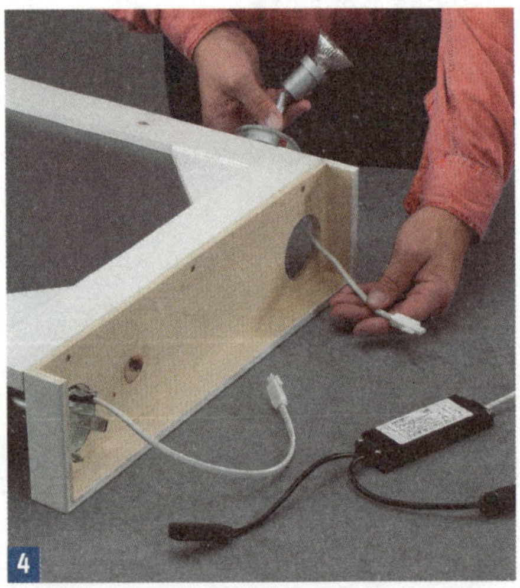

4 *Streichen Sie den Holzkranz in der gleichen Farbe wie den Spiegel. Ist die Farbe getrocknet, können Sie die Leuchten in die Aussparungen klemmen*

5 *Sind die Halogenleuchten sicher in den vorgebohrten Aussparungen fixiert, wird das Kabel der beiden Leuchten in den Stecker des Trafos gesteckt*

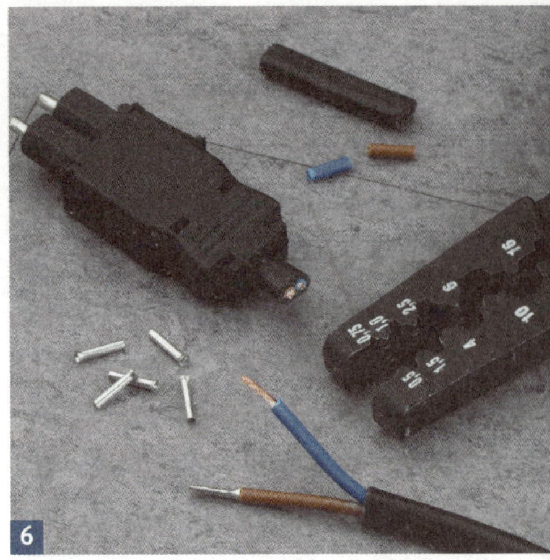

6 *In diesem Fall hat man das andere Ende der Trafoleitung abgetrennt. So hatte man die Möglichkeit, die Kabel an eine Lüsterklemme anzuschließen*

Spiegel montieren

1 *Legen Sie eine Wasserwaage an der Rückseite des Spiegels an, und übertragen Sie die Befestigungspunkte mit dem Bleistift auf die Seitenkante*

2 *Jetzt können Sie die Wasserwaage an die Wand über dem Waschbecken anhalten und die Befestigungspunkte des Spiegels auf die Wandfläche übertragen*

3 *An den markierten Stellen bohrt man nun Löcher und setzt anschließend Wandhaken hinein. An diesen Haken können Sie den Spiegel aufhängen*

4 *Denken Sie daran, die Sicherung auszuschalten, bevor Sie Elektroarbeiten vornehmen. Mit dem Phasenprüfer kontrollieren, ob wirklich kein Strom fließt*

5 *Die Leuchten werden jetzt angeschlossen. Der Holzkranz bleibt nach oben offen. So sind Stecker und Kabel unsichtbar, und man hat bei Bedarf Zugriff*

Bevor Sie die Elektroleitungen verbinden, müssen Sie unbedingt die Sicherung ausschalten. Mit einem Phasenprüfer kontrollieren Sie, ob in den Leitungen noch Strom fließt. Wenn nicht, stellen Sie die nötigen Verbindungen her. Praktisch ist, dass Stromanschluss und Trafo von vorn unsichtbar, durch die offene Oberseite des Kranzes aber gut zu erreichen sind, falls einmal Reparaturen notwendig sein sollten.

Haltestangen montieren

In kleinen Bädern bietet sich die Montage von Haltestangen an. Zur Befestigung der Stangen Punkte markieren, ankörnen, Löcher bohren und Halterungen anschrauben. Dann die Stangensysteme aufstecken.

Stangensystem montieren

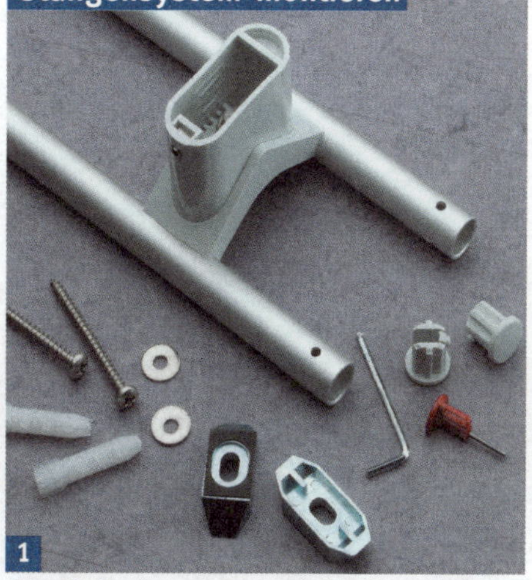

1 *Das Befestigungsmaterial ist im Lieferumfang des Stangensystems enthalten. Hier sehen Sie alle Teile, die Sie für die Montage brauchen, auf einen Blick*

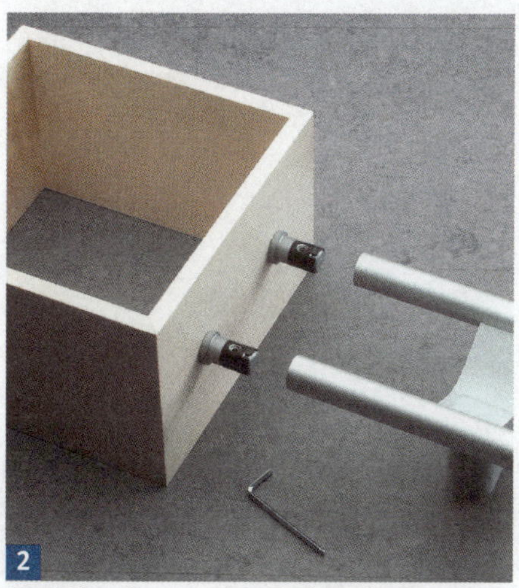

2 *Die Pfropfen an den Enden der Stangen lassen sich herauslösen. Stattdessen können Sie Becher oder Boxen aufstecken, die zum System gehören*

3 *Zur Befestigung der Stangen an der Wand müssen Löcher gebohrt werden. Zuvor müssen Sie die entsprechenden Stellen jedoch leicht ankörnen*

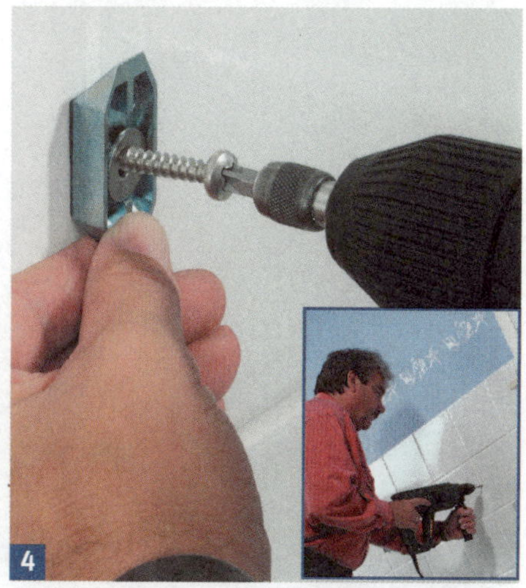

4 *Jetzt können Sie den Bohrer ansetzen. Haben Sie alle nötigen Löcher hergestellt, werden die mitgelieferten Metallhalterungen an die Wand geschraubt*

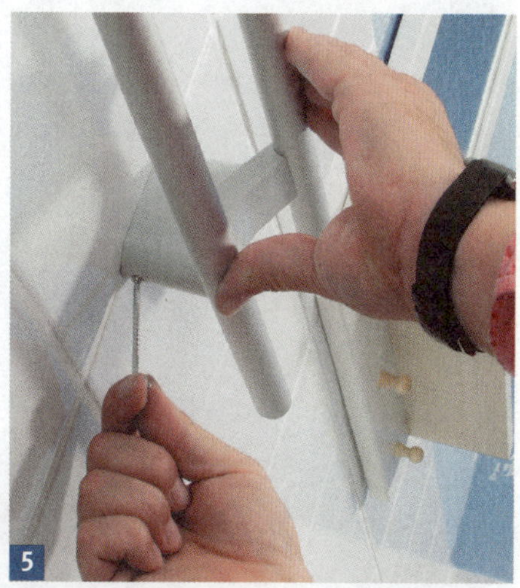

5 *Das Stangenelement kann nun in die Halterung eingehängt werden. Wenn Sie es von unten mit einem Sechskantschlüssel fest ziehen, sitzt es stabil*

Kochen in Landhausatmosphäre

Gemauerte Schränke und Fronten in rustikaler Holzoptik – diese Küche verbreitet urwüchsige Gemütlichkeit

Die Küche ist in jedem Haus das Herzstück. Dort trifft man sich, dort wird gearbeitet und gelebt. Damit die täglich immer wiederkehrenden Arbeiten wie das Vorbereiten von Speisen, das Kochen und das Abwaschen leicht zu erledigen sind, steht Funktionalität ganz vorn bei der Küchenplanung. Man ordnet Spüle und Herd so an, dass kurze Arbeitswege entstehen und dass man ausreichende Abstellflächen zur Verfügung hat. Je nach Küchengröße kommt noch ein Essplatz hinzu.

Neben der Funktionalität müssen aber auch die Emotionen befriedigt werden. Eine Küche soll mehr sein als ein nüchterner Arbeitsplatz im Vorfeld der Nahrungsaufnahme. Man will sich beim Gemüseputzen und Kochen schließlich auch wohl fühlen.

So entstehen die Schränke

Ganz links sehen Sie den Rohbau der Schränke aus Porenbeton. In der Mitte die Fliesenarbeiten. Rechts sind die Schränke schon mit Türen versehen.

Gemauerte Stollen aus Porenbeton sind das Grundgerüst

Bei klassischen Einbauküchen bestehen die Schränke aus einer Reihe miteinander verbundener Korpusse, die mit individuell ausgewählten Türen und Arbeitsplatten versehen werden. Hier wurde ein ganz anderer Weg gewählt: Das Grundgerüst bilden Stollen aus Porenbeton, die mit einer Platte aus Hartschaum abgedeckt werden. Schrankkorpusse mit selbst gebauten Türen aus Profilhölzern werden in die so entstandenen Nischen eingesetzt.

Rohbau der Schränke

1 *Für den Sockel der Schränke muss ein rechter Winkel angerissen werden. Das geht nach Pythagoras mit einem Dreieck von 60, 80 und 100 cm Seitenlänge*

2 *Für das Verkleben der Porenbetonsteine benutzt man speziellen Dünnbettmörtel, der mit einer Planblockkelle genau in der richtigen Stärke aufgezogen wird*

3 *Die absolut maßhaltigen so genannten Planblöcke aus Porenbeton lassen sich mit einer Porenbetonsäge, aber auch mit einem Fuchsschwanz zuschneiden*

4 *Man verlegt die Planblöcke des Sockels im Verbund, das heißt mit verschobenen Fugen der beiden parallen Reihen. Links bleibt eine Lücke für den Geschirrspüler*

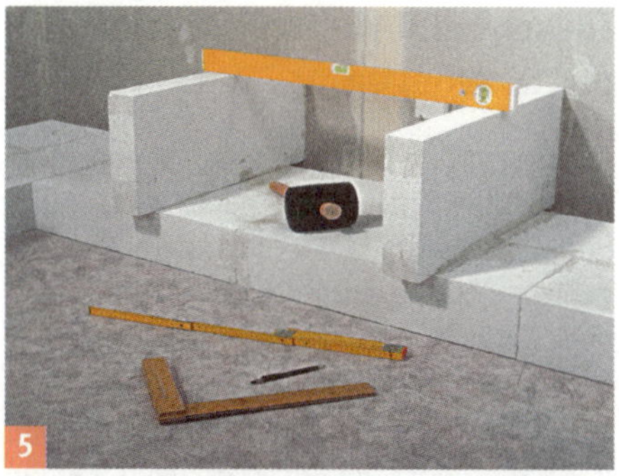

5 *Nun werden die senkrechten Stollen der Schränke errichtet. Die Planblöcke dazu in ihrem Mörtelbett auf dem Sockel lot- und waagerecht ausrichten*

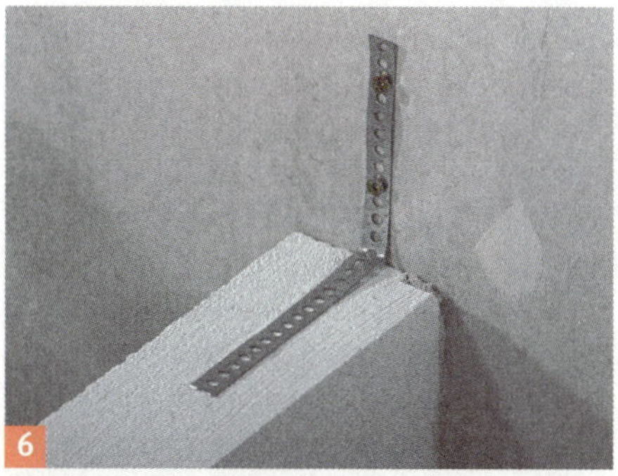

6 *Die Hochschrankstollen werden im oberen Bereich mit der Wand dahinter fest verbunden. Dazu dübelt man ein Lochband an und legt es in die Fuge ein*

7 *Nach dem Aufbau der Schrankstollen prüft man ihre Höhe. Eventuelle Niveauunterschiede lassen sich durch Nacharbeiten mit dem Reibebrett ausgleichen*

8 *So präsentiert sich der Rohbau noch ohne Abdeckplatten. Bevor die Platten aufgelegt werden, muss man die Stollen an den Vorderkanten verputzen*

9 *Zunächst brechen Sie mit dem Reibebrett und aufgelegtem Schleifpapier der Körnung 40 die senkrechten Stollenkanten, damit die Beschichtung gut haftet*

10 *Dann ziehen Sie die Feinbeschichtung mit der Glättkelle dünn auf. Neben den Vorderfronten werden die Flanken der Stollen etwa 15 cm tief beschichtet*

11 *Wenn die Feinbeschichtung leicht angezogen hat, können Sie die Oberfläche mit einem angefeuchteten Schwamm glätten und den Grat entfernen*

12 *Da die Leichtbauplatten für die Abdeckung nur 60 cm breit sind, wurde an der Wand ein zusätzlicher Streifen von 5 cm mit dem Spezialkleber befestigt*

13 *Wenn die Verbindungsflächen der Stollen und des schmalen Wandstreifens auch mit Kleber versehen sind, geht es ans Auflegen der Abdeckplatten*

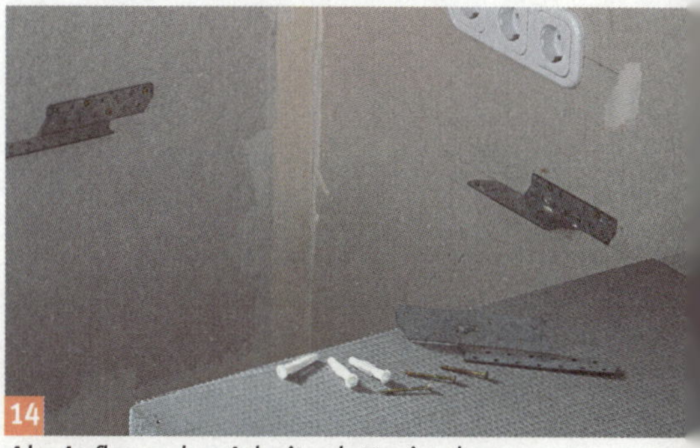

14 *Als Auflage der Arbeitsplatte in der Raumecke fungieren verzinkte Montagewinkel aus dem Baumarkt. Sie werden waagerecht an die Wände gedübelt*

Bei den Rohbauarbeiten wird zuerst ein Sockel aus flach auf den Boden geklebten Porenbetonblöcken (11,5 cm dick) errichtet. Für die Stollen nimmt man Planbauplatten von 7,5 cm Dicke und 20 x 62,5 cm Kantenmaß. Den Klebemörtel und die Feinbeschichtung für die sichtbaren Fronten gibt es passend zu den Steinen im Baustoffhandel oder Baumarkt.

Porenbeton hat den Vorteil, leicht und dennoch stabil zu sein. Zudem können die Platten problemlos mit üblichen Werkzeugen wie Stichsäge oder Fuchsschwanz auf die erforderlichen Maße zugeschnitten werden. Überall dort, wo die Steine miteinander verbunden werden sollen, zieht man den angemischten Klebemörtel mit einer speziellen Zahnkelle auf. Sie können aber auch üblichen Fliesenkleber nehmen.

15

Die 5 cm dicken Leichtbauplatten aus extrudiertem Polystyrol-Hartschaum lassen sich gut mit einer elektrischen Stichsäge oder Handsäge zuschneiden

TIPP LEICHTBAUPLATTEN

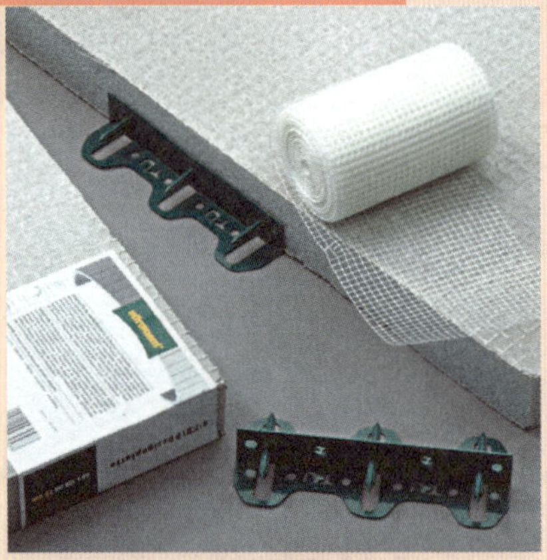

Für die Platten aus extrudiertem Hartschaum gibt es Kunststoffverbindungselemente (2 Stück 11 Euro), mit deren Hilfe sie sich leicht und sicher miteinander verbinden lassen.
Zur Verstärkung wird an den Verbindungsstellen Armierungsband in den frischen Fliesenkleber eingelegt.

Fliesen an Wand und Arbeitsplatte verlegen

Auch wenn es heute fertig beschichtete Küchenarbeitsplatten in allen Farben und Strukturen gibt, bietet die Alternative der gefliesen Fläche doch ein besonders attraktives Bild, da Fliesenspiegel an der Wand und Arbeitsfläche ein einheitliches Bild zeigen. Dass diese Lösung auch Nachteile hat, muss man aber wissen. Die Fugen werden durch Fett und Schmutz sehr schnell dunkel und lassen sich grundsätzlich nicht so gut reinigen wie eine glatte Kunststofffläche.

Damit der Fliesenbelag sich von seiner besten Seite zeigt, muss man den Verlauf der Fugen genau planen. Die Regel heißt: Dort, wo der Blick zuerst hinfällt, wird möglichst mit ganzen Fliesen gearbeitet. Dies sind hier die Reihen rechts und links neben der Fensterlaibung. Logischerweise passt die Breite unterhalb des Fensters nicht mit dem Fliesenraster überein. Dort muss man eine passend zugeschnittene schmale Reihe in Kauf nehmen. Ganz wichtig ist auch, dass der Fugenverlauf an Wand und Arbeitsplatte aufeinander abgestimmt wird.

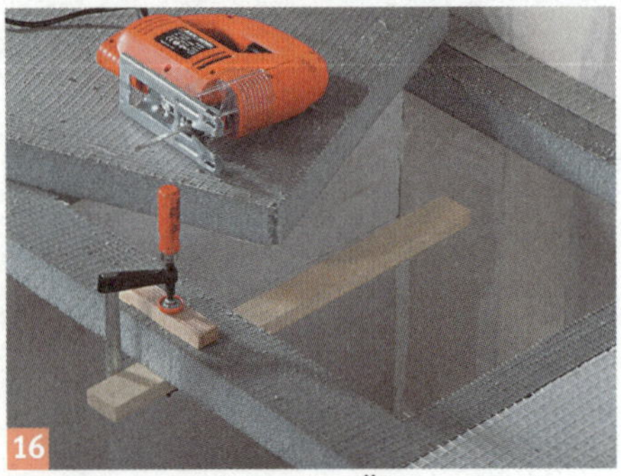

16

Zum Ausschneiden der Öffnungen für das Kochfeld und die Spüle ist die Stichsäge ideal. Eine untergespannte Leiste verhindert ungewollte Vibrationen

17

Der Rohbau unserer Landhausküche steht. Nun folgen die Elektroarbeiten und das Verlegen der Fliesen an den Wänden und auf der Arbeitsplatte

Fliesenarbeiten

1 *Vor den Fliesenarbeiten an der Wand muss man die Steckdosen ausbauen. Dazu den Strom abschalten und die Leitungen auf Spannungsfreiheit prüfen*

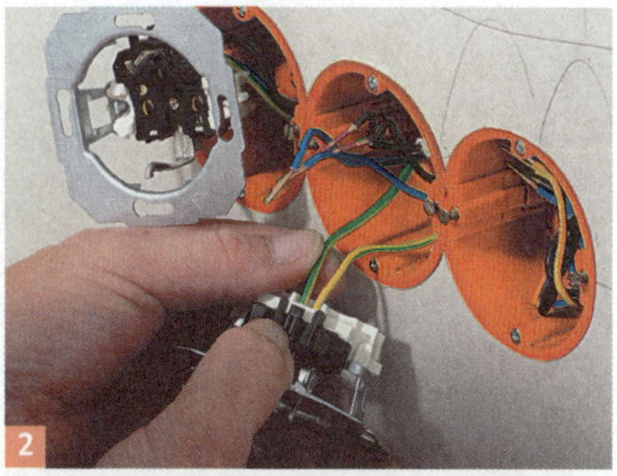

2 *Erst wenn Sie absolut sicher sind, dass keine Spannung mehr anliegt, lösen Sie die Einsätze aus den Dosen und klemmen die Anschlusskabel ab*

3 *Zum Verlegen der Wandfliesen über der Küchenarbeitsplatte wird nun Fliesenkleber nach Herstellerangabe mit Wasser vermischt und gut durchgerührt*

4 *Besser als das Vermischen von Hand mit der Kelle ist der Einsatz eines Rührquirls in der Bohrmaschine. Stellen Sie dazu eine niedrige Drehzahl ein*

5 *Legen Sie die Fliesen der Arbeitsplatte lose auf, um den dortigen Fugenverlauf optimal mit dem an der Wand – insbesondere am Fenster – abzustimmen*

6 *Die Oberkante des Fliesenspiegels wird entsprechend der Höhe von sechs Reihen angezeichnet. Genau über der Markierung wird dann Kreppband geklebt*

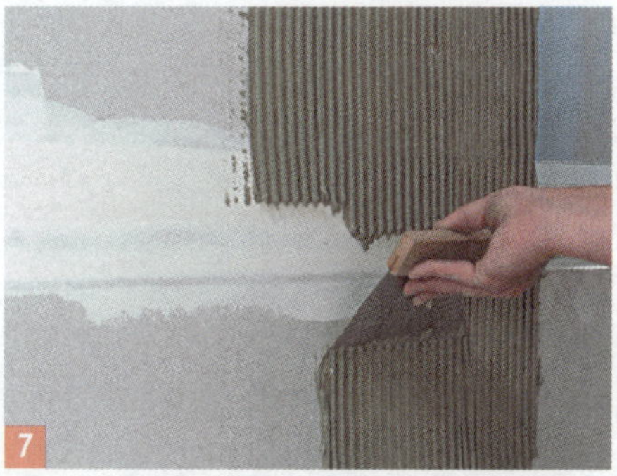

7 *Nun ziehen Sie den vorbereiten Kleber auf die Wand auf. Durch das Aufkämmen mit dem Zahnspachtel erreicht man eine gleichmäßige Schichtstärke*

8 *Oben wird der Kleber über den unteren Rand des Klebebandes gezogen. Wenn Sie dann das Band abziehen, markiert der Kleber genau die Fliesenoberkante*

9 *Man setzt die erste Matte der hier verwendeten Mosaikfliesen genau bündig auf den oberen Kleberrand. Darunter kommt noch eine zweite Matte*

10 *Rechts und links des Fensters wird zugunsten des Erscheinungsbildes mit ganzen Fliesen gearbeitet. Unterhalb muss eine Reihe angepasst werden*

11 *Die hier nötigen Fliesenstreifen lassen sich mit der Fliesenschneidemaschine schnell und präzise herstellen. Sie werden einzeln ins Kleberbett gedrückt*

Ein Problem ist es, an der Wand den oberen Anfang genau passend hinzubekommen. Wir verraten Ihnen dazu einen kleinen Trick. Man misst aus, wo der Fliesenspiegel bei der vorgesehenen Anzahl von Reihen oben enden muss und zeichnet diese Höhe an. Mithilfe einer langen Wasserwaage wird dann die Oberkante mit einem durchgehenden Bleistiftstrich markiert. Dann kleben Sie ein Kreppband so auf, dass es genau einen Millimeter über der Linie sitzt (Bild 6), ziehen den Kleber auf und entfernen das Band wieder (Bild 8). Der Kleber zeigt nun die Oberkante genau an.

Werden mehrere Fliesenstreifen der gleichen Breite benötigt, stellt man den Anschlag der Maschine einmal entsprechend ein und arbeitet dann in Serie

Muss eine Fliese an die Rundung einer Steckdose angepasst werden, zeichnet man die Form an und knabbert das Material mit der Fliesenzange weg

Ist der Fliesenspiegel an der Wand fertig, zieht man Kleber auf die Arbeitsplatte und legt hier die Matten passend zum Fugenverlauf der Wand ein

Kleber, der am Rand des Belages übrig bleibt, wird sofort mit einer schmalen Kelle aufgenommen. Auch überschüssigen Kleber aus Fugen sofort entfernen

Sind Passstücke für Ränder zugeschnitten, wird dort noch einmal Kleber aufgezogen. Bei sehr kleinen Streifen gibt man den Kleber auf die Fliesenrückseite

Für die Armatur schneidet man erst ein Loch in die Hartschaumplatte und überträgt dessen Position dann auf die Fliese, die ebenso durchbohrt wird

Sind alle Fliesen verklebt, lässt man den Kleber über Nacht durchhärten und trägt dann den Fugenmörtel mit dem Gummiwischer auf. Anschließend gut reinigen

Bevor man die Steckdosen und Schalter in der Wand über der Arbeitsplatte wieder anschließt, wird geprüft, ob die Drähte noch immer spannungsfrei sind

Die Möblierung der über Eck gebauten Küchenzeile

Theoretisch kann man bei gemauerten Stollen ganz auf Schrankkorpusse verzichten und Böden sowie Türen an Leisten befestigen, die man senkrecht an die Stollen dübelt. Wer eine alte Küche abgebaut hat, kann allerdings auch deren Korpusse gut verwenden und nur die Türen neu anfertigen. Wir haben einen Kompromiss gewählt und neue Korpusse gebaut – allerdings in einer schlichten Sparversion. Wände gibt es nur dort, wo sie notwendig sind, und die Böden bestehen aus 5 mm dicker HDF-Platte (Hochverdichtete Faserplatte).

Die Türen bestehen aus 18,5 mm dicken Profilholzbrettern. Die Bretter schneidet man auf Länge und leimt je sechs zu einer Tür zusammen. Von der Mitte aus gemessen wird dann die Breite festgelegt und das überschüssige Material abgesägt. An die üblichen Standardbreiten muss man sich übrigens nur halten, wenn Elektrogeräte eingebaut werden sollen. Ansonsten sind Sie bei den Maßen der Schränke flexibel und können sie dem Raum anpassen.

Die Türen

1 *Je sechs Nut-und-Feder-Bretter aus Fichte/Tanne von 18,5 mm Stärke werden zu einer Tür zusammengeleimt. Dann schneidet man die Tür auf Breite zu*

2 *Zur Stabilsierung gegen Verdrehen und Verziehen erhalten die Türen je zwei Querriegel aus Multiplex, die man aufleimt und zusätzlich verschraubt*

3 *Die Sacklöcher zum Einsetzen der Topfscharniere stellt man mit einem so genannten Forstner-Bohrer her. Eine Bohrschablone wird immer mitgeliefert*

Das Eckkarussell

1 *Die Karussellböden werden aus quadratischen Platten zugeschnitten. Man markiert die Rundung und schneidet jeweils eine Ecke von 30 x 30 cm aus*

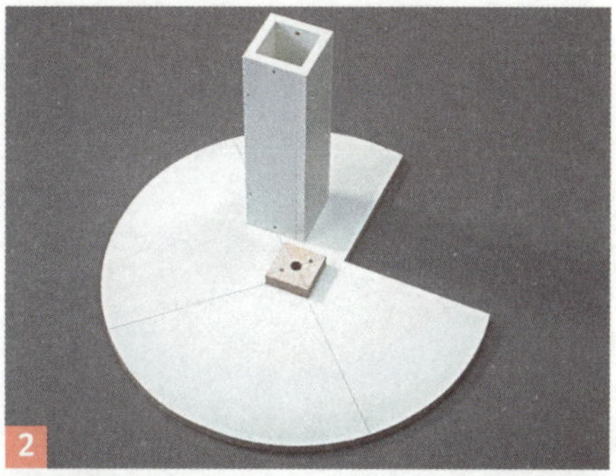

2 *Zur Verbindung der beiden Ebenen wird eine quadratische Säule gebaut, die dann über mittig angebrachte Klötze geschoben und verschraubt wird*

3 *Am Eckausschnitt bekommen die Böden angeschraubte Stege, an der Rundung der Platten werden Hartschaum- oder Sperrholzstreifen als Reling befestigt*

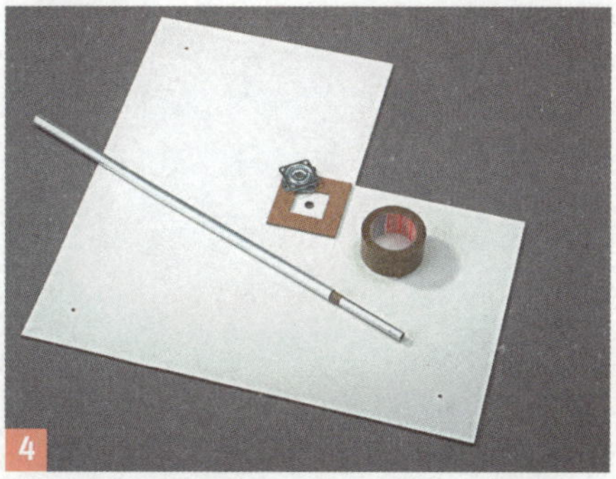

4 *Als Drehachse dienen zwei ineinander gesteckte Alurohre. Das dickere sitzt auf einem Drehbeschlag, der in einem Holzrahmen auf der Bodenplatte ruht*

Die fertigen Türen werden zur Stabilisierung innen mit je zwei Querriegeln versehen. Die Brettkanten rundet man mithilfe eines Viertelstabfräsers etwas ab.

Die Konstruktion des Eckschrank-Karussells erscheint auf den ersten Blick ein wenig kompliziert, ist es letztlich aber gar nicht. Man braucht einen Boden aus HDF sowie zwei Karussellebenen aus Spanplatte. Unsere Arbeitsfotos zeigen, wie die Kreise angerissen werden. Man sägt zusätzlich ein 30-x-30-cm-Segment aus dem Kreis heraus, um an diesen Kanten später die Türen fest anschrauben zu können. Für den Abstand zwischen den beiden Ebenen sorgt eine quadratische Säule, in deren Inneren eine Drehachse aus zwei Alurohren Platz findet. Das dickere Alurohr ist unten auf einem Drehbeschlag gelagert. Das dünnere wird ins dickere eingeschoben. Vorher klebt man unten und in der Mitte etwas Paketband darum. Wenn man es teleskopartig nach oben schiebt, bis es in der Bohrung der oberen Lagerung sitzt, rutscht es wegen des Paketbands nicht mehr zurück. Sie können aber auch vor dem Zusammenschieben etwas PU-Leim an die Gleitflächen geben.

Oben ist die Achse in einer angeleimten Holzplatte gelagert. Durch Umwickeln mit Paketband hat man das dünnere Rohr fest in dem dickeren fixiert

Ist die Bodenplatte auf dem Sockel verschraubt, setzt man den Karussellboden mit dem von unten verschraubten Drehbeschlag in den Holzrahmen ein

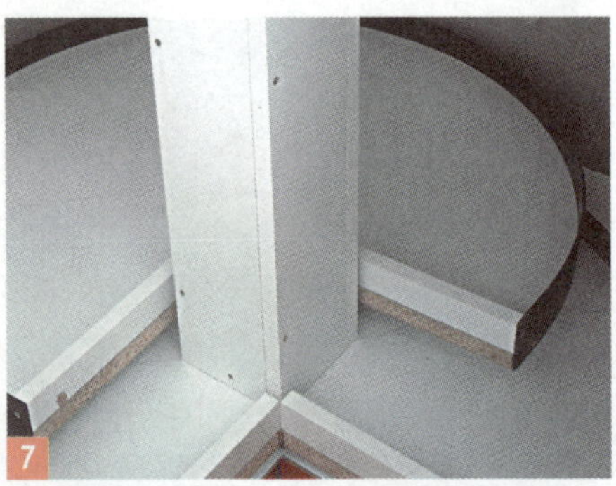

Nun legt man den oberen Karussellboden auf den unteren, verschraubt erst die Säule unten und setzt den oberen Boden in seine vorgesehene Position

Jetzt die Säule mit dem oberen Boden verschrauben und das dünnere Alurohr so weit aus dem dickeren herausziehen, bis es oben in der Lagerung sitzt

Die beiden schmalen Türflügel des Eckkarussells werden von innen mit den Stegen an den rechtwinkligen Ausschnitten der beiden Böden verschraubt

Nun kann das Karussell nach Belieben gedreht werden. Zum Be- und Entladen der beiden Böden stößt man eine der beiden Türen nur ein wenig an

Um die Spalte zum Stollen zu schließen, wird dort auf jeder Seite eine Füllleiste angeschraubt. So ergibt sich bei geschlossenen Türen ein sauberes Bild

Zum Fixieren im geschlossenen Zustand des Karussells wird pro Seite je ein Kugelschnäpper an den Türen montiert. Die Gegenstücke sitzen an den Stollen

Ist das Karussell in den Eckschrank eingesetzt, befestigt man die beiden Türen. Sie drehen sich mit den Böden nach innen und geben die Lagerflächen frei. Damit die Türen bei geschlossenem Zustand fest einrasten, werden zwei Kugelschnäpper montiert.

Wie die Korpusse der übrigen Schränke gebaut werden, zeigen Ihnen die Zeichnungen auf der übernächsten Seite. Die Maße können Sie entsprechend Ihren räumlichen Gegebenheiten und den verwendeten Einbaugeräten abwandeln. Alle Verbindungen werden stumpf zusammengefügt, mit Leim

Schubladen und Korpusse

1 *Die Schubladen bestehen aus vier stumpf miteinander verschraubten Seitenwänden. Den Boden aus 5-mm-HDF unterleimen und nageln*

2 *Geführt werden die Schubladen mit so genannten Rollenschubführungen, deren Schienen man an die seitlichen Unterkanten der Schubladen schraubt*

3 *Die Gegenstücke der Rollenschubführungen werden an den Seiten der Schrankkorpusse parallel zueinander und rechtwinklig zur Vorderkante montiert*

4 *So sieht ein fertiger Korpus für einen Schubladenschrank aus: Er besteht aus Seitenteilen, Rückwand, Boden und oben aus zwei stabilisierenden Stegen*

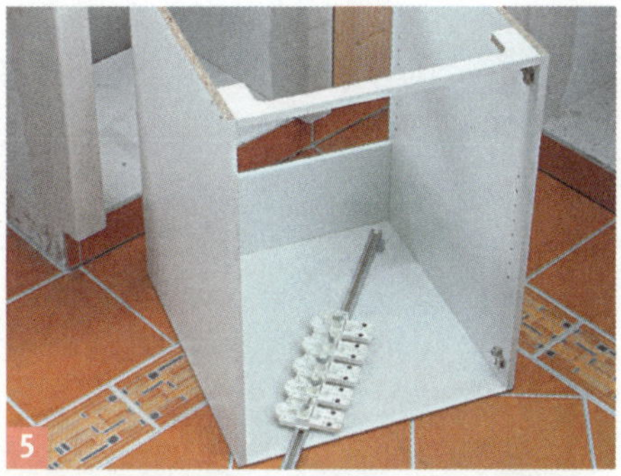

5 *Hier der Korpus, der unter der Spüle eingebaut werden soll. Wegen der Öffnung in der Arbeitsplatte hat er nur vorn einen schmalen Quersteg*

6 *Die Löcher zur Aufnahme der Bodenträger werden mithilfe einer System-32-Lehre (siehe Bild 5) in die Innenflächen der Seitenwände gebohrt*

7 *Der Boden der Herdkonsole muss höher sitzen als bei den andern Korpussen. Er wird auf zwei Sockelbretter montiert. Im Vordergrund die Blende für den Sockel*

8 *Wenn der Herd in seinen Korpus eingeschoben ist, verschraubt man ihn mit den Korpusseiten. Über den Schaltern und vor dem Sockel sitzen Blenden*

9 *Der Korpus des Hochschranks. Auch hier wurden die Innenflächen der Seitenwände mit Raster-Bohrungen für die Aufnahme von Bodenträgern versehen*

10 *Der Kühlschrank wird nach dem Einschieben in den Schrankkorpus oben mit zwei Schräubchen an dem dafür vorgesehenen schmalen Steg fixiert*

versehen und verschraubt. Wenn Sie sich die erforderlichen Teile im Baumarkt zuschneiden lassen, geht die Montage sehr zügig von der Hand. Das Material ist auch nicht sehr teuer. Was Sie sich anschaffen sollten, ist allerdings eine Bohrschablone für das beim Küchenbau übliche Raster-System 32. Die Lochreihen ermöglichen Ihnen dann das Einsetzen der Bodenträger auf beliebiger Höhe. Zuletzt bauen Sie die Massivholzregale, die über dem Fliesenspiegel angebracht werden, und leimen eine Frontleiste an die Arbeitsplatte. Unter die Regale können Halogenspots montiert werden.

Regale, Blenden und Beschläge

1 *Die stumpf zusammengeschraubten Massivholzregale bestehen aus zwei Böden, zwei Seitenteilen und einer Auflagerleiste unter dem oberen Boden*

4 *Die Griffe werden genau mittig auf die Profilholztüren geschraubt. Beim Positionieren hilft eine selbst gefertigte Schablone aus Hartfaserplatte*

2 *In der Ecke wird das Regal vor dem Zusammenschrauben genau eingepasst. Sein oberer Boden soll rechts an die Dunstabzugshaube anstoßen*

5 *Der Geschirrspüler steht zwischen zwei gemauerten Stollen direkt auf dem Boden. Vorn wird eine mit Sockelfliesen beklebte Blende davorgestellt*

3 *An die Vorderkanten der Arbeitsplatten leimt man eine Holzleiste. An der Spüle benutzt man dabei eine Zwinge, ansonsten Zwingen und eingeschobene Keile*

6 *Die Fugen zwischen Arbeitsfläche und Fliesenspiegel an der Wand sowie vorn an der Grenze zur Frontleiste klebt man ab und füllt sie dann mit Silikon*

Materialliste

Maße in mm

Spülenunterschrank:
Spanplatte 16 dick, weiß beschichtet:
2 Seitenwände 745 x 600,
1 Rückwand 542 x 200,
1 Querzarge 542 x 100;
HDF 5 dick, weiß beschichtet:
1 Bodenplatte 600 x 574;

Schubladenschrank und Schubladen:
Spanplatte 16 dick, weiß beschichtet:
2 Seitenwände 745 x 600,
1 Rückwand 564 x 200,
2 Querzargen 564 x 100,
4 Schubkastenseiten 550 x 200,
4 Schubkastenwände 508 x 200;
HDF 5 dick, weiß beschichtet:
1 Bodenplatte 600 x 596,
2 Schubkastenböden 550 x 540;

Eck-Karussell:
Spanplatte 19 dick, weiß beschichtet:
2 Böden Ø 700; Spanplatte 16 dick, weiß beschichtet:
4 Säulenwände 400 x 99,
4 Stege 31 hoch, Längen bei Montage anpassen;
Multiplex 24 dick:
2 Führungsklötze 82 x 82;
HDF 5 dick, weiß beschichtet:
1 Bodenplatte 750 x 750;
Hartfaser 3,2 dick:
1 Aufnahmerahmen 150 x 150;

Herdkonsole:
Spanplatte 16 dick, weiß beschichtet:
2 Seitenteile 745 x 200,
1 Bodenplatte 600 x 596,
1 Querzarge 564 x 55,
2 Sockelbretter 564 x 80;

Hochschrank:
Spanplatte 16 dick, weiß beschichtet:
2 Seitenwände 2000 x 540,
3 Böden 564 x 540,
1 Rückwand 564 x 200,
2 Querzargen und 1 Steg 564 x 100, 1 Rückwand 564 x 150;
HDF 5 dick, weiß beschichtet:
1 Bodenplatte 596 x 540;

Sonstiges:
Türen: ca. 27 lfd.m Profilholz;
Querverbinder: ca. 4 lfd.m Multiplex 18 x 30.
4 Teilauszüge 550 lang;
10 Topfscharniere;
1 Klappenstütze;
1 Drehbeschlag 57 x 57; 1 Alu-Rohr Ø 20 x 2 x 600; 1 Alu-Rohr Ø 16 x 2 x 500;
Spanplatten-Schrauben; Holzleim.

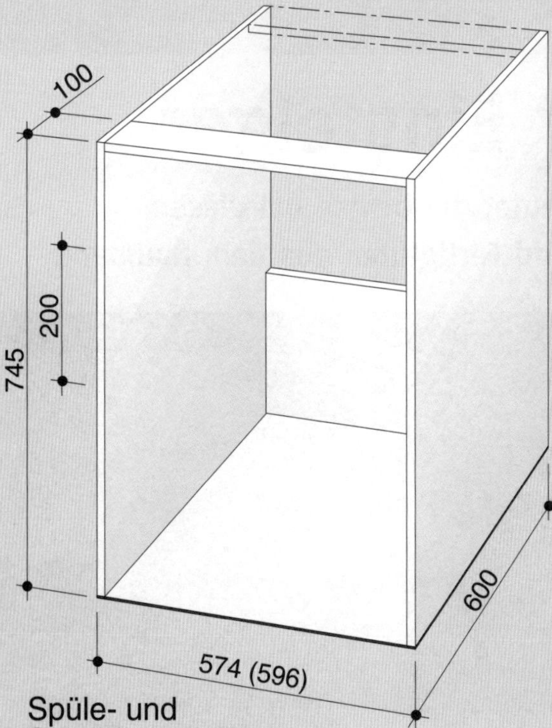

Spüle- und
Schubkasten-Korpus

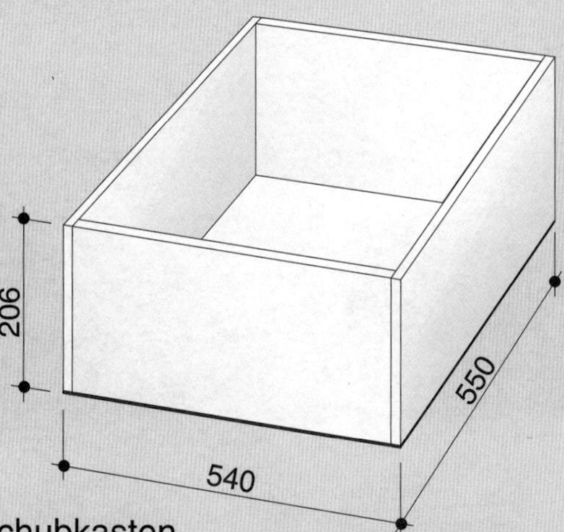

Schubkasten

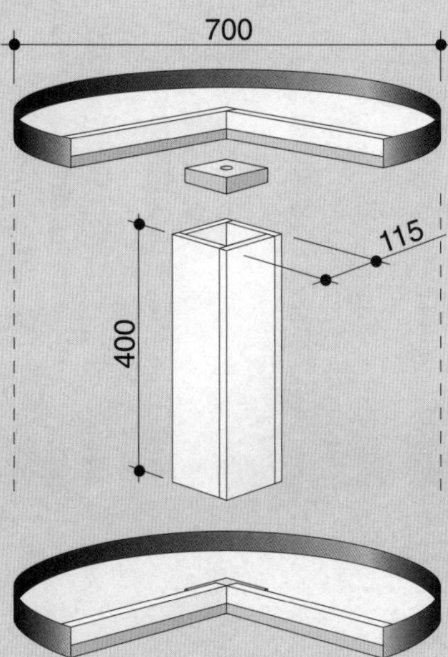

Eck-Karussell

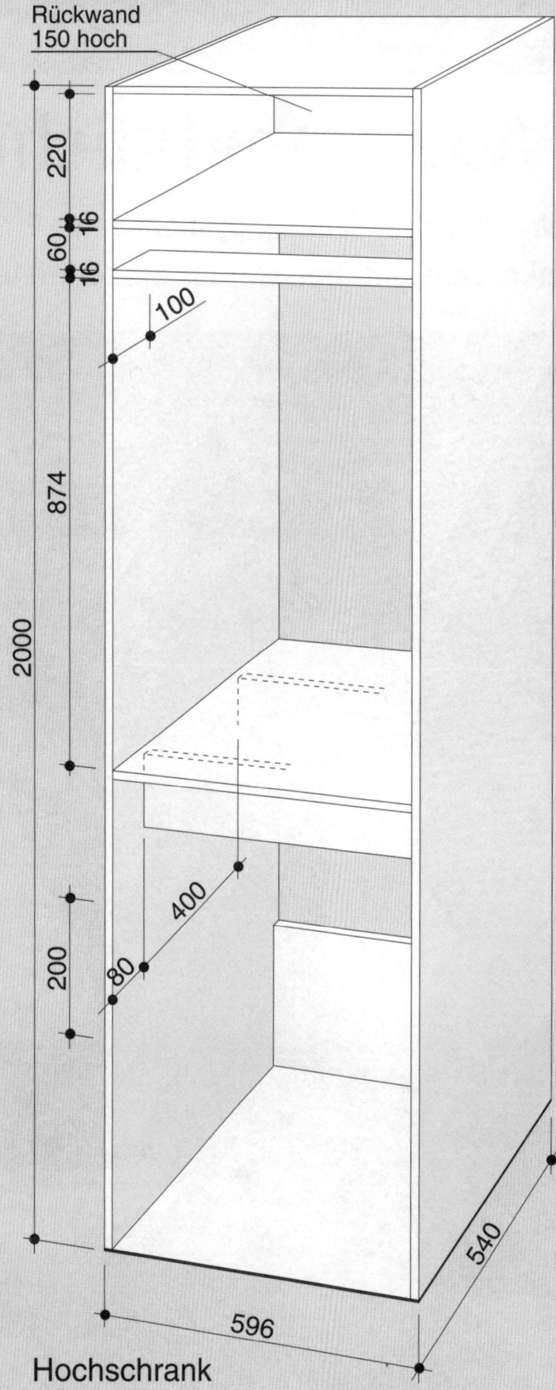

Hochschrank

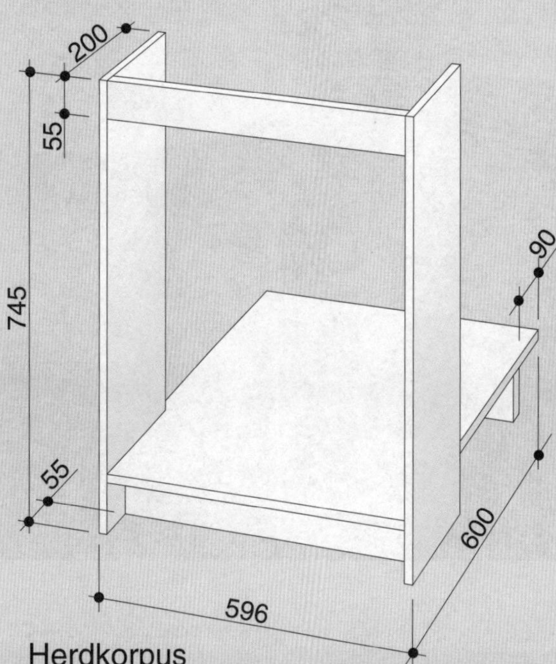

Herdkorpus

Apartmentküche für Einsteiger

Wenig Arbeitsaufwand, maximaler Effekt – so lautet die Devise bei diesem Küchenkonzept mit preiswerten Standardelementen und Fertigtüren aus dem Baumarkt

Kochen, essen und wohnen in einem Raum. Gegenüber der Küchenzeile ist der Wohn- und Schlafbereich. Rechts ein Regal mit Arbeitsplatz, links eine Couch, die abends zum Bett umgewandelt wird. *Siehe dazu auch Seite 226*

Ein klassischer Apartment-Grundriss: Die Küchenzeile mit dem davor platzierten großen Esstisch soll zweckmäßig sein und dennoch wohnlich wirken. Unser Beispiel zeigt, wie man das mit einfachen Mitteln hinbekommt

Die erste Wohnung ist häufig ein Apartment, bei dem sich alles in einem großen Zimmer abspielt. Die Einrichtung muss vor allem zweckmäßig sein, darf in der Regel auch nicht zu viel kosten und sollte trotzdem richtig schick sein. Wir zeigen Ihnen hier, wie Sie die notwendige Küchenzeile in Eigenregie bauen.

Lackierte Tapete statt aufwändig verklebter Fliesen

Die Wand oberhalb der Küchenarbeitsplatte muss besonders im Bereich des Herdes leicht zu reinigen sein. Fettspritzer gehören hier nämlich zum Alltag. Meist werden also Fliesen an die Wand geklebt. Genauso leicht abwaschen lässt sich aber auch eine Spezialtapete, die mit Metall-Effekt-Farbe lackiert wird. Tapeziert ist im Nu, und die Materialkosten sind viel niedriger.

Schränke von der Stange

Bei Ikea und in vielen Baumärkten bekommen Sie preiswerte Schrankkorpusse in Standardausführung, die man ruck, zuck zusammengebaut hat. Was Sie für diese Arbeit unbedingt haben sollten, ist ein Akkuschrauber. Sie können dieses Werkzeug nämlich auch mit dem passenden Bit versehen, das den für Ikea typischen S-förmigen Inbus-Schlüssel ersetzt. Elektrokraft sorgt dann dafür, dass die Montage nicht nur schneller geht, sondern es auch keine schmerzhaften Blasen gibt.

Die Arbeitsplatte besteht hier aus massivem Leimholz. Welches Material Sie wählen, ist aber allein Ihrem Geschmack überlassen. Wichtig ist es, die Aussparung für die Spüle exakt anzureißen und die Platte schon vor der Montage entsprechend zuzuschneiden. Man bohrt an allen vier Ecken vor, um die Stichsäge leicht einführen und sauber bis in die Ecken sägen zu können. Die Arbeitsplatte wird anschließend aufgelegt, mit Zwingen provisorisch fixiert und von unten mit den Schränken verschraubt.

So gelingt der Spüleneinbau ohne Klempner

Das schwierigste beim Spüleneinbau ist das Ausschneiden der Durchführung für die Armatur. Klempner benutzen dafür ein Spezialwerkzeug, das ein ganz exaktes Loch schneidet. Kaufen Sie sich dieses Werkzeug doch einfach im Baumarkt. Mit rund 15 Euro sind Sie dabei und schlagen dem teuren Handwerker ein Schnippchen.

Unsere Arbeitsfotos zeigen, wie Sie das Loch herstellen und die Spüle in die Arbeitsplatte einlassen. Damit das Anschließen von Armatur und Abflussrohr ebenso leicht vonstatten geht, kaufen Sie eine Armatur mit flexiblen Anschlüssen und eine Abflussgarnitur mit flexiblem Rohr.

Türen selbst zuschneiden

Wie unser Aufmacherbild zeigt, bestehen drei der insgesamt fünf Türen der Unterschränke aus einfacher weißer Spanplatte. Sie wurden passend zu den jeweiligen Korpussen fertig gekauft. Um die Front optisch aufzulockern, wurden die beiden anderen Türen wie auch die Tür des Oberschranks über der Dunstabzugshaube aus Lamel-

Tapete und Lack statt Fliesen

Dort, wo sonst ein Fliesenspiegel sitzt, haben wir ganz einfach eine Riffelblechtapete geklebt. Mit der Gummirolle werden die Bahnen gut angedrückt

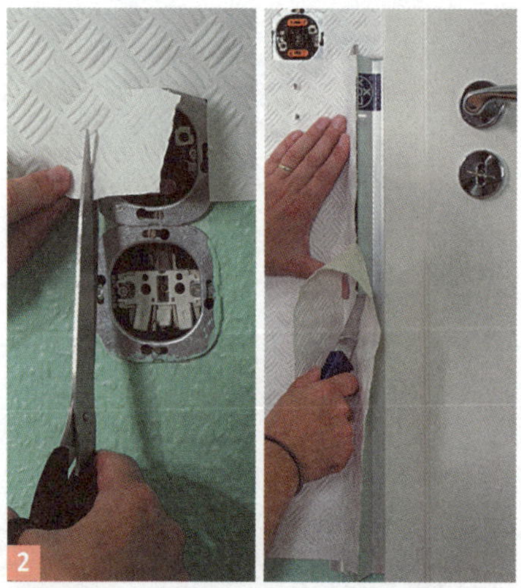

Schalter und Steckdosen spannungsfrei machen (Sicherung ausschalten) und dann übertapezieren. Zum seitlichen Abtrennen ein Schneidlineal benutzen

Vor dem Lackieren der Riffelblechtapete müssen Sie die Ränder sauber mit Malerband abkleben. Dann die Metall-Effekt-Farbe mit der Lackrolle auftragen

Die Unterzeile aufbauen

Standard-Schrankkorpusse von Ikea oder aus dem Baumarkt sind im Nu zusammengeschraubt. Hier werden die verstellbaren Kunststofffüße montiert

Auf der Arbeitsplatte aus massivem Leimholz wird der Umriss der Spüle auf einem Klebeband angezeichnet. Die vier Ecken des Ausschnitts vorbohren

Nun können Sie die Stichsäge ansetzen und die vier Seiten ausschneiden. Das vorher aufgeklebte Kreppband verhindert, dass das Holz beim Sägen splittert

4 *Die fertige Arbeitsplatte legen Sie auf die zuvor ausgerichteten Unterschränke auf und fixieren sie mit Zwingen. Dann wird sie mit den Schränken verschraubt*

4 *Jetzt wird die Spüle für den Einbau vorbereitet. Man klebt rundum das mitgelieferte Dichtband auf. Lassen Sie das Band etwas nach außen überstehen*

lentür-Elementen individuell zugeschnitten. Solche universell einsetzbaren Türen gibt es im Baumarkt in verschiedenen Standardbreiten und -längen. Sie haben massive Rahmenprofile und können auf beliebige Länge zugeschnitten werden. Dann leimt man oben und unten Rahmenabschlussleisten auf und hat so das Aussehen einer Kassettentür. Für die Aufnahme der nötigen Topfscharniere erhalten die Türen im Rahmenprofil Bohrungen, die man mit einem Forstner-Bohrer herstellt. Die Griffe bestehen bei allen Schränken gleichermaßen aus runden Holzknöpfen.

Spüle einbauen und anschließen

1 *Um in die Spüle das zum Durchführen der Armatur erforderliche Loch schneiden zu können, brauchen Sie neben Körner und Bohrer ein Spezialwerkzeug*

2 *Man dreht die Edelstahlspüle um, fixiert die Manschette der Armatur in der richtigen Position, körnt die Mitte an und bohrt zunächst mit dem Metallbohrer*

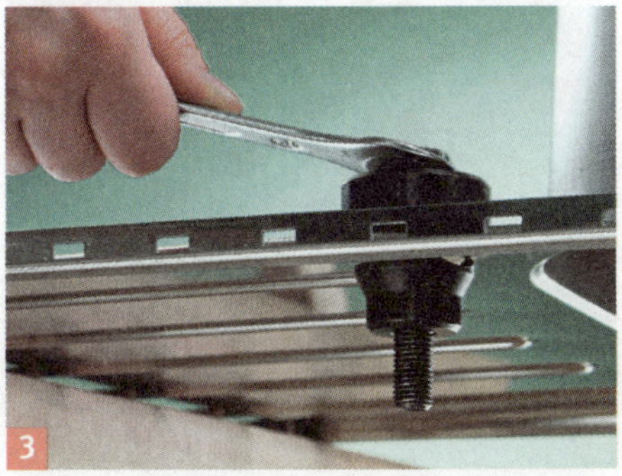

3 *In das vorgebohrte Loch setzen Sie nun das Spezialwerkzeug ein und drehen die Schraube mit dem Maulschlüssel, bis das Armaturenloch ausgeschnitten ist*

5 *Nun setzen Sie die Spüle in die Öffnung der Arbeitsplatte ein und richten sie aus. Die Befestigung erfolgt im nächsten Schritt von der Unterseite her*

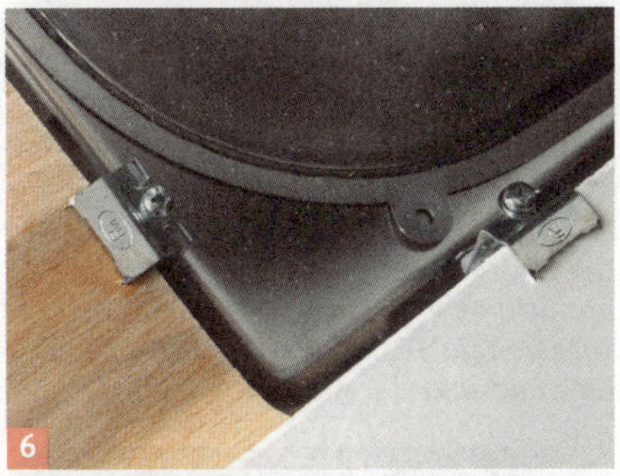

6 *Die Befestigungskrallen passen sich an unterschiedlich dicke Arbeitsplatten an. Wie man sieht, sitzen sie vorn unter dem Quersteg des Unterschrankes*

7 *Sind alle Krallen fest angezogen, trennen Sie den Überstand des Dichtungsbandes mit einem scharfen Cuttermesser entlang der Spülenkante sauber ab*

8 *Jetzt fehlt nur noch die Armatur. Sie wird mit ihren Zuleitungen durch die vorbereitete Bohrung geschoben, ausgerichtet und von unten verschraubt*

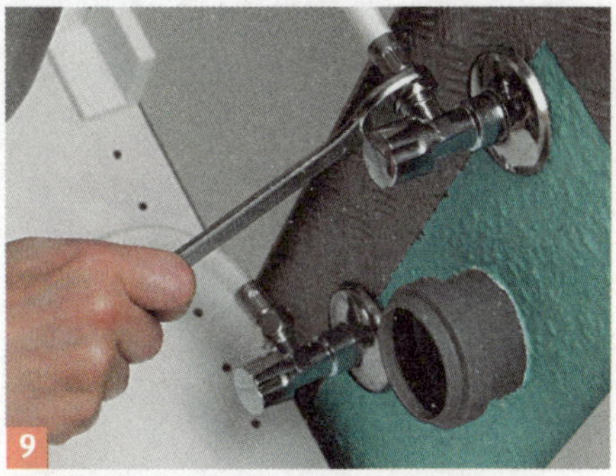

9 *Die flexiblen Zuleitungen werden an die Eckventile der Kalt- und Warmwasserleitungen angeschlossen. Dann die Verbindungen auf Dichtigkeit prüfen*

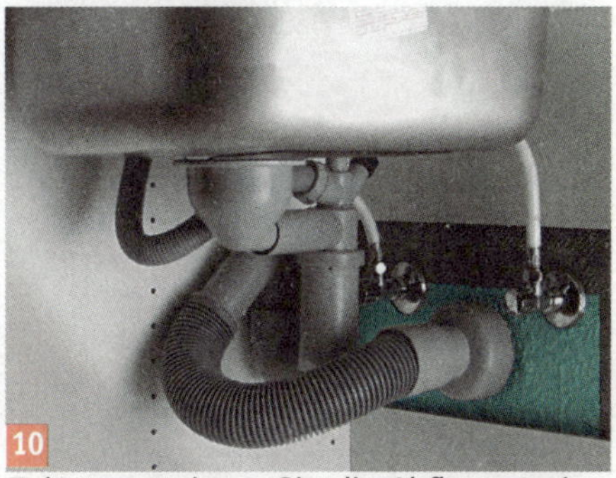

10 *Zuletzt montieren Sie die Abflussgarnitur. Die Ausführung mit flexiblem Rohr macht das umständliche Anpassen mit Standard-Rohrmaterial überflüssig*

Oberschrank, Regale und Beleuchtung montieren

Die Küchenzeile hat nur einen Oberschrank, der über der Dunstabzugshaube die Steckdose für die elektrischen Anschlüsse verbirgt. Ursprünglich war dort nur eine Einfachsteckdose vorhanden. Diese wurde aber gegen eine dreifache getauscht. Somit können die Stecker der Abzugshaube sowie der Beleuchtung rechts und links an den Regalunterseiten angeschlossen werden. Damit der notwendige Ausschnitt in der Rückwand des Oberschrankes verdeckt wird, wurde ein Zwischenboden mit einer hinten angeleimten zweiten Rückwand eingelegt.

Die Regale rechts und links bestehen aus massiven Fichtebrettern, die auf Systemträgern ruhen. Man längt die senkrechten Trageleisten mit der Metallsäge ab, dübelt sie an die Wand und hängt dann die Tragearme der erforderlichen Länge ein. Die Regalböden werden dann einfach aufgelegt und von unten mit den Armen verschraubt.

Damit man bei der Küchenarbeit optimales Licht hat, kommen unter die Regalböden Leuchten mit je zwei Halogenspots. Eine weitere Lichtquelle stellt die Leuchte in der Dunstabzugshaube dar.

TIPP SOCKELLEISTE

A

B

Zum Überdecken des Spalts zwischen Arbeitsfläche und Wand gibt es Kunststoffleisten zum Ankleben. Wir haben uns aber für eine Sockelleiste entschieden, die in der Farbe der Riffelblech-Tapete lackiert wurde. Man kann die Leiste einfach mit Montagekleber fixieren (A) oder mit der zum System gehörenden anzudübelnden Kunststoffschiene (B). Die Schiene ist zwar etwas teurer, man sieht dann aber keine Schrauben.

Lamellentüren anpassen

1 *Die in Standardlängen im Baumarkt erhältlichen Türen werden auf die jeweils erforderliche Länge gekürzt und mit Rahmenabschlussleisten versehen*

2 *Um die Positionen der Scharniere anzeichnen zu können, hält man die vorbereitete Tür neben die Schrankseitenwand und überträgt das Maß*

3 *Zum Bohren der Löcher für die Topfscharniere benutzt man einen so genannten Forstner-Bohrer. Die Bohrmaschine in den Bohrständer spannen*

4 *Sind die Löcher gebohrt, setzt man die Scharniere ein, richtet sie aus und markiert die Löcher der Befestigungsschrauben. Dann die Löcher vorbohren*

5 *Die Montageplatte des Topfscharniers wird am Schrankkorpus in die Lochreihe eingeschraubt. Dann das Scharnier aufclippen, ausrichten und festschrauben*

6 *Zur Befestigung der Griffknöpfe aus Holz reißt man die Positionen an und durchbohrt die Türen. Damit die Platte nicht ausreißt, ein Restholz dahinter klemmen*

Oberschrank und Regale

Nachdem die Abzugshaube montiert ist, werden die Bohrlöcher zum Andübeln des Oberschrankes markiert. Zum Bohren braucht man einen festen Stand

Weil neben der Abzugshaube noch Leuchten angeschlossen werden sollen, wird die Einfachsteckdose ausgebaut. Vorher die Sicherung abschalten

Nun setzt man eine Dreifachsteckdose ein und klemmt sie an die vorhandenen Kabel an. Wer sich diese Arbeit nicht zutraut, sollte einen Elektriker holen

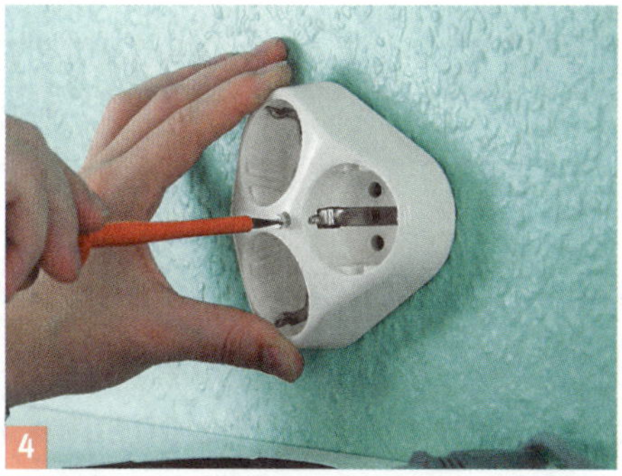

Zuletzt wird der äußere Aufsatz der Dreifachsteckdose angeschraubt. Weil sie etwas vorsteht, muss die Rückwand des Oberschrankes ausgeschnitten werden

Ist der Oberschrank aufgehängt, montiert man die senkrechten Trägerleisten des Regals, hängt die Tragarme ein, legt die Böden auf und verschraubt sie

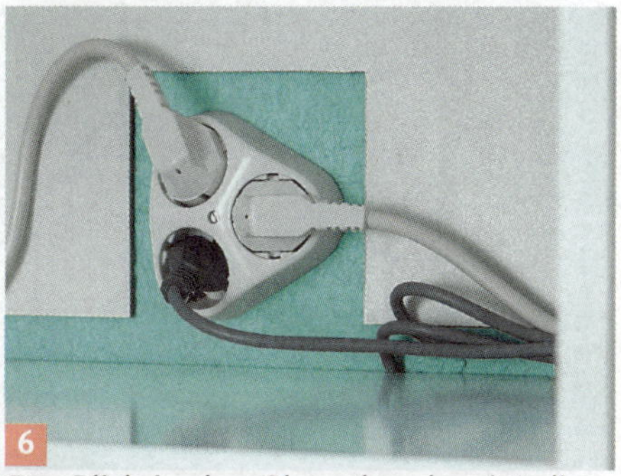

Der Blick in den Oberschrank zeigt die Dreifachsteckdose in der Aussparung der Rückwand. Neben der Abzugshaube wurden zwei Leuchten angeschlossen

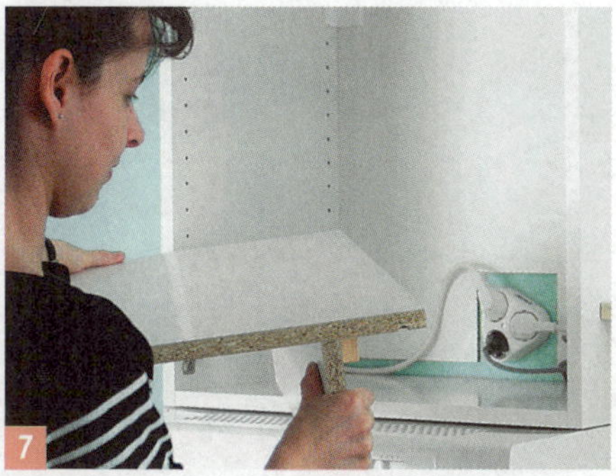

Um die Steckdose zu verdecken, wird ein Einlegeboden des Oberschranks mit zwei Stützwinkeln versehen, an denen man eine zweite Rückwand befestigt

Ist der Zwischenboden eingelegt, verdeckt die etwas vorgezogene zweite Rückwand die Steckdose mit den drei eingesteckten Anschlusskabeln

TIPP ARBEITSFLÄCHE BELEUCHTEN

In der Küche braucht man viel Licht direkt über der Arbeitsfläche. Es gibt heute Systeme, bei denen Halogen- oder Leuchtstoffleuchten und zusätzlich sogar schaltbare Steckdosenelemente zusammensteckbar kombiniert werden (A). Das System wird unter den Oberschränken oder wie hier unter den Regalböden rechts und links montiert (B).

Apartments für junge Leute kreativ möblieren

Pfiffige Regalsysteme und Einbauschränke sorgen für den nötigen Stauraum. Farbige Wandgestaltung und ausgefallene Böden runden das Bild ab. Und alle Ideen sind für den kleinen Geldbeutel noch erschwinglich

Einbauschränke nach Maß nutzen jeden Zentimeter

Wenn junge Leute ihre erste eigene „Bude“ einrichten, stehen zwei Überlegungen im Vordergrund: 1. soll der Raum möglichst effizient genutzt werden, und 2. sollten die Möbel nicht zu viel kosten. Beiden Forderungen kann man gerecht werden, indem man einige Möbel selbst baut.

Schrankmontage

1 *Dübeln Sie die waagerechten Wandschienen an. Senkrechte Träger werden eingehängt und ebenfalls angedübelt. Es folgen die Tragleisten für die Böden*

2 *Für die untere Führung der Schiebetür wird anschließend am Boden eine Schiene angebracht. Verschrauben Sie diese mit den Seitenwänden des Schrankes*

Der hier gezeigte Schrank beispielsweise wurde genau deckenhoch gebaut, um keinen wertvollen Stauraum zu verschenken. Man braucht zunächst zwei Leimholzplatten, die man entsprechend der Höhe des Raums ablängt und die die Seitenteile des Schranks bilden. Auch die Türen müssen passgenau hergestellt werden. Die Breite der Schränke kann anschließend variabel gewählt werden, je nachdem, wie viel Stauraum Sie benötigen.

Im Baumarkt erhalten Sie preiswerte Metallschienen, mit denen sich Regalsysteme an der Wand anbringen lassen. Diese eignen sich auch für die Konstruktion des vorgestellten Schranks. Sie werden einfach an die Wand gedübelt. Die auf die Breite des Schrankes abgestimmten Regalböden lassen sich dann jeweils in der gewünschten Höhe einhängen. Die Höhe der einzelnen Schrankfächer können Sie deshalb auch immer wieder problemlos verändern und den aktuellen Ansprüchen anpassen.

Praktisch ist, dass der Handel eine Vielzahl an Aufbewahrungselementen anbietet, mit denen das Innenleben des Schrankes

3 *Bei der oberen Führungsschiene reicht eine seitliche Befestigung nicht aus. Sie muss an die Decke gedübelt werden, damit sie in der Mitte nicht durchhängt*

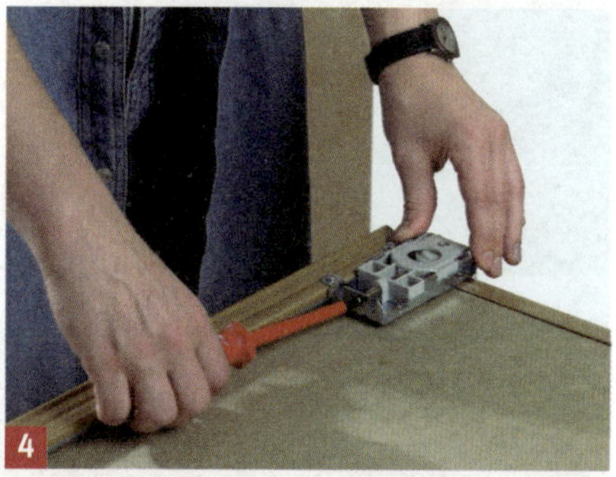

4 *Befestigen Sie nun die Einhängebeschläge an der Innenseite der Türen. Für den Bau der Türen können Sie z. B. Sperrholz oder Spanplatten verwenden*

5 *Hier hat man die Schranktüren in einer zur sonstigen Einrichtung passenden Farbe gestrichen. Sie werden nun in die obere und untere Schiene eingesetzt*

optimal genutzt werden kann: Es gibt Korbgestelle, Wäschefächer aus Kunststoff oder Metall, Drahtböden und Kleiderstangen, die das Ordnunghalten erleichtern. Schiebesysteme sorgen dafür, dass auch die gesamte Tiefe des Schranks genutzt werden kann.

Einen Tisch selbst zu bauen ist noch um einiges einfacher. Kaufen Sie eine Leimholzplatte in der gewünschten Größe und vier Tischbeine aus Metall. In wenigen Minuten sind die Teile miteinander verschraubt, und der Tisch ist einsatzbereit.

Links: Statten Sie den Schrank nun ganz nach Wunsch aus, z. B. mit passenden Wäschekörben oder Kleiderstangen
Oben: Wer sparen will, kann sich seinen Tisch selbst aus einer Leimholzplatte und vier Metallbeinen zusammenbauen

Um den Arbeitsplatz wurde hier ein an Wandschienen befestigtes Regalsystem aufgebaut. Zusätzlicher Stauraum in Form eines Eckregals verschwindet dezent hinter einer Jalousie

Immer schön aufgeräumt – Regalsysteme machen's möglich

Dauer-Chaos muss nicht sein. Gleich an zwei Stellen wurde in diesem Zimmer durch das Errichten eines Regals übersichtlicher und leicht zugänglicher Stauraum geschaffen. Zum einen hat man an die Wandfläche über dem Arbeitsplatz senkrechte Regalschienen angedübelt. Sie dienen als Aufhängevorrichtung für die Tragleisten der Regalbretter. Ein großer Vorteil: Die Schienen lassen ein sehr variables Einsetzen der einzelnen Borde zu.

Eckregal

Die Übereckverbindungen der Regalböden stellen Sie mit Leim und Holzdübeln her (oben). Bei hochgezogener Jalousie sind alle Fächer gut erreichbar (rechts)

Das zweite Regal ist gut versteckt. Es verbirgt sich hinter einer Jalousie in einer Ecke des Zimmers. Mit Hilfe übereck verdübelter Einlegeböden kann der Raum bis in den letzten Winkel hinein genutzt werden.

Bei der Planung des Bodenbelags fiel die Wahl auf Parkett. Die Elemente werden Stück für Stück verlegt und miteinander verleimt. Man sollte mit dem Leim nicht zu sparsam umgehen. Es ist besser, überschüssiges Material wegzuwischen, wenn man dafür eine stabile Verbindung erhält.

Fertigparkett

1 *Wichtig ist, dass man die ersten Reihen zunächst lose verlegt. Am Rand Distanzklötzchen verwenden. Dann werden die Elemente an Nut und Feder verleimt*

2 *Überschüssiger Leim muss möglichst schnell entfernt werden. Hierzu verwendet man am besten einen Kunststoff-Spachtel und wischt mit einem Tuch nach*

3 *Dass bei der Verlegung des Parketts am Rand Fugen entstehen, lässt sich nicht vermeiden. Man kann sie jedoch mit einem Fugenfüller problemlos kaschieren*

Auch flexible Möbel eignen sich gut, einen Raum effizient zu nutzen. Mit einem Tischchen auf Rädern beispielsweise kann der Fernseher schnell unter der Arbeitsplatte verschwinden

Mit Vorhängen wird aus dem Wandregal ein Schrank

Auch in dem hier gezeigten Beispiel wurde mit Platz sparenden Regalsystemen Stauraum geschaffen. Zwei Seitenwände und lange weiße Vorhänge an der Frontseite lassen aus einem wandhohen Regal einen Schrank werden. Weil in dem kleinen Raum nicht mehr genügend Platz für den Fernseher war, entschloss man sich, ihn unter der Arbeitsplatte zu deponieren und nur bei Bedarf hervorzuholen. Ein kleiner

So wird der Fernsehtisch gebaut

Acht Dübelstangen von 8 mm Durchmesser verbinden die Leimholzplatten. Die obere Platte wird 5 mm tief angebohrt, die untere ganz durchbohrt

Man leimt die Dübelstangen ein und steckt die gleichmäßig mit einer feinen Metallsäge abgelängten Alurohre von 20 mm Durchmesser darüber

Unten werden die Überstände der Stangen abgesägt. Zuletzt schraubt man vier Rollen unter die Bodenplatte. Das Holz können Sie wachsen oder klar lackieren

Wischtechnik

1 *Die so genannte Wischtechnik erfreut sich immer größerer Beliebtheit: Tragen Sie auf die mit seidenglänzender Farbe grundierte Wand eine Effektfarbe auf*

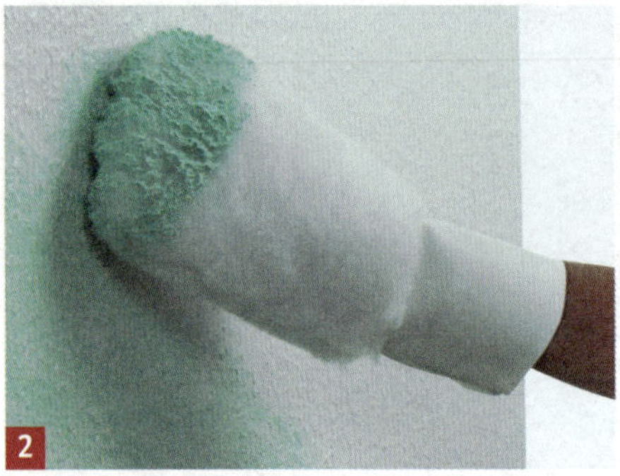

2 *Alternativ zu dem meist verwendeten Wischschwamm können Sie die Effektfarbe auch mit einem speziellen Wischhandschuh auf die Wand auftragen*

Fernsehtisch auf Rollen macht es möglich. Ohne viel Aufwand lässt sich das Gerät nun mal hier- und mal dorthin schieben.

Die Wände wurden in diesem Raum mit der so genannten Wischtechnik gestrichen. Auf eine Grundierung aus seidenglänzender Farbe wurde mit einem Schwamm in kreisenden Bewegungen die Effektfarbe aufgetragen. Durch die Wischtechnik entsteht eine transparente Optik, die nicht nur schön aussieht, sondern den Raum hell und groß erscheinen lässt. Oft wird leider nicht bedacht, dass eine zu dunkle Wandfarbe einen Großteil des Tageslichtes schluckt und der Raum dadurch kleiner wirkt.

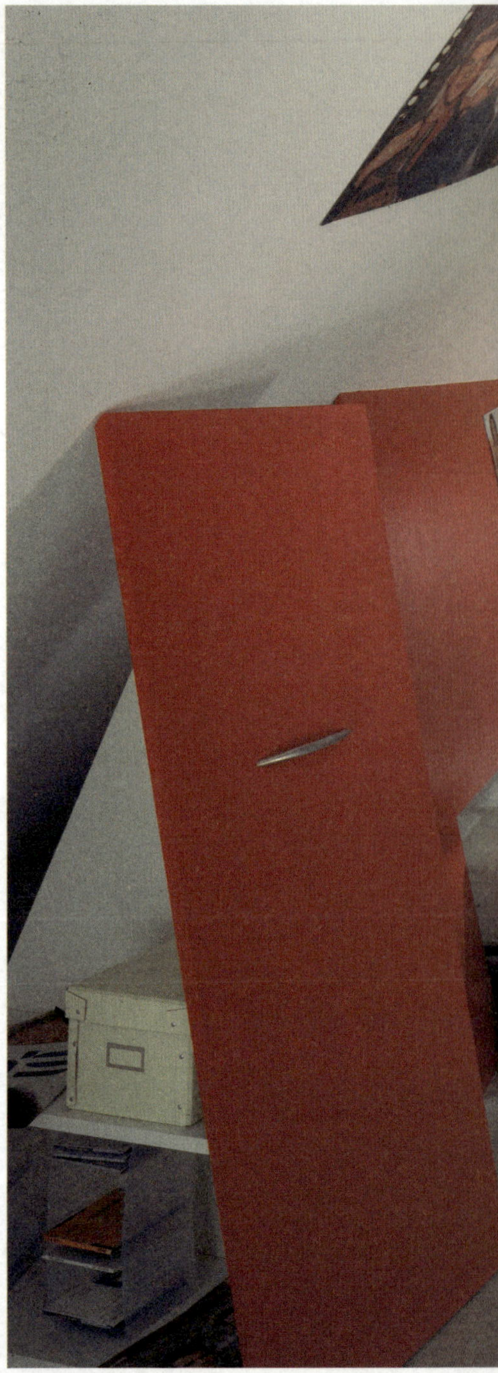

Jugendzimmer im Dachgeschoss mit Möbeln auf Rollen

Der Spitzboden vieler Häuser bietet eine Menge nutzbaren Wohnraum, der sich für ein individuell eingerichtetes Jugendzimmer optimal eignet. Nur für Möbel von der Stange ist unter den Schrägen meist kein Platz. Im hier gezeigten Beispiel wurde an erster Stelle sehr sparsam möbliert. Es gibt ein Bett auf Rollen, ebenfalls mobile Regale und einen hellen Schreibplatz direkt unter den Dachflächenfenstern. Alle Möbel sind selbst gebaut.

Im Zentrum der Einrichtung steht das Rollbett, das tagsüber als Couch dient. Sparsame Möblierung und kräftige Farbakzente auf ruhigen Flächen bestimmen den Gesamteindruck

Auf dem Boden sorgen beigefarbene Teppichfliesen für eine freundliche Atmosphäre. Die andersfarbigen Fliesen in der Raummitte sorgen für Auflockerung. Auf die Wände wurde Vliestapete geklebt und mit abgestuften hellen Grundtönen gestrichen. Am Giebel sehen Sie rotbraune Felder als Kontrastprogramm.

Das Rollbett wird tagsüber zur Hälfte unter die ebenfalls rotbraun gestrichene Rückwand geschoben. So ist die Liegefläche als Couch nutzbar. Die Fläche der Rückwand besteht aus zwei senkrechten

und einer waagerechten 19-mm-Spanplatte, die auf einer Unterkonstruktion zu einer Art Tor verschraubt wurden. Die „Durchfahrtshöhe“ entspricht etwas mehr als der Betthöhe. Die Spanplatten wurden wie die Wände des Daches mit Vliestapete beklebt und dann gestrichen. Dazu wurde ein Regal auf Rollen gebaut.

Der Schreibtisch zwischen Kamin und Drempelwand besteht aus einer U-förmig eingeschnittenen Platte, die auf seitlich angedübelten Lagerhölzern ruht.

Schreibtisch-Montage

1 *Die Kanthölzer, auf denen die Schreibtischplatte ruhen soll, werden an die Drempelwand bzw. den Kamin gedübelt. Hierzu setzt man den Schlagbohrer ein*

2 *Die Arbeitsplatte besteht aus Multiplex. Mit der Stichsäge schneidet man die Aussparung für den Kamin aus und schraubt dann Rahmenhölzer unter*

3 *Ist die Platte einmal aufgelegt, kann sie nicht mehr verrutschen. Es gibt keine störenden Tischbeine. Das Dachfenster sorgt für einen hellen Arbeitsplatz*

Das zweigeteilte Dachstübchen zum Ruhen und Arbeiten

Ein ähnlicher Raum wie auf den vorhergehenden Seiten – und doch ganz anders. Hier wurden auf der gleichen Grundfläche zwei Funktionsbereiche geschaffen, die sich durch eine Trennwand aus verglasten Schiebetüren gegeneinander abschotten lassen.

Links sehen Sie ein großzügiges in die Schräge hineingebautes Regal, auf das eine nach vorn in den Raum hineinragende Arbeitsplatte aufgelegt wurde. Statt die Vorderkante dieser Schreibtischplatte mit Tischbeinen zu stützen, wurden zwei Drahtseil-Aufhängungen an der Decke montiert. Das Ergebnis ist Rundum-Beinfreiheit. Edelstahldrahtseil und Befestigungsbeschläge für das Seil gibt es im Baumarkt.

Die rechts unter den Dachflächenfenstern positionierte Sitzecke lässt sich durch Glasschiebetüren abtrennen, die in Richtung der Längsachse auf Schienen laufen. Das Doppel-U-Profil an der Decke wird angedübelt. Die Bodenschiene klebt man mit extra starkem Teppichverlegeband auf dem Parkett-

Arbeiten und Ausruhen in einem Raum – die variable Trennwand macht es möglich. Das Schiebetürsystem wird auf Maß bestellt. Die Schienen sind im Nu montiert

boden fest. Bestellt wird das System nach Maß im Baumarkt oder bei einem Raumausstatter. Zum Lieferumfang gehören Boden- und Deckenschiene und die fertig montierten Türsegmente. Als Füllungen sind statt Glas auch viele andere Materialien denkbar.

Die Wände des Dachzimmers sind auch hier mit Vliestapeten beklebt. Die zugeschnittenen Bahnen müssen nicht eingekleistert werden. Man streicht oder rollt den Kleister vielmehr direkt auf die Wand und legt die Bahnen dann ein.

Schienen-Montage

Extra starkes Teppichverlegeband wird entlang einer vorher angezeichneten Markierungslinie auf den gut gereinigten Parkettboden geklebt

Nun zieht man die obere Schutzfolie des Klebebandes ab und drückt die passend zugeschnittene Alu-Bodenschiene an. Die Deckenschiene muss man andübeln

Wohnen an der frischen Luft

Sobald die Außentemperaturen es zulassen, wird der Wohnbereich um den Balkon erweitert. Klapptisch und Schrank sorgen hier für Komfort

Das alte Regal nutzte den Platz nur unzureichend. Der Tisch war nicht variabel in seiner Größe

Die meisten Balkone zeichnen sich durch eine eher knappe Grundfläche aus. Also gilt es, den vorhandenen Platz optimal zu nutzen. Wenn z B. ein Schrank aufgestellt werden soll, dann wird er deckenhoch gebaut. Der Platzbedarf ist schließlich der gleiche wie bei einem nur halbhohen Teil.

Der Tisch auf dem Balkon sollte in der Größe variabel sein. Für alle Tage reicht eine 70 x 70 cm große Platte, um zu dritt daran zu essen. Kommt Besuch, ist eine ebenso große Zusatzplatte zum Aufklappen praktisch. Dann können auch sechs Personen im Freien tafeln.

So entsteht der variable Klapptisch aus Massivholz

Das Material sind gehobelte Glattkantbretter und Leisten aus dem Baumarkt. Unter der Zeichnung auf der übernächsten Seite finden Sie eine genaue Aufstellung der benötigten Teile und ihrer Maße.

Zuerst werden die aus je zwei Stollen zusammengesetzten Beine hergestellt. Dann setzt man die Zargen an. Sie werden mit je

TIPP DIE ANORDNUNG DER BEINE

Die Beine unseres Tisches bestehen aus jeweils einem schmalen und einem breiteren Stollenteil. Diese verschraubt man so miteinander, dass die beiden Teile einen Winkel bilden. Vor dem Zusammenfügen bestreichen Sie die Verbindungsflächen mit wasserfestem Leim (siehe Bild 1).
Die beiden Schenkel des Winkels sind aufgrund der Brettmaße unterschiedlich lang. Daher müssen Sie beim Montieren der Beine darauf achten, sie symmetrisch anzuordnen (siehe Zeichnung Seite 235).

Bau des Tischgestells

In die schmaleren Beinstollen werden vier Sacklöcher gebohrt, um dort die Verbindungschrauben einzudrehen. Dübel schließen danach die Bohrlöcher

Zwischen die Tischbretter kommen Abstandshalter. Man richtet die Bretter aus, fixiert sie mit einer Zwinge und schraubt die Verbindungsleiste an

Die Querzargen werden 20 mm unterhalb der oberen Beinenden angedübelt, weil die Verbindungsleisten der Tischplatte genau 20 mm dick sind

Ein Dübel sowie die Verschraubung an einem Klötzchen verbinden Beine und Tischplatte. Ein Alu-Profil ersetzt wegen des Auszugs die vordere Querzarge

zwei Dübeln stumpf an die Beine geleimt. Achten Sie beim Bohren der Dübellöcher darauf, dass diese für zwei gegenüberliegende Zargen etwas versetzt angeordnet werden, damit die Dübel nicht auf gleicher Höhe sitzen und sich stören (siehe Bild 3 auf Seite 233).

Die Bretter der beiden Tischplatten werden mit jeweils 4 mm Abstand zueinander an die Verbindungsleisten geschraubt. Dort wo die Platten zusammenstoßen, schraubt man die Verbindungsleisten kantenbündig an und lässt zwei Scharniere ein. Eine Platte hängt dann senkrecht herunter. Soll die Tischfläche verdoppelt werden, hebt man die zweite Platte an und zieht die bewegliche Zarge mit den zwei Zusatzbeinen nach vorn. An der Klapp-Seite hält eine Alu-Schiene die Tischbeine auf Abstand. Eine Querzarge wäre dort im Weg, da der Auszug oberhalb der Schiene vorgezogen wird. Die Bilder rechts und die Zeichnung auf der rechten Seite zeigen alle wichtigen Details der Tischkonstruktion.

Ein deckenhoher Schrank aus preiswerten Hobeldielen

Der hier gezeigte Schrank ist eine Maßanfertigung für den vorhandenen Balkon. Sie können also nur das Bauprinzip übernehmen, wenn Sie den eigenen Balkon mit

So funktioniert die Tischverbreiterung

Die beiden Platten sind durch Scharniere an den Verbindungsleisten ...

... miteinander verbunden. Der Auszug wird von Alu-Laufleisten gehalten, ...

... die Sie von außen bündig unter die beiden Längszargen schrauben

Die hängende Platte anheben und den Auszug herausziehen

Die ausgeklappte Platte ruht auf Distanzleisten unter den Tischbrettern

Mit verdoppelter Platte bietet der Tisch Platz für bis zu sechs Personen

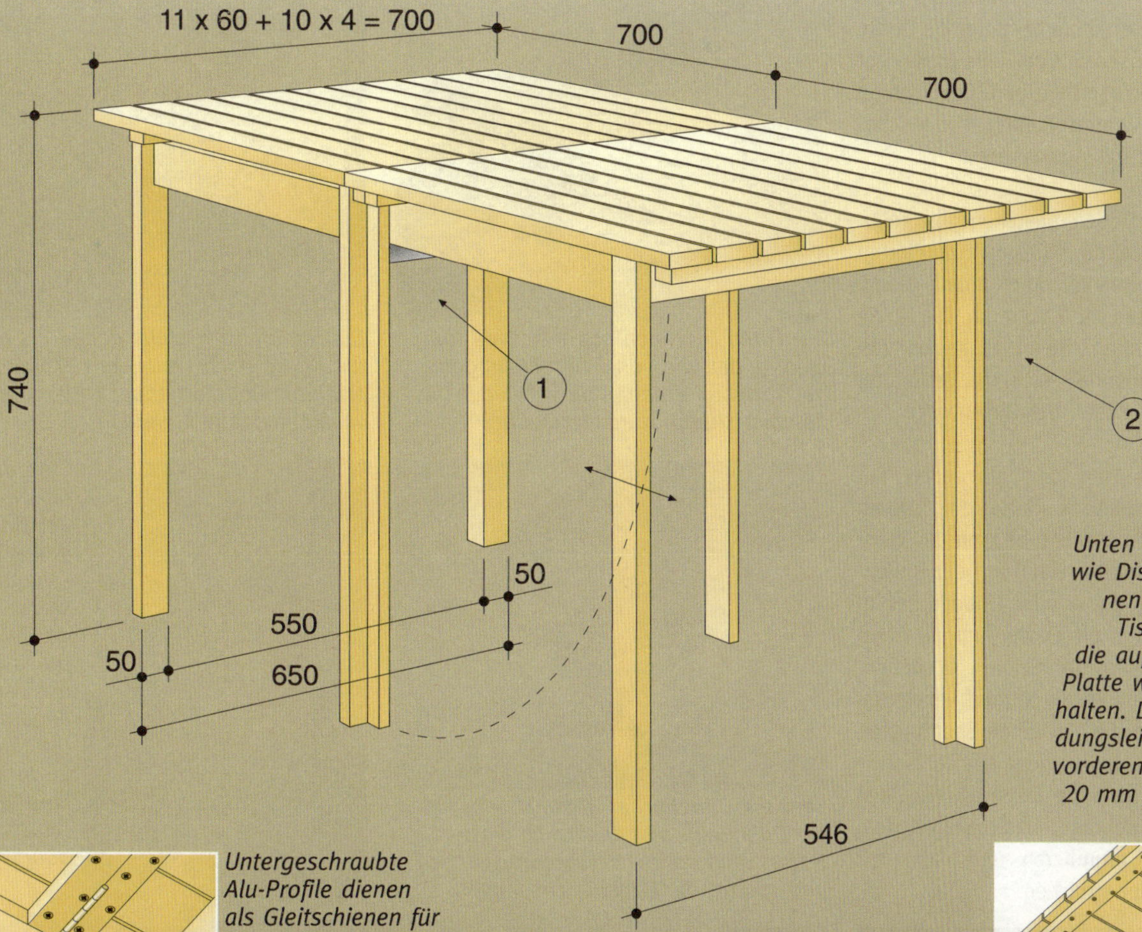

Unten sehen Sie, wie Distanzschienen unter den Tischbrettern die aufgeklappte Platte waagerecht halten. Die Verbindungsleiste an der vorderen Querseite 20 mm vom Rand montieren

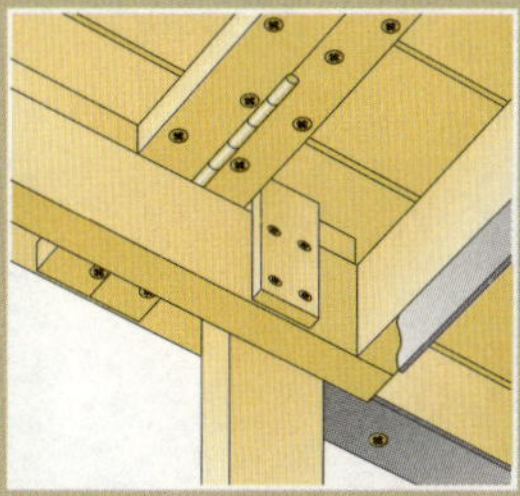

Untergeschraubte Alu-Profile dienen als Gleitschienen für die Schiebezarge. Sperrholzklötzchen stoppen sie an den Verbindungsleisten

Materialliste ***Maße in mm***

Glattkantbretter 60 x 20: 22 Tischbretter 700 lang, 1 Querzarge und 2 Längszargen 550 lang (Festteil), je 1 Querzarge 506 und 446 lang sowie 2 Längszargen 650 lang (Schiebeteil); 50 x 20: 6 Stollenteile 720 lang; 30 x 20: 6 Stollenteile 720 lang und 4 Verbindungsleisten 680 lang; je 2 Distanzleisten und -klötzchen 20 x 20 (aus Restholz, Längen bei Montage anpassen); 2 Sperrholzplättchen als Stopper; Alu-Profil 30 x 2: 1 Querzarge 630 lang und 2 Führungsschienen 550 lang; 2 Scharniere 70 x 40 (geöffnet); Spanplatten-Schrauben; Holzdübel; wasserfester Holzleim.

Bau des Schranks

1 *Seitenwände, Zwischenwände und Böden bestehen aus Platten, die man aus Hobeldielen zusammenleimt. Zuvor die Kanten der Bretter brechen*

2 *Geben Sie wasserfesten Leim in die Nuten der auf gleiche Länge gesägten Hobeldielen, und schieben Sie dann die Bretter zu Platten zusammen*

3 *Mit langen Zwingen oder – wie hier gezeigt – mit Spanngurten lassen sich die Bretter gut zusammenpressen. An den Kanten werden Zulagen verwendet*

einem ähnlichen Schrank bestücken wollen. Wenn der Korpus genau bis unter die Decke gehen soll, müssen Sie die Teile immer vor Ort miteinander verschrauben. Der Schrank kann nur in die vorgesehene Nische geschoben, aber nicht gekippt werden.

Wände und Böden bestehen aus gehobelten Dielenbrettern, die man zu Platten verleimt. Nach dem Verleimen hobeln Sie an den Vorderkanten die Federn ab. Die Nuten zeigen nach hinten. Damit es keinen Verschnitt gibt, orientiert sich die Breite der Korpusteile am Raster der Dielenbreite.

Auflagerleisten an den Stirnseiten der Böden stabilisieren die Platten und dienen gleichzeitig zum Verschrauben mit den Wänden. Wo die Zwischenwand auf der Bodenplatte aufliegt, bohrt man Dübellöcher in die Stirnseite und die Fläche, um die Wand in der richtigen Position fixieren zu können. Die Türen bestehen aus stumpf verleimten Rahmen, gegen die von innen Sperrholzfüllungen geschraubt werden. Mit Topfscharnieren schlägt man die Türen an. Alle Teile von Tisch und Schrank sollten Sie vor dem Zusammenbau grundieren und dann mit einer Außenlasur streichen.

Die Türen bestehen aus massiven Rahmen, gegen die von innen Füllungen geschraubt werden. Man verbindet die Rahmen stumpf durch Holzdübel

Da der Schrankkorpus genau bis unter die Decke reicht, muss er nach zuvor erfolgter Oberflächenbehandlung vor Ort zusammengebaut werden

Sind die Dübellöcher gebohrt, leimt man die Dübel ein, gibt zusätzlich wasserfesten Leim an die Verbindungsflächen und spannt die Rahmen zusammen

Sind die Seiten mit der Bodenplatte verschraubt, steckt man die Zwischenwand mit den angeschraubten Böden in die vorbereiteten Dübelverbindungen

Die Böden werden an ihren Außenkanten mit aufgeschraubten Auflagerleisten versehen. Durch diese Leisten verschrauben Sie die Böden mit der Außenwand

Zur Aufnahme der Topfscharniere müssen 30-mm-Sacklöcher in die Rahmen gebohrt werden. Dazu die Bohrmaschine in den Bohrständer spannen

Nun werden die zwei schrankbreiten Zwischenböden sowie der maßgleiche obere Korpusdeckel eingeschoben und mit den Außenwänden verschraubt

Die Zwischenwand provisorisch auflegen und die Bodenplatte mit ihrer Frontblende anhalten, damit die Dübellöcher der Verbindung gebohrt werden können

Die Sperrholzfüllungen schraubt man anschließend von hinten an die Rahmen. Die Fläche dann lackieren oder mit farbiger Kunststofffolie bekleben

Bevor der Schrankkorpus in seine Nische geschoben werden kann, hält man die Rückwand an und nagelt sie stumpf an Wänden und Zwischenböden fest

Der Schrank wird nun in die Nische geschoben und genau ausgerichtet. Dann die Türen mithilfe der bereits eingelassenen Scharniere anschlagen

Es folgen die oberen Türen. Zuletzt schraubt man die aus Holzkugeln bestehenden und passend zu den Füllungen lackierten Türknöpfe von innen an

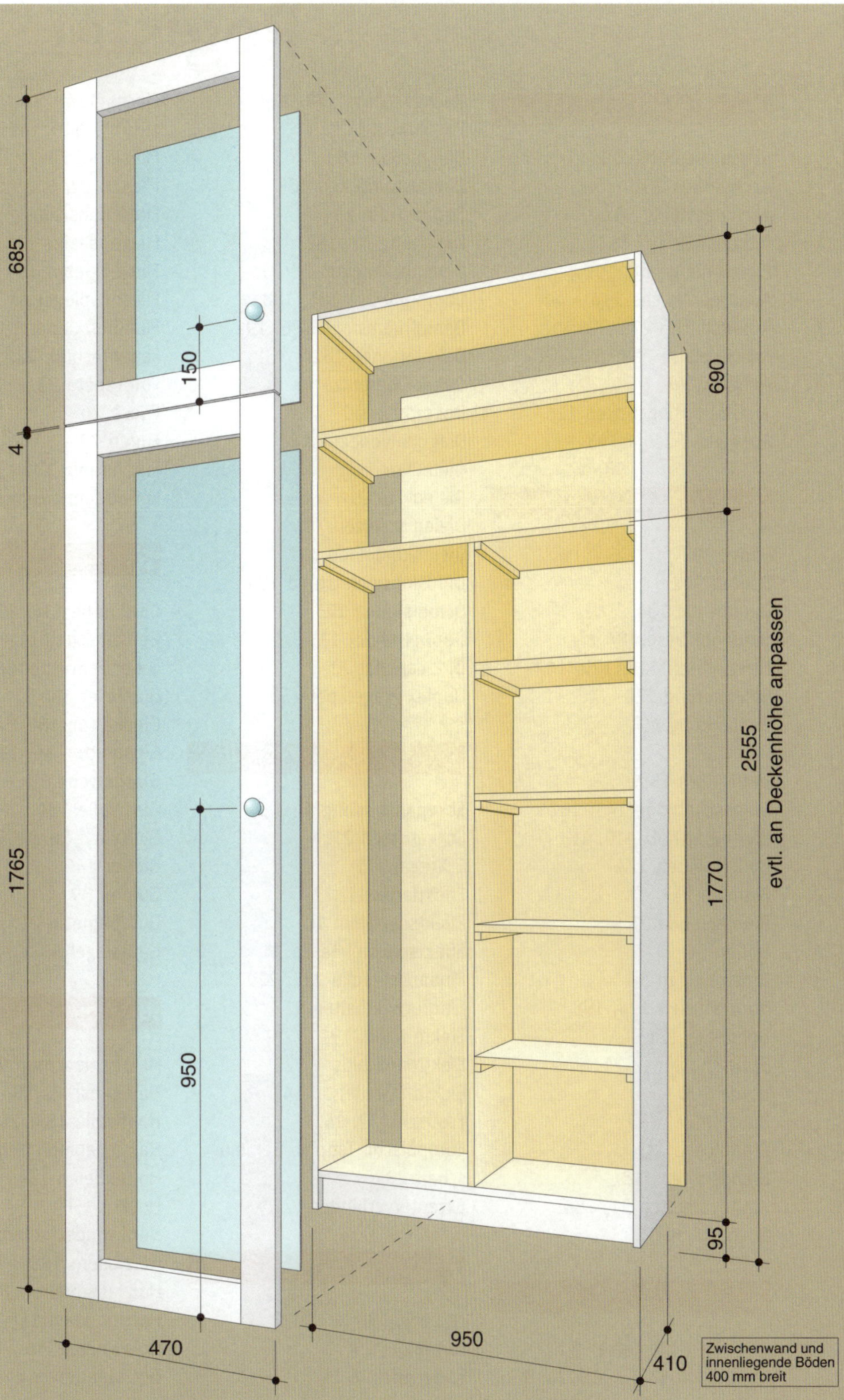

Materialliste ***Maße in mm***

Nut-und-Feder-Bodendielen 96 x 19,5 mm: ca. 5,5 m² für Seitenwände, Zwischenwand und Böden (ohne Verschnitt), Auflagerleisten für Böden aus Restholz der Bodendielen; Bodendielen auf 70 mm Breite geschnitten: je 4x 1765 und 685 mm lang, 8x 330 mm lang; Sperrholz 5 mm dick: 1 Korpusrückwand 2550 x 950 mm, je 2 Türspiegel 1675 x 380 und 595 x 380 mm; ca. 3,0 m² Dekorfolie; 8 Federscharniere für aufliegende Türen; 4 Möbelknöpfe; Spanplatten-Schrauben; Holzdübel; Sprühkleber; wasserfester Holzleim.

Register